모래알 속의
사금砂金처럼

≪수필과비평≫에서 뽑은 문제작 제1집

모래알 속의 사금砂金처럼

김상태 평설집

수필과비평사

■ 책머리에

모래알 속에서 사금을 찾아낸다. 햇살이 비치면 그 많은 모래들이 마치 금이라도 품은 듯 빤짝빤짝 빛을 발한다. 그러나 사금이 있는 곳은 극히 드물다. 똑같이 물이 흐르고 모래가 있지만 사금이 있고, 없는 곳은 천양지차天壤之差다. 더구나 그 많은 모래 속에서 사금을 찾기란 여간한 인내와 노력 없이는 불가능하다.

좋은 수필도 마찬가지다. 너무나 많이 발표되고 있는 수필 속에서 사금과 같은 귀한 수필을 찾아내기란 쉽지 않은 일이다. 아무데서나 사금이 발견되지 않듯이 좋은 수필을 찾아내는 것도 쉽지 않다. 다만, 다르다면 사금은 지상의 어디엔가 숨어 있지만 좋은 수필은 보이지 않는 우리들 마음속에 있다. 보고 느끼고 생각하는 우리들의 마음속에 수필의 금맥이 숨어 있는 것이다.

"빤짝인다고 해서 모두 금은 아니다."라는 서양 속담이 있다. 햇볕에 빤짝이는 무수한 모래알들 모두가 사금이 될 수 없듯이, 수없이 발표된 수필 모두가 좋은 수필이 될 수 없다. 마치 어떤 모래알 속에 사금이 들어 있는지 인내심을 가지고 정사精査하듯이 우리들의 마음속을 예민한 촉수로 들여다보아야 한다. 사금을 캐려면 그 방면의 지식을 쌓아야 하듯이 수필을 쓰려면 자기 주변을 꼼꼼히 살펴야 하고, 자연과 내가 어떤 관계를 맺고 있는지, 내 마음속에는 어떤 것이 숨어 있는지 보아야 한다. 금과는 달리 문학작품은 끝까지 그 본모습을 드러내지 않는다. 아, 금이다 하고 기뻐서 외치는 순간 우리들 손 안에 금이 놓여 있지만 문학은 다르다. 아니 예술 자체가 그러한 것이다. 이것이야말로 금과 같은 수필이다 하고 단언하는 순간 수필은 손 안에 이미 없다.

본 평설집은 ≪수필과비평≫ 2005년 7/8월호부터 지금까지 문제작으로 선정된 작품과 그에 대한 평설을 실은 작품집이다. 편집주간의 요청에 따라 ≪수필과비평≫에서 서너 편, 그리고 다른 수필지에서 몇 편 더 선정해서 평설한 것이다. ≪수필과비평≫이 격월로 발간되지만 올해 5/6월호로 필자가 이 난을 담당한 지 어느새 5년의 세월이 흘렀다. 매번 필자가 집필하지는 않았지만 5년이란 세월은 만만찮았던 모양이다. 모아 보니 이렇게 훌륭한 작품집 한 권의 분량이 되었다. 교정쇄를 받아 보니 문제작으로 뽑은 작품들은 비교적 잘 고른 것 같으나 필자의 평설은 부족한 점이 많은 듯하다. 우선 그때그때 생각나는 대로 썼기 때문에 전체의 체재가 통일되지 못한 점이 있다. 다시 고쳐 쓸까도 생각했으나 작품을 보았던 당시의 기분을 살려 두는 것도 좋을 듯싶어 그대로 두기로 했다. 매 평설에는 주제가 있다. 작품들을 관류하고 있는 것이 무엇인가를 살펴본 다음 주제를 정하고 그 주제에 따라 작품의 문학적 가치를 천착하고 그 의미를 해설하였다.

작품집의 제목을 어떻게 붙일까 무척 고심했다. ≪소통을 지향하는 문학을 위하여≫라고 붙였다가, ≪나눔을 지향하는 문학을 위하여≫라고도 생각해 보았다. 평설을 읽어보면 알겠지만 필자는 21세기 문학은 작가와 독자가 소통하는 시대의 문학이라고 생각하고 있다. ≪나눔을 지향하는 문학을 위하여≫도 대동소이大同小異한 뜻을 지니고 있다. 엘리트 작가와 독자가 판연히 구별되던 시대와는 달리 쓰면서 읽고 읽으면서 쓰는 그런 시대로 접어들었다는 뜻이다. 정을 나누듯이 문학을 나누어 가지는 시대의 문학으로 수필만 한 것이 없다고 생각한다. 마지막으로 생각해서 붙인 제명이 ≪모래알 속의 사금처럼≫이 되었다. '문학'이란 말이 동어 반복으로 쓰인 것이 아무래도 마음에 걸리기도 했고, 작품에 초점을 맞추어 제명이 결정되지 않았다는 느낌이 들었기 때문이다. 이 수필집에 게재된 작품들은 문제작으로 선정되었으니 모래알 속의 사금과 같은 작품들이다. 함께 즐길 수 있는 좋은 모델의 작품들이 필요하다는 생각이다. 좋은 작품들로 문학적 정서를 함께 나누어 가지는 것은 우리 모두에게 유익한 일이다.

예술은 완성이란 있을 수 없다. 완성으로 가는 끝없는 노력의 과정에서 나오는 결과물일 뿐이다. 선정된 작품들은 그간에 발표된 작품 중에서 필자의 주목에 값하는 수필들이다. 그렇지만 필자가 미처 보지 못했거나 문학적 가치를 제대로 평가하지 못한 작품들도 있을 줄 안다. 애석한 일이지만 예리한 눈을 가진 비평가가 있어 그런 작품을 언젠가 발견할 수 있을 것으로 생각한다. 만약

이와 같은 수필집이 다시 나온다면 필자는 좀 더 주의해서 살펴볼 것을 약속드린다. 물론 지금보다는 진경을 보인 작품들과 함께 보다 깊이 있고, 예리한 감성으로 포착한 작품집이 될 것이라고 믿는다.

작품 게재를 허락해 준 필자들에게 감사를 드리고 아울러 어려운 여건에도 불구하고 본 평설집 출판을 흔쾌히 승낙한 서정환 사장님에게도 깊은 감사를 드린다.

2010년 6월 22일

민속마을 우거에서 **김 상 태**

■ 목차

바람의 집

심 선 경

예닐곱 살 때 세상의 모든 바람은 대나무 숲에서 생겨나온 것이라 믿었다. 씨름선수의 팔뚝보다 굵은 왕대나무가 긴 창을 치켜든 장군의 기개를 보여주기라도 할 듯 하늘을 향해 우뚝 솟아 있었고 그 대숲에 숨어 살던 바람이 심심해져서 슬그머니 세상 구경을 나오는 것이라 생각했다.

할머니를 따라 큰 절에 가면 뒤안에는 울창한 대숲이 있었다. 궂은 날이 아니더라도 대숲에는 늘 소소한 바람이 일었다. 너무 조용할 땐 강물이 가을바람에 몸을 뒤척이는 소리처럼 들리기도 하였다. 바람이 잦아지면 사그락사그락 소리를 내며 댓잎들끼리 몸을 비비다가 한쪽으로 누울 듯이 휩쓸려 갔다. 이름 모를 새들이 대숲에 깃들어 살다 발소리가 나면 잽싸게 날아올라 하늘 저편으로 사라져버리기도 했다.

봄비가 내린 후엔 죽순이 여기저기 쑥쑥 올라온다. 어린 생각에 대나무는 비를 맞을 때마다 죽순을 하나씩 낳는 줄 알았다. 얼마 뒤 그곳에 다시 가면 땅속에 곤두박질쳐진 고구마만큼 했던 죽순이 연하디연한 푸른 목을 쭉 뽑아올려 어느새 내 키를 훌쩍 뛰어넘고 있었다. 무엇을 먹고 그렇게 빨리 자랐는지 궁금하기도 부럽기도 했다.

대나무 숲에는 누구도 범접할 수 없는 강한 힘과 뭔가 알 수 없는 신령한 기운이 감도는 듯했다. 흐린 날은 어둡고 음습한 대숲이 섬뜩한 느낌마저 주었다. 할머니의 백팔 배가 지겨워서 절간 이곳저곳을 기웃거리다가 대숲에 다다르면 서걱이는 댓잎 소리가 무섭게 들릴 때도 있었다. 절에 와서 한곳에 조용히 있지 못하고 온 천지로 쏘다니는 나를 본 산신령이 화가 나서 바람을 일으키는 것은 아닐까. 대숲이 휘파람소리를 내며 울기 시작했다. 갑자기 머리끝이 쭈뼛 서며 무언가가 발목을 덥석 붙들 것 같은 두려움에 몸이 떨렸다. 하얗게 질린 얼굴로 절간 앞으로 뛰쳐나오면 마당을 쓸던 작은 스님이 죽비를 세워놓고 등을 토닥이며 놀란 가슴을 진정시켜 주었다.

작은 스님은 손재주가 뛰어나 대나무만으로 여러 가지 재미난 것을 많이 만들었다. 어떤 때는 가느다란 대를 한두 마디 잘라서 구멍을 여러 개 내더니 그걸 퉁소라며 불어보라고 했다. 처음엔 대나무 숲에서처럼 '휘이—익' 하는 바람 빠지는 소리가 났다. 스님은 싱긋 웃으며 눈을 감더니 대나무 피리를 불기 시작했다. 대나무마디 어디에 그렇게 맑고 아름다운 소리가 숨어 있었을까. 대숲의 바람을 타고 날아간 피리 소리는 산사의 풍경을 쳤고 뒷산 그림자까지 마당으로 불러들였다. 풀릴 듯 휘어감는 애잔한 곡조에 나무들과 풀포기조차도 귀가 열려 하늘하늘 춤을 추는 듯했다. 일순, 스님의 짙은 속눈썹에 어떤 영롱한 빛이 반짝였으나 지나가던 햇빛이 잠시 그곳에 머문 것이었는지 눈물방울이었는지는 아직까지도 알 길이 없다.

그렇게 무서웠던 대밭의 바람 소리도 언제부턴가 친근하게 들리기 시작했다. 부모님과 떨어져 살았던 내 어린 시절의 외로움을 작은 스님이 만들어 준 퉁소를 불며 달래기도 하고 어머니가 몹시도 보고파지면 남몰래 대밭에다 그리움을 쏟아놓곤 했다. 그래야 마음이 가라앉고 속이 후련해지는 것이었다. 지금도 푸른 댓잎이 누군가를 부르는 듯 '우—우—우' 소리를 내는 대숲에는 그때 내가 함부로 쏟아놓고 온 속엣말들이 새록새록 죽순처럼 솟아날 것만 같다.

가을이 되면 할머니는 대나무 간짓대로 나무 꼭대기에 달린 감을 땄다. 아래서 밑동을 아무리 흔들어도 떨어지지 않던 감들이 간짓대가 닿기만 하면 신기하게도 마당에 펴놓은 멍석 위에 고분고분 내려앉았다. 살다 보면 떼쓰는 아이에게 무리한 힘을 가하는 것보다 살살 어르고 달래는 것이 한결 더 나을 때가 많다.

할머니는 그 절에 자주 가셨다. 힘들게 백팔 배를 끝내고 법당에서 내려오시면 노스님께서 손수 차를 끓여 대접하셨는데 내게도 한 잔 돌아올 때가 있었다. 그저 씁쓰레할 뿐 이 맛도 저 맛도 아닌 그것을 죽로차라고 했다. 대나무 사이에서 자란 차나무의 어린 잎을 따서 달인 차라고 했지만 한 모금 마셔보고는 슬그머니 찻잔을 밀어놓았다.

아마도 나는 대나무 피리를 불며 여린 마음을 다잡고 노스님은 죽로차 한 잔으로 수행의 어려움을 다스렸던 것 같다. 도시에 나와 중·고등학교를 다니면서도 노상 선생님의 대나무 회초리에 종아리를 내주며 나태한 마음을 떨쳐내었으니 뭔가를 다스리는 일에는 대나무만 한 것도 없지 않나 싶다.

어김없이 내게도 스무 해 겨울이 찾아왔다. 아무런 준비 없이 맞아들인 '어른'이라는 이름이 낯설어 더럭 겁을 집어먹었던 일도 많았다. 턱없는 오기를 부려보기도 했지만 거대한 세상의 벽에 부딪혀 나자빠지는 것은 항상 나였다. 단 한 점의 불빛도 내 것이 되어 주지 않았던 깜깜한 절망의 순간도 있었다. 그럴 때마다 어린 시절 작은 스님이 건네준 대나무 피리를 꺼내 불어보았다. 퉁소가 소리를 낼 때마다 내 마음속엔 푸른 대나무 한 그루가 굵은 마디 하나씩을 키워내고 있었다. 아직도 희망은 존재한다는 것을 넌지시 일러주기라도 하는 것처럼.

대는 속이 비어서 제 속에 바람을 지니고 사는 것이라고 누군가는 말했었다. 그래서 가만히 서 있기만 해도 대숲에는 바람이 차는 것이라고. 별 내리는 밤, 제 몸속의 적막을 피리삼아 불어내는 한 숨소리. 그러나 이제 더 이상 대숲에서는 바람이 불어오지 않았다. 바람의 집은 바로 내 마음속이었기에. 댓잎보다 먼저 내 안이 술렁거렸고 잠잠한 바람 또한 내 속에서 일었으며 그 바람을 잦게 하는 것도 내 마음만이 할 수 있는 일이었다.

날이 흐리면 대숲이 먼저 비 채비를 한다.

– ≪수필과비평≫, 2005년 7/8월호

며느리밑씻개

송 복 련

어느 이름에 이렇게 적나라하게 감정을 노출하여 카타르시스를 맛보려 했을까? 한 번 들으면 생김새는 모르더라도 이름만은 잊히지 않을 풀. 가시가 오소소하니 돋아난 독설로 엉덩이 부분이 화끈하게 쓰라린다.

식물학 사전에 이름을 올리기도 부끄러울 텐데 하나뿐이 아니다. 며느리밥풀, 며느리배꼽, 며느리감나무 등이 더 있다. 도덕은 머리 위에 잠자고 감정은 가슴에서 펄펄 끓고 있는 것 같아 서글퍼진다.

가난하고 가부장적이었던 시절, 고부간의 갈등이 묻어나는 이름들이다. 입장을 바꾸어가면서 가슴에 출렁거리는 감정을 드러내는 말이라 아이러니컬하다. 자식을 출가시키면 며느리와 딸에 대해 어머니는 야누스의 얼굴을 가지게 되나 보다. 밥이 다되었나 보려고 밥알을 입에 물었던 며느리가 시어머니에게 맞아 죽어서 꽃이 되었다는 전설을 가진 며느리밥풀. 자잘한 가시가 덮여 있는 며느리밑씻개와 며느리배꼽, 감을 따기 위해 나무에 오르려 해도 오르기 쉽지 않은 며느리감나무 등 달갑지 않은 것에는 며느리라는 접두어를 붙이고 있다.

거기에 비하면 기어가듯 자라는 '딸감나무'는 '며느리감나무'보다 감을 따기가 쉽다. 또 사위에게 무거운 짐을 지우지 않으려는 장모의 사위사랑이 담긴 '사위질빵'은 조금만 부피가 나가도 쉽게 끊어지는 줄기를 가졌다. 들어온 식구에게 가지는 감정의 빛과 그늘이 여름날 같다. 딸을 생각하는 육친의 정이야 물처럼 흐르는 것이지만 들어온 식구인 며느리와 사위가 이렇게 다르다는 것은 억눌린 문화가 뼛속 깊이 스며들었나 보다. 풀지 못할 수수께끼라고나 할까.

풀에게 씌운 멍에가 벗겨질 것인지. 책 속에 들어 있는 이름에 이의를 제기하여줄 며느리늘이 가시를 돋우며 그들의 몸집을 불리고 있는 중인지도 모른다.

연한 녹색 잎의 크지도 작지도 않은 삼각형 모양의 이 풀은 소꿉놀이하는 곁에 흔하게 있어서 뺄 수 없는 먹을거리가 되었다. 새콤한 맛이 좋기도 하지만 찧으면 금방 파란 물이 배어 나오는 요리가 되어 사금파리에 얹어 상을 차리기가 좋다.

가만히 보고 있으면 연약함 속에 생존을 위한 안간힘이 가상하다. 여름이 되면 숲은 훌쩍 커버린 나무들이 잎을 무성하게 펼쳐 지붕처럼 덮는 바람에 풀들은 뿌리를 깊게 드리우거나 키를 자라게 하는 데는 쉽지 않다. 제 스스로 서지 못하고 다른 것에 기대거나 더불어 자라려면 온몸으로 붙들어야 할 것이고, 기어 올라가야만 해를 조금이라도 바라볼 수가 있다. 이웃에게 묻혀서 더부살이로, 덕을 보지 않을 수 없기도 하려니와 해충들이 가까이 오지 못하게 가시와 신맛으로 무장을 해야 살아남을 것이다.

요즈음처럼 화장실에서 휴지를 사용하는 세대들은 알지 못할 것이다. 콩밭을 매거나 논에서 일하다가 볼일이 급하면 노천에서 방사하게 되는데, 종이는 책이나 만들었을 만큼 귀하던 때라 종이가 준비되었을 리 없다. 주변을 두리번거리다 잎이 널따란 호박잎이라도 잡히면 고마울 지경이다. 매끈한 콩잎이라면 더욱 반갑겠지만 덤불 속에는 온갖 풀들이 서로 엉켜 있어서 불청객으로 따라왔을 이 풀을 모르고 사용하다가 쓰라린 곤욕을 치른 뒤 엉뚱하게 불똥이 며느리에게 옮겨간 것이리라.

풀 이름에서 대리만족을 하는 사람이 있을 것이고 속 좁은 노인네의 심술로 볼 수도 있다. 작명을 하면 의미가 담기듯이 여기에도 겉으로 드러난 감정보다 그렇게 표현해서라도 가슴의 체증을 쓸어내리고 싶은 시어머니의 마음을 읽을 수 있다. 그 시대 대부분의 어머니들은 자신이 낳은 아들이지만 어른들 밑에서 자식을 살갑게 껴안아보지 못하고 일 속에 묻혀 고단하게 살아왔었다. 아들이 장성하여 며느리를 보게 되니 눈치볼 어른도 없고 여유와 즐거움을 찾고 싶었으리라. 그러나 자식은 키울 때뿐이지 장가가면 격식을 차리게 되어 거리가 멀어졌음을 느끼는 데다 며느리에게 온통 빠진 아들을 보는 어미의 마음은 서운하기 이를 데 없을 것이다. 예절이라는 것도 좋지만 딱딱한 활자처럼 정을 느낄 수가 없다. 이미 건너간 또 다른 사랑이 혼란스럽다 보니 분출구를 찾던 시어머니는 며느리에게 화살을 날려보낼 수밖에.

자신은 흰머리가 늘어가는데 며느리의 볼은 물이 오른 꽃봉오리처럼 터질 듯하다. 초라해진 자신의 모습이 낯설고 살아온 세월이 억울하여 뿌리째 흔들리면서 며느리 탓이라고 여겼으리라. 며느리도 이제는 만만하지 않다. 연약한 가지에 가시를 가지고 세를 늘린 상태라 자칫하다 찔리는 수가 있다. 아침에 본 며느리의 시큰둥한 얼굴이 떠올라 에멜무지로 풀에다가 화를 내보지만 이빨 없는 호랑이일 뿐이다.

그러나 금낭화는 '며느리주머니'라는 예쁜 이름으로 불리기도 한다. 주머니 모양으로 생긴 꽃송이들을 보며 시어머니는 고방 열쇠를 넘겨받았던 지난날을 떠올리며 이제는 경제권을 며느리가 쥐고 있어서 무력하게 지내는 자신의 처지가 몹시도 후회스러웠을까. 끼끌끼끌한 감촉에 화가 나 이름으로라도 화끈하게 갚아주고 돌아서서 고소한 맛을 즐기고 있었을 시어머니의 모습에서 연민의 정이 느껴진다.

그런데 가시투성이의 줄기에서 뻗어나간 대공에 꽃봉오리가 없다면 어찌 사랑할 수 있을까? 가시를 넘어선 아름다움이 있다. 혀를 쏘옥 내민 손자의 입술처럼 곱다. 곁에 붙어서 앙증스럽게 피어난 두 송이는 별처럼 환하다. 가시를 온통 뒤집어쓴 사이로 피어난

꽃이야말로 시어머니의 마음을 훔쳐가기에 족한 손자의 모습을 닮았다. 미움마저 비우고 오직 제 새끼에게서 느껴보지 못한 사랑이 손자에게는 벅차다.

어느 쪽도 나쁘다고는 할 수 없는 뒤바뀌는 두 자리. 내리사랑이라고 그 나이가 되어야 알게 되리라. 노골적으로 속내를 드러내보였지만 다치지 않을 화살을 날려보냄으로써 대리만족하는 것은 아닐까.

나도 오래 묵은 가치들로 상처받은 기억은 쉬이 잊고 또 다른 카타르시스의 출구를 찾아헤매지는 말아야지.

– ≪수필과비평≫, 2005년 7/8월호

삼 굿

남 지 은

초여름 아침 식전, 앞산 산등성이가 희붐해지면 우리 집 초가지붕이 맨 먼저 여명을 받았다. 여명은 방문 창호지를 물들이고 아버지의 호령 소리에 놀라 깬 남동생과 나는 눈을 비비며 들길을 따라 나섰다.

아버지는 삼 베는 일에 어린 우리를 그렇게 앞세우고 가셨다. 아버지가 삼을 베어 눕히면 우리가 할 일은 나무로 만든 삼칼로 잎을 쳐내는 것이었다. 삼칼은 금방 푸른 물이 들어 시퍼렇고, 삼잎은 앙탈이라도 하듯 사방에 이슬을 뿌리며 옷을 적셨다.

잎을 쳐낸 삼을 아름드리로 묶어 삼굿까지 옮기는 일은 아버지의 몫이었다. 그 긴 삼단을 지고 가는 아버지의 등은 저울추처럼 무게의 중심을 받치고 있었는데, 체면을 중히 여기던 아버지도 삼짐을 지고 좁은 길을 갈 때는 게걸음을 걸으셨다. 그 뒤를 따르던 우리는 바닷가를 기어다니던 게를 떠올리며 웃곤 했다.

벽돌로 벽을 쌓은 삼굿은 동네의 공유물이었다. 마을 어귀의 도랑 가에서 여름 한철 쓰이기 위해 비가 오나 눈이 오나 그 자리에 있었다. 겨울철에 하얀 눈이라도 쌓이면 무덤같이 처연해 보이기도 했다. 그러나 한여름 며칠간은 주위에 사람들이 모여 매일 동시루같이 김을 올리곤 했다.

아버지는 본래 농사일이 몸에 붙지 않았다. 외할머니 말씀에 의하면 훤칠한 키에 관옥 같은 모습은 천하에 한량이라고 하셨다. 그런 아버지께서 푸새한 두루마기를 입고 장에 가시면 얼룩 하나 묻히지 않고 돌아오셨다. 어머니는 깨끗한 두루마기를 보고 괜히 역정을 내셨다. 아버지의 정갈함이 농사꾼의 모습이 아니라고 생각하셨던 것 같다.

한국전쟁 때 죽을 고비를 몇 번이나 넘기고도 아버지는 직업군인으로 남기를 원하셨다고 한다. 그러나 할아버지께서 반기를 드셨다. 한 번 전사통지를 받고 놀란 적이 있었으니 다시 살아온 막내를 군에 남겨 두고 싶지 않으셨을 것이다. 막 휴전이 된 군에 남아 있게 하는 것은 몹시 불안하셨을 테니까.

아버지는 장 출입이 잦고, 술추렴이 잦았다. 농한기에 다른 사람들이 나뭇가리를 불려 가는 재미에 산을 오르내릴 때, 아버지는 투전판을 기웃거리셨다. 그래서 우리 집 나뭇가리는 늘 바닥이 보였다. 우시장에서 큰 소를 팔고 작은 송아지로 바꿔 오는 날은 아랫마을 주막집에 들러 밤샘을 하실 때도 있었다. 엄동설한에 이십여 리를 송아지를 몰고 오시다가 잠깐 목을 축이고 싶으셨으리라.

그러나 그게 밤샘이 되면 어머니는 송아지가 저녁 여물도 먹지 못하고 한데서 울부짖을 걸 생각하며 몹시 애를 태우셨다. 어느 날은 그렇게 몸부림치던 송아지의 고삐가 풀려서 도망을 갔다. 다음날 아침 송아지를 찾느라고 동네가 발칵 뒤집혔는데, 송아지는 우리 동네 입구에 있는 삼굿 옆에서 바람을 피하고 있더라는 것이었다. 어머니는 그 어린것이 얼마나 춥고 배고팠으면 그랬을까 하고 눈물을 찍어내셨다. 그때의 소는 살림 밑천이었고 한 식구 같기도 하였으니 어머니의 아픈 마음이 오죽했으랴.

삼을 찌는 일은 밤중에 장정들 몇이 어울려서 했다. 삼굿 가마에 삼단을 차곡차곡 쌓고 그 위에 멍석을 덮고, 그 위에 또 흙을 덮고 불을 지폈다. 아름드리 삼단을 익혀낼 정도라면 그 안에서 못 익혀낼 것도 없다. 농부들의 한도, 꿈도 다 익혀냈을 것이다. 그래서 아궁이 앞에 앉아 있는 아버지에게서 그때만큼은 장인 같은 진지함이 느껴졌다.

새벽녘에야 아버지는 익은 삼단을 꺼내서 도랑에 담그고 밤에 젖은 옷을 입고 돌아오셨다. 어른들은 삼복지경의 몹시 더운 날을 삼굿 같은 날씨라고 했다. 삼굿이 더운 날의 대명사였다. 여름엔 한없이 덥게 보이던 삼굿이, 겨울이면 아궁이에 식은 재만 날리니 그 을씨년스러움이 말할 수가 없었다.

오후 쉴 참에 아버지가 도랑에서 삼단을 지고 오시면 온 가족이 둘러앉아 삼을 벗긴다. 그때, 앞에 가지런히 쌓이는 겨릅대. 삼대

속에 그렇게 하얀 뼈대가 가려져 있을 줄이야. 겨릅대는 말려서 발을 엮기도 했고 땔감이 되기도 했다.

삼을 벗기고, 훑고, 째고, 삼고, 베를 매고, 짜는 과정은 오로지 여인네의 손길로 이루어진다. 겨울 밤 삼을 삼던 어머니의 눈꺼풀이 자꾸만 아래로 내려올 때쯤 뒷산 참나무 숲에서 부엉이가 울었다. 그러면 왠지 모를 한기에 나는 더 깊이 이불 속으로 파고들었다. 외풍 센 방에서 바지를 무릎까지 걷어붙이고 맨살에 삼을 비벼서 삼는 모습이 너무 시리게 보였기 때문이었다.

어느 때부터인가. 화학섬유와 중국산 삼베가 판을 치더니 여인네들은 그 곤고한 길쌈에서 해방되었다. 그러나 노르스름한 중의 적삼을 차려 입고 유유자적 나들이를 하시던 우리 아버지를 생각하면 그 멋이 여간 아쉽지 않다.

아버지는 그런 멋을 뒤로하고 솔가하여 고향을 떠났다. 그리고 삼굿도 슬며시 사라졌다. 농부가 고향을 떠나는 터에 삼굿인들 제자리를 지킬 수 있었겠는가. 이상을 찾아서 떠나신 길이 부모님의 생을 앞당기는 길이 될 줄이야.

지금도 고향에 가면 뒷산 솔숲에는 정자가 있고, 마을 가운데는 풍화에 삭은 서당이 있다. 문중 차리고 사는 마을의 상징적 유물이다. 그러나 아무런 상징도 되지 못한 삼굿은 사라지고 없다.

요즈음 방영 중인 드라마 〈토지〉에서, 삼 찌는 작업이 재현되는 것을 보고 얼마나 반가웠는지 모른다. 안동포의 고장인 고향의 박물관에서도 볼 수 없었던 삼굿이 아닌가. 그러나 과연 몇 사람이나 그 과정을 이해할까.

삼굿을 떠올리면 눈에 삼삼하고 부모님을 생각하면 가슴 위에 돌 하나 얹어 놓은 듯하다.

– ≪수필과비평 부산≫, 2005년

숨어든 도시

서 순 옥

중동 신도시에 분양을 받아 94년 6월에 이사를 왔다. 아는 사람도 없고 알고 싶지도 않았다. 아무도 몰래 야반도주하여 숨어든 사람처럼 웬만하면 문 걸어 잠그고 조용히 살고 싶었다.

몇 달이 지난 어느 날, 여느 때처럼 막내딸을 전철역에 데려다주고 오는 아침에 엘리베이터에서 윗집 사람을 만났다. 자기 집에 들어가 차나 한잔하자고 했다. 가끔씩 마주치는 인상이 푸근하고 익숙한 얼굴이어서 따라 들어갔다. 외모만큼이나 집안이 깔끔했다. 그이는 찻물을 올려놓고 내 옆으로 오더니 내 손을 꼬옥 잡았다. 다정한 친구나 언니의 사랑스러움이 전해왔다. 소파에 앉아 있는 나를 쳐다보더니 "열심히 사는 것 같아요." 했다. 그때까지도 왜 나에게 그런 말과 행동을 하는지 몰랐다. 그이는 최소한 위아랫집은 알고 지내는 것이 좋을 것 같아 경비 아저씨한테 어떤 분들이 사는지 물어보았다고 했다.

아이들은 셋이고 남편이 없다고 해서 유심히 나를 보아 왔다고 그이는 털어놓았다. 나는 느닷없이 뒤통수를 한 대 얻어맞은 사람처럼 멍했다. 내 얼굴이 너무 놀란 표정이었는지 오히려 상대방이 당황하며 "아! 내가 잘못 알았나 봐요." 하며 내 눈치를 살폈다. 죄짓고는 못 산다고 하더니 절대 숨어서는 살 수 없구나, 그때 실감했다. 무서웠다. 묻는다고 대답하는 경비 아저씨가 미웠고, 하릴없이 경비 아저씨를 붙들고 호구조사한 그 사람도 야속했다.

집으로 돌아와 그동안 잘 달래고 잠재웠던 가슴을 쥐어짜고 말았다. 며칠째 그 생각으로 뒤척이다 마음을 바꾸기로 했다. 나에 대해 아무도 모르는 것보다 한 사람이라도 나에게 바람막이가 되어 주는 사람이 있다고 생각하니, 다행이었다. 그녀는 알고 보니 나와 같은 고향이었고 한참 선배뻘이었다.

큰딸이 웃으며 말을 건넸다. "엄마, 많이 바쁘십니다. 이곳에서 조용히 사신다더니……." 우리 동은 반상회가 끝나도 몇 명은 가지 않고 계속 남아서 끝자리를 보는 사람들이 있다. 그 사람들이 주축이 되어 건강 운운하며 산에 다니자고 하면서 산악회를 만들었다. 낯선 곳에 이사 온 동지애로 형님, 아우 하면서 뭉쳤다. 산에 다니면서 이 집 저 집 한솥밥을 먹어가며 집집의 형편도 알게 되고 빠른 속도로 가까워졌다. 사람들을 좋아하는 나로서는 어쩔 수가 없었다.

우리 집에도 오게 되었다. 베란다에 무리지어 피어 있는 크고 작은 화초들과 나무들을 보고 모두들 멋있다고 탄성을 자아냈다. 이곳저곳 둘러보더니 거실 장식장 한편에 자리한 남편의 내과 전문의 명패를 누가 보았는지, 주방에 있는 나에게 "남편은 교환교수로 외국에 나가 있나 봐요?" 했다. 평소에 볼 수 없는 얼굴 없는 남편이었기에 그렇게 물어볼 만도 하였다. 자기들끼리 어림짐작으로 내 대답을 들을 새도 없이 남편은 교환교수가 되어버렸다.

연말이 가까워지고 있었다. 그날도 산을 내려오면서 "남편은 언제 와요?" 하며, 우리들이 잘 지켜주었다고 말해야겠다는 둥, 불자동차를 불러야겠다는 둥 농담까지 섞어가며 물었다.

"우리 집에 가서 차나 합시다."

나는 오늘로써 부담스러운 거짓말을 끝낼 작정이었다.

"자, 빨리 얘기해 봐."

뭐가 그리도 궁금할까. 아마 내가 반대 입장이어도 그랬을 것이다. 애꿎은 커피로 연신 목을 축이며,

"못 온대요!"

눈동자들이 일제히 나를 향하고 있었다. 아랫집 대구 형님은 큰 눈을 굴리며, "거기서 여자가 생겼구먼!" 하며 안타까운 표정을 지었다.

"바람이라도 났으면 좋겠어요. 그 사람은 다시는 못 올 곳으로 떠났어요."

내 말이 끝나기가 무섭게, 방금까지도 나에게 집중했던 눈들이

나를 쳐다보지 못했다. 남편은 91년 심근경색으로 쓰러져 사랑하는 가족 곁을 떠나고 말았다. 그런 상황인 줄 몰랐다며 모두들 눈시울을 붉혔다. 예쁘게 살아가는 내 모습이 오히려 고맙다고 애써 웃어 주었다. 대구 형님은 성당에 다니지도 않는 나에게 묵주 반지를 주었다.

숨은 듯 살고 싶었던 이 도시도 세월이 흐른 만큼, 정이 많이 들었다. 시간이 간다고 아픔이 잊혀지는 것은 아니었다. 그냥 간직하고 사람들이 좋아 사람들 속에 파묻혀 살았다.

정들면 고향이고 영원한 내 집은 없다고 한다. 하루만 안 보아도 못 배기던 산악 회원들도 이유 하나씩을 달고 하나 둘 날아가 새로운 곳에 둥지를 틀고 있다. 산다는 것은 만나고 부딪치면서 희망으로 가는 마차런가!

나는 오늘도 그 속에 앉아 있다.

– ≪산빛은 시간 따라≫, 2005년

예사로움을 예사롭게 보지 않는 눈들

"수필을 썼군. 수필을 썼어."라고 학생들의 논문이 제대로 되어 있지 않으면 교수들은 흔히 이렇게 질책한다. 수필에 대한 은근한 멸시가 담겨 있는 말이다. '수필'이 교수들에게 부정적인 이미지로 각인되어 있는 것은 특별한 형식을 갖추고 있지 않다는 점, 또 아무나 쓸 수 있다는 점 때문일 것이다.

바로 그러한 점 때문에 좋은 수필을 가려내기가 쉽지 않다. 설사 좋은 수필이 발표되었다고 해도 그냥 묻혀 버리기가 일쑤다. 평자들이 주의 깊은 시선을 보내지 않기 때문에 그럴 수도 있지만, 너무나 많은 수필이 유명 무명의 잡지나 동인지를 통해서 발표되기 때문이다. 그럼에도 불구하고 수필에 관심을 가진 사람이나 수필을 쓰는 사람이 많다는 것은 다른 영상 매체에 밀리고 있는 이즈음으로서는 다행한 일이다. 나는 지난 7월 30일 '수필과비평사'의 주최로 대구에서 개최된 '하계수필대학 세미나 및 신인상 시상식'의 성황을 보고 적이 놀랐다. 참석자들에게 나누어 준 수필집을 읽으면서 수필에 대한 그들의 정열이 여간 뜨겁지 않다는 것도 알았다.

이제 문학도 다른 여러 문화와 마찬가지로 대중화 시대에 온 것 같다는 생각이 든다. 군림의 문학이 아니라, 나눔의 문학으로 말이다. 작가는 물론 문학도 소수의 정예精銳가 독자들을 인도해 가는 것이 아니라, 독자와 더불어 생활해 간다는 사실 말이다. 곧 작가와 독자가 이전처럼 판이하게 구별되는 것이 아니고, 읽으면서 쓰고, 쓰면서 읽는 그러한 시대로 돌입하고 있다는 사실이다.

문학 책이 팔리지 않는다고 출판사들은 한탄하고 있다. 베스트셀러의 기준을 이전의 삼분의 일로 줄여도 더 낮추어야 할 것 같다고 말하고 있다. 비단 문학뿐 아니라, 세상의 추이가 그럴 수밖에 없는 쪽으로 흘러가고 있다고 나는 생각한다. 시집은 시인들만이 읽는다는 사실을 벌써 수십여 년 전부터 아는 사람은 알고 있다. 이제 시뿐 아니라, 문학 전반이 그와 같은 상황으로 진행되고 있다는 사실을 우리는 알아야 한다. 그렇다면 앞으로 문학의 운명은 어떻게 되느냐고 반문할지 모른다. 작가와 독자가 이제 따로 존재하는 것이 아니라, 공동의 운명을 짊어지고 있다는 사실이다. 쓰는 사람이 따로 존재하는 것이 아니라, 쓰는 사람이 읽고, 읽는 사람이 작품을 쓴다는 사실로 말이다. 물론 센세이셔널한 작품이 나올 수 있다. 그러한 작품이 베스트셀러가 될 수 있다. 반드시 좋은 작품이 아니더라도. 그러나 작가와 독자가 공동의 운명 속에 있다는 사실은 변함이 없다.

그런 의미에서 평준화 시대에 있어서 문학적 행위는 수필이 안성맞춤이라고 생각된다. 쉽게 쓸 수 있고, 쉽게 읽을 수 있기 때문이다. 또 문학적 향취를 다른 어떤 문학의 형태에서보다 쉽게 음미할 수 있기 때문이다. 대부분의 사람들, 특히 젊은 사람들은 영상매체에 정신을 빼기고 있지만, 그렇지 않은 사람들도 많다. 영상매체에 정신을 빼겼다가 그 빼긴 시간이 아까워 나이 들면서 회귀하는 사람들이 많다. 제작자의 입맛대로 구워진 오락물이 아니라, 상상력을 더 많이 동원해야 하는 문학 쪽으로 말이다. 수필 작가가 되고자 하는 사람, 수필 작가가 된 사람, 수필을 쓰고 있는 사람과 친한 벗이 되고자 하는 사람, 그 대부분이 바로 이런 사람들이다. 물론 이 글을 쓰고 있는 필자도 그런 사람 중의 하나라고 할 수 있다.

'다시 읽는 문제작'을 골라 보라는 청탁을 받고, 이전에 대충 보아 넘기던 작품들을 꼼꼼하게 다시 읽게 되었다. 전부 다라고는 말할 수 없지만 꽤 많은 작품이 아 이 정도면 꽤 괜찮구나 하는 생각을 하게 되었다. 그 중에 더러는 문학적 재능이 보석처럼 빛나는 사람들도 있었다. 그렇지만 그 많은 수필을 다 언급할 수 없는 것이 유감이다. 지난달 ≪수필과비평≫(78호)에 실렸던 작품만으로도 적지 않은 수다. 그 중에서 심선경의 〈바람의 집〉과 송복련의 〈며느리밑씻개〉를 재미있게 읽었다. 두 작품 다 예리한 관찰이 밑바탕이 된 작품이다.

〈바람의 집〉은 대숲을 관찰해서 얻은 작품이다. 우선 이 작가의 글 쓰는 솜씨가 탁월하다. 일견 멋진 글 같지만 자세히 살펴보면 앞뒤가 안 맞는 글들이 많은데 이 글은 그렇지가 않다. 문장 하나 하나가 뒤틀린 곳이 없을 뿐 아니라 음미하면 할수록 멋스러움이 담겨 있다. 다음과 같은 문장을 보자.

> 대숲의 바람을 타고 날아간 피리 소리는 산사의 풍경을 쳤고 뒷산 그림자까지 마당으로 불러들였다. 풀릴 듯 휘어 감는 애잔한 곡조에 나무들과 풀 포기조차 귀가 열려 하늘하늘 춤을 추는 듯했다. 일순 스님의 짙은 속눈썹에 어떤 영롱한 빛이 반짝였으나 지나가던 햇빛이 잠시 그곳에 머문 것이었는지 눈물방울이었지는 아직까지 알 길이 없다.

은유로 된 문장이 많지만 시적 감흥과는 다른 종류의 맛을 느끼게 한다. 아마도 문장의 근간을 이루는 서술문이 산문적 특성을 가지고 있기 때문이라고 생각된다. 이처럼 시적 이미지를 담고 있으면서도 산문적 특성을 잃지 않고 있는 글에 우리는 어떤 묘미를 느낀다.

이 작품은 '대숲'이란 이미지를 통해서 예닐곱 살에서부터 성년이 된 때까지 보고 느낀 것을 차분한 음성으로 얘기하고 있지만 그 속에는 깊은 명상이 담겨 있다. 이런 것을 우리는 흔히 관조觀照의 세계라고 한다.

"대숲에 숨어 살던 바람이 심심해져서 슬그머니 세상 구경을 나오는 것이라는 생각", "바람이 잦아지면 사그락사그락 소리를 내며 댓잎끼리 몸을 비비다가 한쪽으로 누울 듯이 휩쓸려" 가는 대숲, "죽순이 연하디연한 푸른 목을 쭉 뽑아 올려 어느새 내 키를 훌쩍 뛰어넘고" 있는 것 같은 표현도 재미있지만, 그 대숲에서 나온 대나무 피리에 의지해서 "깜깜한 절망의 순간"도 이겨내는 자신의 모습을 슬쩍 비치는 표현도 좋다. 필자는 작품의 말미에 가서 이렇게 말한다. "이제 더 이상 대숲에서는 바람이 불어오지 않았다. 바람의 집은 내 마음속이었기에. 댓잎보다 먼저 내 안이 술렁거렸고 잠잠한 바람 또한 내 속에서 일었으며 그 바람을 잦게 하는 것도 내 마음만이 할 수 있는 일이었다." 대숲의 바람을 찬찬히 관찰한 뒤에 마침내 그 눈을 자기 안으로 돌려 자기를 성찰하고 있는 것이다. 그 성찰의 눈이 좀더 깊이가 있었으면 하는 아쉬움이 남는다.

같은 관찰로 이루어진 작품이지만, 〈며느리밑씻개〉는 그 느낌이 전혀 다르다. 이 작품은 우리 고유어로 된 꽃이름, 풀이름을 관찰하면서 그것에 얽힌 이야기나 필자 자신의 느낌을 적고 있는 글이다. 그 대표적인 풀이름이 "며느리밑씻개"인 셈이다. 그 외에도 "며느리밥풀, 며느리배꼽, 며느리감나무" 등이 있다고 말하고,

"도덕은 머리 위에 잠자고 감정은 가슴에서 펄펄 끓고 있는 것 같아 서글퍼진다."고 적고 있다. 필자의 말처럼 "가난하고 가부장적이었던 시절 고부간의 갈등이 묻어나는 이름들이다."

사실 도회에 사는 사람들에게는 이런 고유어로 된 풀이름들은 외국어만큼이나 생소하다. 시골에 산 사람도 이미 시골을 떠난 지 오래고, 또 지금은 연로한 사람들만 시골에 살고 있는 형편이라 우리말인데도 생소하기는 마찬가지다. 왜 하필이면 이런 고약한 이름을 붙였을까 하고 생각할 수도 있겠으나 필자는 그 풀이름에 담긴 뜻풀이를 재미있게 하고 있다.

> 그 시대 대부분의 어머니들은 자신이 낳은 아들이지만 어른들 밑에서 자식을 살갑게 껴안아보지 못하고 일 속에 묻혀 고단하게 살아왔었다. 아들이 장성하여 며느리를 보게 되니 눈치볼 어른도 없고 여유와 즐거움을 찾고 싶었으리라. 그러나 자식은 키울 때뿐이지 장가가면 격식을 차리게 되어 거리가 멀어졌음을 느끼는 데다 며느리에게 온통 빠진 아들을 보는 어미의 마음은 서운하기 이를 데 없을 것이다. 예절이라는 것도 좋지만 딱딱한 활자처럼 정을 느낄 수 없다. 이미 건너간 또 다른 사랑이 혼란스럽다 보니 분출구를 찾던 시어머니는 며느리에게 화살을 날려보낼 수밖에.

풀이름이 붙여진 내력을 필자는 이렇게 추측하고 있다. "겉으로 드러난 감정보다 그렇게 표현해서라도 가슴의 체증을 쓸어내리고 싶은 시어머니의 마음을 읽을 수 있다."는 것이다. 필자는 며느리 쪽보다는 시어머니 쪽에 더 마음이 가 있는 것을 느낄 수 있다. 필자의 나이가 그쯤 되었을 것으로 짐작된다. 그렇지만 "나도 오래 묵은 가치들로 상처받은 기억은 쉬이 잊고 또 다른 카타르시스의 출구를 찾아 헤매지는 말아야지."라는 말로 끝맺고 있다. 단지 식물 명에 집착하지 않고 자신을 되돌아보는 여유를 갖고 있는 것이 수필 쓰는 사람답다는 생각이 든다. 역시 이 작품도 마무리가 아쉽다. 말미가 무언가 암시하는 듯도 하지만, 수수께끼 같아서 감동으로 남기에는 부족하다.

'부산수필과비평작가회'에서 발간한 수필집을 읽으면서 아, 여기도 보석들이 많구나 하고 생각했다. 수준이 골라 어떤 특별한 작품을 가려내기가 어려웠다. 그 중에서 남지은의 〈삼굿〉을 골랐다. 같은 필자가 쓴 〈멍에를 걸고〉라는 작품도 이 작품 못지않게 좋았다. '소싸움'은 아직도 여러 지방에서 성황리에 개최되고 있을 뿐 아니라, 투기 게임으로 사이클, 경마 등과 더불어 인기를 얻고 있어서 오히려 더 성행될 조짐마저 보인다. 그러나 '삼굿'이나 삼을 베고, 삶아서 벗기고, 삼베를 짜는 일은 농촌에서조차 쉽게 볼 수 없는 현상이 되어가고 있다. 싼 외국 '삼'에 밀려 더는 삼을 재배할 수 없는 상황이 되어가고 있는 형편이기도 하지만, 수공업 단계의 삼베 생산이 견디어 내기가 어려울 것이다.

필자도 농촌에서 자랐기 때문에 삼을 삶을 때의 그 장관을 기억하고 있다. 이 작품의 필자는 삼을 베고 삼을 삶고 있는 아버지의 모습을 통해 어릴 때의 기억을 더듬고 있다.

> 아버지는 삼 베는 일에 어린 우리를 그렇게 앞세우고 가셨다. 아버지가 삼을 베어 눕히면 우리가 할 일은 나무로 만든 삼칼로 잎을 쳐내는 것이었다. 삼칼은 금방 푸른 물이 들어 시퍼렇고, 삼 잎은 앙탈이라도 하듯 사방에 이슬을 뿌리며 적셨다.

짧은 글이지만 지난날의 농촌 정경이 잘 묘사되어 있다. 뿐만 아니라 한 가족의 역사가 집약적으로 담겨 있다.

> 삼을 벗기고, 훑고, 째고, 삼고, 베를 매고, 짜는 과정은 오로지 여인네의 손길로 이루어진다. 겨울 삼을 삼던 어머니의 눈꺼풀이 자꾸만 아래로 내려올 때쯤 뒷산 참나무 숲에서 부엉이가 울었다. 그러면 왠지 모를 한기에 나는 더 깊이 이불 속으로 파고들었다. 외풍 센 방에서 바지를 무릎까지 걷어붙이고 맨살에 삼을 비벼서 삼는 모습이 너무 시리게 보였기 때문이있다.

아무리 궁벽한 농촌이라도 이미 사라진 풍경이다. 앨빈 토플러는 인류의 역사로 보면, 지난 수천 년간의 변화보다는 20세기 수십 년 동안에 겪었던 변화가 더 크다고 말하고 있다. 특히 다른 어느 나라보다 한국의 변화는 가히 세계의 정상급이다. 이런 변화 속에서 우리 생전에 겪는 변화가 만만치 않게 많다. '삼굿'도 필자와 같은 사람들이 기록해 두지 않으면 언제 그런 일이 다 있었을까 하는 생각이 들지 모른다. 사라져가고 있는 전통생활의 한 단면을 기록해 두는 것도 수필의 좋은 소재가 되리라. 다만 이 수필의 단점이라면 뒷마무리가 허전하다. 아버지를 향한 안타까운 정이 독자의 심금을 울릴 수 있도록 되었으면 좋겠다.

흔히 경수필과 중수필로 나눈다. 수필 작가들이 쓰는 수필은 대체로 경수필에 속한다. 그리고 경수필을 소재와 내용에 따라 여러 가지로 나누기도 하는데 수필은 혼합 장르이기 때문에 형태와 내용에 따라 나는 아홉 가지로 나누었다. 시적 수필, 소설적 수필, 논술적 수필 등등, 그 중에서 다른 사람들이 주목하지 않았던 '생활수필'을 한 작은 장르로 나누었다. 그러나 실제로 수필이라고 말하는 것의 대부분이 '생활수필'인 것이다. 일상생활에서 보고 듣고 느낀 것을 담담한 필치로 적는 수필인 것이다. '수필과비평작가회의'에서 내놓은 ≪산빛은 시간 따라≫라는 수필집도 펼쳐 보면 거의 '생활수필'로 되어 있다. 모두 그만그만한 수준이어서 특별히 집어내어 말하기가 어려웠다. 그 중에서 서순옥의 〈숨어든 도시〉를 보기로 한다.

이 수필은 분양받은 새 아파트에 입주하면서 "숨어든 사람"처럼 살기로 작정한 필자가 결국에는 이웃 사람과 어울려 살게 된 내력을 적은 글이다. 큰 충격을 받고 나면 절에 들어가 아무에게도 눈에 띄지 않고 살고 싶은 것처럼 남편을 갑자기 잃은 필자의 처음 심정이 그러했을지 모른다. 그러나 마음씨 좋은 윗집 사람을 만나서 차를 마시게 된 계기로 해서 차츰 사람들을 만나게 되고, 등산까지 가게 된다. 등산 친구들은 필자의 남편에 대하여 매우 궁금하게 생각한다. 남편과 사별하였다는 것을 내내 이야기하지 않다가 "부담스러운 거짓말을 끝낼 작정"으로 그들을 집으로 데리고 들어온다. 그런데 이 밝히는 과정이 콩트처럼 재미있다.

> "자 빨리 얘기해 봐."
> 뭐가 그리도 궁금할까. 아마 내가 반대 입장이어도 그랬을 것이다. 애꿎은 커피로 연신 목을 축이며,
> "못 온대요!"
> 눈동자들이 일제히 나를 향하고 있었다. 아랫집 대구 형님은 큰 눈을 굴리며,
> "거기서 여자가 생겼구먼!" 하며 안타까운 표정을 지었다.
> "바람이라도 났으면 좋겠어요. 그 사람은 다시는 못 올 곳으로 떠났어요."
> 내 말이 끝나기도 전에 무섭게, 방금까지도 나에게 집중했던 눈들이 나를 쳐다보지 못했다.

이 수필은 마무리도 깔끔하다. "하루만 안 보아도 못 배기던 산악회원들도" 결국에는 하나 둘 흩어져 어디론가 떠나가 버렸다. 아파트 주민의 속성이 원래 그런 것이다. 특히 대도시에서 아파트를 사고파는 것이 돈이 됨으로 해서 모두들 이웃의 정 같은 것은

헌신짝처럼 팽개치고 "새로운 곳에 둥지"를 틀기 위해서 날아가 버린다. 필자는 "나는 오늘도 그 속에 살고 있다."고, 한탄인지 체념인지의 말을 중얼거리고 있다.

여기 싣지는 않았지만 김애자의 〈수랫골에서 띄우는 편지〉를 독자들에게 강력히 권하고 싶다. 아름다운 문체도 그러하려니와 내용도 매우 감동적이다. '산촌편지－두 번째 이야기'로 나온 것을 보면 저번 호에도 나왔고, 앞으로도 계속 연재할 모양이니, 독자들이 주의 깊게 볼 것을 환기하는 뜻에서 여기 언급한다. 세 편의 수필을 실었는데 각기 독립된 이야기로 되어 있다.

〈어떤 법문〉은 어릴 때 믿고 따랐던 어떤 선배에 관한 이야기다. 여유 있는 집안에 태어나 행복하게 자란 학교 시절과는 달리 농촌에 들어와 온갖 고생을 하고 있다는 말을 듣고 찾아간 것인데 그로부터 차라리 '법문'과 같은 말을 듣고 왔다는 이야기다. "인생의 막장까지 내려오니 오히려 마음이 편안하다."는 말이다. 잔잔한 감동이 전해 오는 글이다.

〈한 컷의 삽화〉는 수랫골에 살고 있으면서 본 어느 날의 정경을 그야말로 '한 컷의 삽화'처럼 그려낸 글이다. 필자는 요즘 도시인들이 그렇게도 갖고 싶어하는 전원주택에서 자연을 마음껏 누리면서 자연과 더불어 살고 있는 모습을 그리고 있다. 짐작되지만 그 전원주택을 가꾸자면 몸이 한없이 고될 것이다. 우리가 하루 이틀 농촌이나 산촌에 가서 즐기는 것과는 전혀 다르다. 작자나 작자의 남편은 짐작건대 상당한 지식인이고 이전까지는 도시생활을 해 왔던 것으로 생각된다. 노루가 집 앞까지 찾아오고, 벌꿀을 따는 남편 옆에서 뱀이 혀를 날름거리고 있는 정경이 그린 듯이 다가온다.

〈수랫골 사람들〉은 "전원생활을 꿈꾸는 한 퇴직자"를 위해서 동네 잔치를 벌인 일을 기술한 것이다. 퇴직자가 도시생활을 접고 이곳의 이웃이 된다고 했을 때 토지 매입을 앞장서 주선해 주었다. 그 고마움의 표시로 일금 오십만 원을 놓고 간 것을 주민과 인사도 할 겸 그 사람을 불러서 돼지를 잡고 동네 잔치를 벌인 것이다. 농촌 인구가 점점 줄어들고 있는 것은 어제오늘의 일이 아니다. 농촌에는 젊은층은 이미 다 떠나고 나이 많은 노인네들만 남아 있다. 지식인들이 전원생활을 즐기기 위하여 하나둘씩 모여든다면 이제 농촌의 이미지도 달라질지 모른다. 전원생활로 들어온 사람과 토박이 농민 간에 불화도 더러 있는 모양이지만, 필자가 적고 있는 동네는 매우 화기애애한 분위기임이 역력하다. 말미에 가서 이용호 선생의 〈주막〉이라는 시를 인용한 것도 매우 인상적이다. 필자의 글 솜씨도 깔끔하려니와 앞으로 수랫골에서 띄우는 더 많은 편지를 기대해 볼 만하다.

어린 햇살

허 경 자

바다에서 뜨는 해는 육지에서보다 고혹적으로 붉다. 그저 그러한 생각들은 깊은 물에 씻어 버리기라도 한 듯 말갛게 빛난다. 완연한 모습을 보이기 전에는 수평선을 온통 벌겋게 물들여 곧 무슨 일이 벌어질 듯한 기대감에 젖어 들게도 한다. 그러면서도 언제 떠오를 지 가늠하기가 쉽지 않기에 더한 조바심을 갖게 만든다. 그리곤 수없는 자맥질로 바닷물 속을 떠돌다 불쑥 빠져나오듯 홀연히 나타난다.

그 장관을 다시 보려는 마음으로 새벽잠을 설쳐가며 기다렸다. 하나 고대하는 모습을 좀체로 드러내려 하지 않는다. 고기잡이를 나가는지 멀리 서너 척의 배만 떠 있을 뿐 새벽녘의 바다는 고요하기만 하다.

조용하기론 방안에서도 마찬가지이다. 오대산 상원사를 거쳐온 여정 때문인지 모두들 곤한 잠에 묻혀 있다. 모처럼 자매들이 어머니를 모시고 하는 나들이라 깊은 밤까지 잠들지 못하더니 웬만한 기척에도 깨어날 줄 모른다. 제 아이들 곁에 누운 끝엣동생의 몸매는 부피가 느껴지지 않을 정도로 애틋하다. 잠든 얼굴도 나이를 짐작할 수 없게 해맑아 보인다. 흐트러져 자는 아이들을 바로 뉘어 주고 살며시 밖으로 나왔다. 방안에서 창문으로 맞이하기엔 마음 속의 일렁임이 너무 키워지기에.

바닷가를 향해 둘러쳐진 철조망 한쪽의 문이 열려 있는 게 보였다. 다른 어느 곳보다 훨씬 더 입자가 고운 모래 해변이 거기에 펼쳐지고 있었다. 뒤엉킨 발자국만큼이나 여러 사연을 지녔을 주문진 바다는 그러나 무심했다. 금방 떠오를 해를 품었음 직한 어떠한 기색도 보이지 않았다.

낮은 물결을 곁에 하고 있어서인가. 어딘지 모르게 맥이 약해 보이는 동생의 얼굴이 스친다. 나이에 맞지 않게 염려스러움을 잘 나타내 애어른이라는 소리를 듣기도 하더니 이번 여행을 주선하는 어우름도 보였다. 막내라서 부모님을 뵙고 사는 날들이 형제 누구보다도 짧다는 호소가 안쓰럽기도 하다. 하지만 유달리 약해 보이는 몸으로 하는 맏며느리 노릇은 그저 장하게만 여겨진다. 어찌 보면 학생보다 더 앳되어 보이는 모습으로 부임했던 교직 생활에서도 사명감이 보여져 대견스럽다. 하나 늦게 태어나 부모님의 젊은 시절을 모르는 아쉬움을 가끔씩 눈매에 나타내기도 한다. 팔

남매의 여덟째이기에 제 목소리를 내기가 조심스럽다는 투정도 매한가지다. 맏이인 나하고 때로는 모녀간으로도 보여진다고 하니 더 그런 모양이다.

막내딸은 어찌 보면 아침에 퍼지는 햇살과 닮지 않았을까 하는 생각을 해본다. 바라보기만 해도 미소를 띠게 하는 막내의 특성이 더 그렇다. 기와집을 서너 채씩 짓고 허문다는 밤사이의 잡념이 사라지는 아침엔 마음까지 환하게 만드는 햇빛이 있다. 집안의 사소한 걱정근심은 막내 특유의 천진함에 녹아들게 마련이다. 잠을 설치게 한 뒤숭숭한 꿈자리도 어린 햇살을 쬐게 되면 슬그머니 사라져 잊히고 말 듯이.

마찬가지로 세상의 부모가 힘들고 어려운 삶을 견뎌내는 바탕에는 막내가 있지 않았을까. 물론 자식에 대한 책임과 사랑은 첫째나 둘째를 가려가며 생성되는 게 아닐 것이다. 하지만 끝으로 태어난 막둥이의 생에 대한 염려가 더 있었을지도 모른다. 다른 자식들에 비해 보살펴줄 날들이 길지 않으니 그럴 만도 하다. 한두 번의 젊은 나이에 출산을 끝내는 요즈음과는 다른 세월이었으니 말이다. 하니 태어나는 순간부터 가족에게 한 줄기 빛으로 의지를 심어주는 아이가 되기도 한다.

또한 햇빛은 농부들이 지루한 장마를 별 어려운 기색 없이 치러내는 연유가 된다. 긴 빗줄기가 걷히고 나서 돌봐야 할 농작물엔 태양이 필수 조건이었기에. 그러고 보면 무섬증으로 서먹하던 어릴 적의 밤도 그렇다. 한밤중 눈을 떴을 때 견딜 수 있게 한 것은 새벽이 밝아 오리라는 빛에 대한 기대였을 게다.

해서 아침의 태양에는 그림자가 드리워지지 않아야 하리라. 고단한 밤을 지낸 이에게 용기를 주는 희망이 되어야 하기에. 출가를 해서 아이를 낳아도 유년의 사랑스러움을 잃지 않는 막내딸처럼 말이다. 뒤덮인 구름 사이에서도 어느 순간 기어이 밝은 빛을 펼치는 햇살의 애교스러움도 그대로 막내의 심성이다. 생각의 차이로 잠시 어색한 분위기가 될 때 막내를 보면 유년시절이 떠올려져 순한 마음으로 바뀌어지곤 한다. 애써 의도하지 않아도 그 존재만으로도 저절로 화목을 이끌어내는 신통함을 가지고 있다. 그래서인지 항상 자신의 의미를 소중히 하는 대견한 면모가 보인다. 자신을 사랑해야 다른 이에게 나누어줄 연민도 생긴다는 것을 알고 있었나 보다.

하지만 나이가 들어도 항상 어리게 보여지는 이미지를 띤 게 그 자리다. 해서 숙성된 의연함이 가족들에게 제대로 받아들여지지 않는 경우도 있을 수 있다. 다른 의사 표현을 하면 귀 기울여 듣기보다는 언짢아 하는 가족들의 심사를 엿보게 된다. 아직도 어린아이 생각쯤으로 가볍게 치부해 버리거나, 완곡한 표현에 까닭없는 노여움을 갖게 되는 것인지도 모른다. 그럴 때마다 조금은 외로우리라는 생각을 해보기도 한다. 가족 구성원이라는 소속감을 형제 누구보다 많이 가지고 있으리라 여겨지기에 말이다. 그냥 막내의 자리에 있기만을 바라는 심사로 비춰질 수도 있으니까.

대개 한낮의 태양에서 쏟아지는 빛이나 열만을 소중히 여기는 것도 같은 내막이 아닐까. 아침볕이나 해거름의 빛도 쓰임새에 따라서는 더 긴요하건마는 강렬함만을 원하는 습성에서 비롯되었는지도 모른다. 맏이의 의중을 궁금해 하고 거기에 더한 비중을 두는 우리네 가족관도 같은 맥락이 아닐는지.

항상 맏이의 자리에서만 보아온 막내의 위치를 새삼 다시 생각하게 한다. 어쩌면 맏이에 비해 조금은 덜 무거운 자리일지도 모른다는 편견도 그러하다. 집안일을 관장해야 하는 사명감 못지않게 중요하고 꼭 있어야 하는 게 순수함일 테니까. 아무런 사심 없이 부모님 마음을 헤아려 볼 줄 알기에 더 그렇다. 이래저래 생각이 많은 맏이는 그만큼 마음 씀씀이도 나뉘게 된다.

이런 사념에 끌려서일까. 아직도 떠오르지 않는 해를 향하여 더없는 애정을 보내게 된다. 그다지 흐린 날씨도 아닌데 일출 보기는 틀렸다는 사람들의 말소리도 정감 있게 들린다. 아침마다 마음속에서 해가 뜨는 일상을 가질 수는 없을까. 그렇게만 될 수 있다면 우리가 사는 세상도 꽤 훈훈해지리라.

– ≪수필과비평≫, 2005년 11/12월호

종소리

홍 미 영

제 몸을 쳐야 소리를 낼 수 있는 종은 구도자 같다. 구도자의 길은 험하고 먼 길이다. 땅속 깊은 곳에 숨겨진 세월이 소리를 위해 세상 밖으로 나오는 순간 선택은 고행의 시작이었다. 쇠는 변화하기 위해 시옥의 문을 수없이 넘나들어야만 했다. 자신을 변화시킨다는 것은 본질을 뭉개버리는 것이다. 자신을 죽여야 또 다른 세상을 볼 수 있다. 죽음은 영원한 소멸이 아니었다. 탄생을 위한 거룩한 의식 같기도 하다.

쇳물이 되기까지 쇠는 땅속의 기억을 모두 버려야 하리라. 굳어진 기억과 겹겹의 세월들이 한 덩어리로 녹여진다. 오직 순결을 위한 산 제사가 되어야 하리라. 온전히 창조자에게 바쳐진 거룩한 몸이 되기 위한 순서이다. 불순물을 걸러내는 반복의 시간들은 새롭게 태어나는 인내의 길이다. 오랜 담금질은 자신을 비워냄과 순종과 낮아짐을 의미한다. 그것은 소리를 위한 겸손이다. 소리의 경지에 이르는 험난한 구도자의 길이 완성될 때 깊고 맑은 영혼의 소리로 울릴 수 있을 것이다. 종소리에는 무한한 구도의 의미가 들어 있지 않을까.

종의 존재는 오직 소리에 의미를 둔다. 그 울림은 어떤 언어보다 높고 고귀하다. 이제 종은 긴 기다림 속에 정제된 내면의 이야기를 끄집어낼 수 있을 것이다. 긴 시간의 수레바퀴를 돌리듯 지구의 생성과 우주의 심호흡과 진리의 깨우침과 지구의 박동 소리까지 남김없이 쏟아내고 싶을 것이다. 그 소리에는 녹여진 세월의 이야기와 생명 근원의 순수성과 무소유의 자유를 맑고 고운 울림으로 우리의 내면을 두드리는 것이다.

종은 오래전부터 악기의 으뜸이 되고 예식의 엄연한 주인이 되기도 한다. 오직 군주를 위한 궁중악기로서 최고의 대접을 받기도 한다. 오케스트라의 타악기로서 사용되는 그 아름답고 맑은 종소리에 우리는 귀기울인다. 높은 탑 속에서 울리는 교회의 종소리는 신을 바라보는 인간의 간절한 갈구가 그 속에 숨겨져 있으리라. 종소리는 인간의 마음을 순화시키고 영혼을 맑게 한다. 울림이 없는 종은 방울이 될 뿐이다.

산사를 울리는 청아한 종소리는 어느 수도승의 예불 같다. 수도승은 종의 모습을 닮아가려는 것일까. 내면의 소리를 듣기 위해 스스로 종탁이 되는 것일까. 육신과 영혼을 깨우는 종을 친다. 깨달음을 완성한 부처의 모습을 닮아 가려는 구도자는 미혹된 중생의 속성을 버리기 위해 자신의 종탁을 수없이 쳐야만 하리라. 종소리의 울림처럼 쉼없이 자신의 맑은 영혼을 만들어가야 하리라. 산사의 종소리는 어쩌면 불자들이 닮아가고 싶어하는 부처의 모습이 아닐까라는 생각을 해본다.

손에 들고 치는 손잡이 종에도 삶의 의미와 추억이 담겨져 있다. 학문의 시작을 알리던 학교 종은 아직도 내 기억 속의 의미 있는 종이다. 작은 추를 몸속에 감추고 우리의 삶과 함께하는 종소리가 때때로 그립기도 하다. 시각을 알리는 시종은 지금은 영원하지 않다고 종을 친다. 옛날, 신호를 보내 위험을 알려주는 경종은 늘 깨어 있으라고 종을 친다. 방심하지 말고 준비하는 삶을 종소리에서 인식한다.

손잡이 종소리에는 현재와 미래를 준비하는 내 모습이 보인다. 손잡이 종소리에 연관된 삶을 살아가는 나는 오늘도 종소리의 길고 짧음에 따라 바빠지기도 하고 깨어 있기도 한다. 세월이 이렇게 많이 흘러왔는데도 나는 간간이 학교 종소리가 듣고 싶어신다. 〈학교종〉 동요는 나의 즐거운 등굣길 동무였다. 일곱 살 소녀는 새 교실 새 친구 새 선생님, 모든 게 새로운 처음 시작에 눈을 반짝인다. 학교 종소리는 내 꿈이 자라고 있는 작은 텃밭 같았다. 일곱 살 강둑에서 다시 되돌아갈 수 없는 강을 본다. 강물은 동화 속 그림처럼 너무나 맑고 곱다. 강물은 학교 종소리를 기억 속에 담아둔다. 나는 그 강물을 볼 때마다 아직도 배워야 한다는 강한 호기심이 발동한다. 배운다는 것은 내 정신 세계에 종을 울리는 것이다.

두부장수 종소리는 다정한 골목길과 아침 두레상의 추억을 기억하게 한다. 따끈한 생두부를 좋아하셨던 아버지의 기억 때문인지 지금도 두부 만드는 집을 그냥 지나치지 못한다. 이제는 들을 수 없는 추억의 종소리에는 아팠던 세월도 함께 간직하고 있다. 그러나 아프며 성숙했던 지난날들이 따끈한 생두부에 둘러앉던 두레상의 온기 속에서 늘 따뜻해진다. 그리워하는 것은 오랫동안 퇴색되지 않는 그림처럼 내 바람벽에 걸어두고 싶어진다.

하루의 삶이 바람처럼 지나갔던 젊은 날의 기억 속에는 청소차 종소리가 남아 있다. 새벽을 깨웠던 청소차 종소리는 삶이란 뛰어가듯 바쁘게 살아야 함을 일깨워준다. 쓰레기를 비우려면 나는 발돋움을 해야만 했다. 키가 작은 나는 늘 팔이 아팠다. 쓰레기가 머리 위에 쏟아지는 날은 괜히 서럽기도 하고 속도 상했다. 그러나 그런 세월도 지금 생각하면 잠깐 꾸고 난 낮꿈 같다. 모으고 또 비우면서 바쁘게 살아야만 했던 지난날이 주눅들지 않고 신나고 주목받는 종소리를 기다린 것은 아닐까.

살아가다 벽을 만나면 돌아가야 할지 뚫고 가야 할지 망설인다. 간혹 미래의 불확실성은 사람을 나약하게 만든다. 점쟁이는 방울을 흔들며 무슨 생각을 할까. 방울 소리 속에서 뚫고 나갈 길이라도 찾는 것일까. 달랑달랑 흔드는 방울 소리가 똬리를 틀고 혀를 날름거리는 방울뱀 같기도 하다. 점쟁이는 방울을 흔들어 답답한 마음을 안심시키는 것일까. 유혹받았던 방울 소리도 내 삶의 한 결이 되기도 했다.

– ≪수필과비평≫, 2005년 11/12월호

플라시보효과

이 정 순

연보랏빛 띠를 첩첩이 두른 거대한 능선을 끼고, 탁 트인 정상에서 맞이하는 아침 해의 힘찬 기운. 위태한 절벽을 기어오르던 아찔함마저 환희로 다가서는 이 순간의 감동을 어떠한 적절한 단어가 있어 표현하리.

의료용어에 플라시보효과라는 게 있다. 병원만 다녀오면 온몸을 짓누르던 통증의 무게에서 벗어나 하늘을 날듯 가벼워지며 언제 아팠냐는 듯이 활기를 찾는다는……. 지금의 내가 그렇다. 삼대가 덕을 쌓아야 볼 수 있다는 지리산 천왕봉의 일출까지 보았으니 더 이상 무엇을 바라랴. 까마득한 절벽 아래라 한들 가뿐히 내려앉지 못할까. 이미 나는 내가 아니다. 광활하게 펼쳐진 능선 위를 활공하는 한 마리의 새일 뿐이다.

며칠 전부터 모든 사물의 중간 부분이 흐릿하게 보이고 눈을 압박하는 심한 통증이 느껴졌다. 황반변성이라는 거의 불치에 가깝다는 병으로 이미 한쪽 눈의 기능을 상실한 터라 겁부터 덜컥 내려앉았다. 의사의 진료를 받기 전까진 이대로 양쪽 다 기능이 마비된 채 실명에 이르는 것이 아닌가 하는 생각뿐이었다. 다행히 같은 질환이 아닌 눈꺼풀 염증이란 결과가 나왔다.

병원을 가기 전의 우울한 기분과, 병원 문을 나설 때의 기쁜 마음으로 가진 생각은 똑같이 지리산의 천왕봉이다.

재작년 연말에 받은 건강검진 결과에서, 여성 암 쪽에 이상 출현이 있으니 재검진을 받으라고 했을 때도 마찬가지였다. 조직 검사를 받고 초음파 등 각종 검사를 받는 내내, 그동안 느끼지 못했던 미세한 부분의 아픔까지 온몸의 핏줄을 타고 일시에 나타났다. 급기야 내게 남은 인생이 단 몇 개월밖에 남지 않았을지도 모른다는 극단적인 생각까지 하게 되었다.

일주일에 한 번씩 각 과목의 진단을 몇 달에 걸쳐 받으러 다녔다. 그런 와중에, 내가 진정으로 바라는 것은 무엇일까 생각하니 갑자기 하고 싶은 일이 너무 많아졌다. 예전 같으면 '남아 있을 내 가족들은 어떻게 하나.' 하는 생각을 했겠지만 우습게도 이제는 가족보다는 온전히 나만을 위한 삶을 단 몇 달, 아니 며칠만이라도 살아보고 싶다는 생각이 간절했다. 그러나 막상 무엇을 해야 할지 막막하기만 했다. 그동안 수없이 부르짖던 내 안에 숨은 나를 찾겠다며 글을 쓰고 사진을 찍던 자아 찾기 명목도 따지고 보면 일상의 울을 차고 나갈 구실과 허울에 지나지 않았다.

사람이 살지 않는 古家의 낡고 버려진 헛간처럼 텅 빈 가슴뿐인 나 자신이 한심하다는 생각을 하다가 문득, 지리산에 가고 싶다는 생각을 했다. 다른 곳도 아니고 지리산을 떠올리다니, 아마도 몇 번의 산행으로 얻은 지리산 능선의 감동이 나의 잠재의식을 지배하고 있을지도 모른다는 생각을 했다. 지리산이라는 말만 들어도 가슴에 생기가 돌았다. 왠지 천왕봉에만 우뚝 서면 병든 영혼마저 치유되는 기적적인 효과를 얻을 것만 같았다.

몇 달 동안 가슴을 졸이며 있다가 '대체적으로 건강합니다.'란 의사의 말 한 마디에 울고 웃는 존재의 나약함에 실소를 금치 못했다. 그렇게 아프던 부위들의 통증이 일시에 사라지는 플라시보효과를 경험하곤 사람 마음이 참으로 간사하다는 걸 느꼈던 기억이 새롭다.

천왕봉이라 쓴 표석 앞에는 핸드폰에 내장된 카메라폰으로 연신 자신의 모습을 담는 사람이 두 팔을 벌린 채 서 있다. 사람이라곤 우리 동행과 그분, 달랑 네 사람뿐이라지만 우리의 시선에 아랑곳하지 않고 두 팔을 벌렸다 이내 웃으며 사진을 찍는다. 카메라폰을 바라보는 눈 속에 성실한 그의 삶이 반짝이고 있다. 정상에 올라보지 않은 자들은 결코 느낄 수 없는 이 성취감, 무엇이건 힘들이지 않고는 결코 얻을 수 없다는 진리는 자연 속에서 체험이라는 걸 통해서만이 가능하다. 병원 문을 나서며 얻는 플라시보효과보다도 더 큰 위력은 자연 앞에서 맞는 숭고함이라는 사실을 깨달았다.

특이체질이나 중병을 앓고 있지 않는 한, 육체는 정신에 지배를 받는다는 말이 떠오른다. 정신과 육체가 긍정적인 합일점을 이룰 때라야 행복하다 느끼는 건강한 삶이 되리라는 확신 또한 얻은 셈이다.

휭-하고 몰아치는 바람결 타고 거대한 바위와 산이 동시에 뒤척이는 소리가 들린다. 숭고한 자연 앞에서 덩달아 숭고한 척하려 하는 나의 마음을 들킨 것 같아 서둘러 하산하려는 발길을 돌려 잠시 머물렀던 자리를 돌아보았다. 표석 위를 떠도는 아침 햇살이 참 따뜻하게 보인다. 집을 떠나오기 전 홈페이지 메인에 써넣었던 어느 영화대사의 한 대목이 떠오른다. 그 어떤 변화가 우리 앞에 기다리고 있을지는 아무도 모른다. 한 가지 분명한 사실은 우리의 여정이 끝나지 않았다는 것이다. 다만 바라는 것은 우리가 이 땅에 머물렀던 한순간이 영원히 기억되는 것이다.

나의 한순간이 영원히 기억되길 바라는 마음으로 '천왕봉'이란 글씨가 새겨진 표석 앞으로 나의 소망을 가만히 밀어넣었다. 지리산의 신성한 정기가 내 몸속 핏줄을 타고 찌르르 흐른다.

- ≪수필문학≫, 2005년 11월호

쇳대 할머니

김 미 옥

여행은 추억을 담은 사진과 더불어 에피소드로 남는다고 했던가. 대체로 한꺼번에 여러 곳을 돌아보기에 더러 헷갈리기도 하고 희미해지기도 하지만, 사진의 기록과 에피소드만은 오래도록 선명한 추억으로 남아 즐거움이 되곤 한다.

이웃사촌 아줌마 네 사람이 나섰던 여행길의 추억담이다. 마침 건강이 좀 시원찮은 두 사람이 같은 방을 쓰게 되어 의견일치는 한결 쉬웠다. 저녁식사 후 방에 돌아오면 목욕하고 무조건 자는 쪽으로 말이다. 시차적응을 못해 꼬박 밤을 새웠던 힘든 기억이 있는지라 이번엔 기내에서도 부러 잠을 아꼈던 터다. 여행 중엔 최대한 잠을 아끼고 맘껏 누리고 즐기라는 말은 적어도 우리에겐 해당되지 않는다. 일단 잠을 충분히 잘 자야 다음날 일정에 무리가 없는 스스로의 상태를 잘 아는 까닭이다.

비엔나에서의 마지막 밤이었다. 우리가 생각하는 호텔의 이미지와는 다른, 다섯 동의 낮은 건물이 미로처럼 특이하게 연결된 복합 건물의 호텔이었다. 가이드마저 나간 문을 찾지못해 헤매다 엉뚱한 문으로 들어왔을 만큼 복잡한 곳이라 특별히 조심하라는 당부도 있었다. 우린 어차피 나갈 생각이 없으니까 그다지 신경을 쓸 일도 없긴 하다.

불을 끄고 자리에 누워 막 잠이 들려는데 옆방의 일행에게서 소화제가 필요하다는 전화가 왔다. 오라해 놓고 한참을 기다려도 웬일인지 감감 소식이 없다. 설마 미로를 헤매는 건 아닐 거라고 우리끼리 농담을 하다 그냥 괜찮아졌나 보다고 다시 살풋 잠이 드는데 그제서야 벨이 울렸다.

아무래도 소화제가 필요해서 우리에게 가기로 해 놓고 둘이 한참을 실랑이를 했다는 것이다. 아프다는 사람은 내복 차림으로 누웠던 그대로 그냥 가려 하고, 한 사람은 옷을 입히려고 애를 쓰면서 말이다. 바로 옆방인데 내복 차림이면 뭐 어떠냐는 사람과, 오죽 힘들고 귀찮으면 저럴까 싶으면서도 옆방의 두 깔끔쟁이들이 어떻게 생각할지 몰라 억지로 달래서 옷을 입히고 신발도 신기느라 애를 먹었다는 말에 웃지 않을 수 없었다. 유럽의 호텔엔 실내화가 없으니(1회용 사용금지) 부츠를 벗은 실내에선 맨발로 다닐 수밖에. 맨발에 내복차림이라, 그 순간 우린 누가 먼저랄 것도 없이 똑같이 '쉿대 할머니'를 떠올리고 데굴데굴 굴렀다. 행여 옆방에 들릴세라 소리를 낮추어야 했지만 한 번 터진 웃음보는 릴레이하듯 좀처럼 멈추지를 않았다. 배를 잡고 제각기 바닥과 침대를 구르며 눈물이 찔끔거리도록 웃다 보니 여로에 쌓인 피로마저 말끔히 가시는 듯했다.

어느 시골 마을의 할머니들이 단체로 효도관광을 떠났다. 호주에 도착한 첫날 밤의 일이다. 저녁식사 후 방을 배정받고 짐을 푼 할머니 두 분이 그냥 주무셨으면 좋았을 걸 기어이 옆방으로 마실을 가셨겠다. 가방 구석에 끼워 온 쥐포로 기분 좋게 소주도 한 잔씩 나누고, 멀리까지 와서 또 화투짝까지 맞추다 보니 그만 밤이 꽤 깊었단다. 잘 자라는 인사를 몇 번이나 하고 나왔는데 아뿔싸, 열쇠가 없는 것이다. 애당초 방에서 가지고 나오지 않았으니 이를 어쩔 것인가.

얇은 고쟁이 위에 바람 빠진 풍선 같은 쭈그러진 가슴이 그대로 드러나는 러닝셔츠, 모처럼의 여행 떠나며 새까맣게 염색해 심하게 볶은 뽀글머리에 맨발의 두 할머니가 깊은 밤 호텔복도를 서성이는 모습……. 오랜 궁리 끝에 두 사람은 그래도 카운터로 내려가기로 했으니 얼마나 다행인가.

"어이, 동상이 좀 가봐."

"없이유. 성님이 가유."

카운터엔 황소만 한 백인 아저씨가 꾸벅꾸벅 졸고 있는데 엘리베이트 옆 구석에선 형님 먼저 아우 먼저 두 할머니가 한참이나 밀치락달치락거렸다. 결국 형님에게 밀린 동생 할머니가 쭈뼛거리며 그래도 용기를 내었다.

"이봐유, 쇳대 줘유."

"……?"

"쇳대 달래니께유, 쇳대."

"what……?"

도무지 통하지 않는 두 외계인의 짓거리를 한참이나 지켜보던 형님 할머니가 답답함을 참지 못하고 드디어 합세를 했겠다.

"야, 이 무식한 놈아. 쇳대도 모르냐? 얼른 쇳대 내놓으란 말이다, 쇳대."

두 할머니의 성화가 여간이 아니었건만 그래도 이 황소 덩치는 아닌 밤중에 웬 홍두깨냐는 듯 도무지 눈치를 못 채니 이런 숨막힐 노릇이 있나. 글쎄, 삿대질에다 거듭 목청만 높이던 할머니가 드디어 손으로 자물쇠를 따는 흉내를 해 보였으나 웬걸, 이 덩치는 오히려 얼굴이 붉으락푸르락 눈만 더 휘둥그래졌을 뿐이다. 그래도 못 알아듣자 이번엔 무작정 팔을 잡아 끌었다. 이 미련한(?) 놈에게 잠긴 문을 보여줘야 할 것 같아서다. 헐렁한 속옷 차림의 할머니 둘이 한밤중에 술기운까지 풍기며 두 손으로 자물쇠 여는 시늉을 해가며 마구 끌고 당기니 무슨 생각을 했겠는가. 정말 얼마나 황당했을까.

속옷 차림의 파마머리 맨발 아줌마, 자칫 복도를 서성거렸다면 낮에 들은 쇳대 할머니 얘기가 재연될 뻔했다고 우린 그렇게 배꼽을 잡았던 것이다. 이 순진한 옆방 아줌마들의 사건 하나를 더 추가할까 보다.

바로 지난밤의 얘기다. 자리에 누웠으나 냉기에 도저히 잠이 오지 않더란다. 감기 기운이 오는지 목까지 아파오고. 행여 옆사람 잠이 깰까 봐 가만히 일어나 어둠 속을 더듬어 스위치를 모조리 작동해 보고 누웠으나 전혀 달라지지 않더란다. 그 얼마 후 또 다른 사람이 조심조심……. 서로가 자는 척 숨을 죽이고 어둠 속 행동을 지켜보고 있었다니 한밤중의 웬 비밀놀이였다는 말인가. 결국 그 밤은 따끈한 화장실 바닥에서 샤워타월을 깔고 잤다나 어쨌다나. 비싼 호텔료 주고 고작 화장실이냐고 놀리는 우리에게 둘이 누우니 딱 맞게 오붓하고 뜨끈뜨끈해서 좋더라고 웃는 여인들. 마침 낮에 모차르트 아저씨네 동네서 산 꿀을 한 스푼씩 먹고 잤더니 감기기운도 거뜬해졌다며 순박하게 웃는 여인들과의 여행이니 어찌 즐겁지 않겠는가. 말이 전혀 통하지 않을 때 종업원을 부르는 한 방법으로 전화기에 대고 무조건 비명을 질렀다는 어떤이의 경험담을 나중에야 듣고 무릎을 쳤다.

여행은 어디를 가서 무엇을 보느냐도 중요하지만 같이 하는 사람에 따라 맛이 다름은 새삼스러운 일이 아니다. 어쩌면 그런 에피소드들이 여행의 재미를 더하고 색깔 있는 추억을 만들기도 하는 것 아닌가 싶다.

얘기 나온 김에 하나 더 곁들여 볼까. 서비스 좋기로 유명한 싱가폴에어라인 승무원의 비싼 엉덩이 얘기다. 시골에 혼자 사는 할아버지를 모처럼 효도관광을 보내 드렸겠다. 무료한 중에 할아버지 눈에도 승무원의 엉덩이가 너무 예뻤나 보다. 읍내 다방 아가씨

엉덩이 만지듯 슬쩍 한 번 만졌다가 그만 온통 난리가 났다. 그러나 그것으로 그쳤으면 그래도 문제가 없었을 걸. 식사 후 심심해진 할아버지는 또다시 일을 저지르고 말았던 것이다. 이번엔 기어이 엉덩이를 탁 치기까지. 그런데 이상하게도 먼저와는 달리 승무원들이 몰려오지도 않고 별 반응이 없이 조용했다. 그런데 웬걸, 창이국제 공항에 도착하니 공항경찰이 바로 대기하고 있을 줄이야!

싱가포르는 규칙의 나라가 아니던가. 아직도 야만적인 태형이 실시될 정도로 까다롭고 엄한 나라라 한다. 전기곤장은 살점이 떨어질 정도여서 하루에 2대로 제한되어 있다니 어느 정도인지 짐작하기 어렵지 않다. 그래도 노인이라고 배려해서 벌금형이 내려졌으니 그나마 다행이지 않은가. 한국의 자식들에게 전화해서 4백만원 정도의 벌금을 송금하게 했지만, 금요일 오후부터 은행이 쉬는 까닭에 3박 5일 일정을 공항 밖으로 단 한 발짝도 나가보지 못하고 끝내고 말았던 것이다. 참으로 비싼 엉덩이를 만진 여행, 할아버지에겐 평생토록 잊히지 않는 여행이었을 것이다.

타인을 통해 나를 바라보듯 여행이란 다른 문화를 경험하며 곧 자신을 느끼는 일이다. 일상을 벗어나 새로운 시각으로 다른 세상을 바라보는 여행이 곧 명상이고 수행의 일종이라던 어느 시인의 말이 떠오른다. 미지의 세계로 새로운 여행을 꿈꿀 수 있음은 살아있는 자의 큰 특권이 아닌가. 전혀 다른 여러 문화 속의 다양한 경험은 삶을 한층 재미있고 풍요롭게 하기에 새로운 여행을 꿈꾸는 일은 늘 설렘으로 다가온다.

– ≪청탑수필≫, 2005년 7집

수필과 수필적 장치

막내에 대한 애틋한 사랑 – 허경자의 〈어린 햇살〉

필자가 집필한 ≪수필창작 어떻게 할 것인가≫의 '영감과 모티프'란에서 이렇게 말한 적이 있다.

글을 쓰려고 노력하는 사람에게는 어느 순간 섬광과도 같은 생각이 떠오를 때가 있다. 그 순간을 영감靈感이 떠올랐다고 말한다. 영감이야말로 훌륭한 작품을 쓰게 되는 단초가 된다. 일찍이 로마의 철학자 시세로는 "성스러운 영감靈感의 입김을 받지 않고 위대하게 된 사람은 하나도 없다."고 했다. 인간에게는 신비한 힘이 솟구쳐 오를 때가 있다. 영감도 그 중의 하나인지 모른다. 불현듯 솟아오른 생각의 단편, 그것으로부터 위대한 대작도 싹트는 것이라고 볼 수 있다.

이처럼 영감은 불현듯 떠오르는 것이지만, 그것이 글로 나타날 때는 모티프라고 한다. 그러니까 영감이 구체화되어 그 글을 끌고 갈 힘이 되면 모티프가 되는 것이다. 이 글의 모티프는 말할 필요도 없이 '막내'다. 아침 햇살로부터 영감을 받아 그것이 '막내'로 연결되어 글쓰기를 시작한 것이다. 만약 막내에 대한 나의 정감만을 썼다면 무미건조한 글이 되었을지 모른다. '막내'가 '햇살'과 연결됨으로써 신선한 조명을 받게 되었다.

이 글은 자매들이 어머니를 모시고 동해안 지방 여행을 갔을 때 느꼈던 감정을 쓴 글이다. 환자는 자매 중 맏이이고, 가족 중 제일 먼저 일어나서 동녘에 떠오를 아침 햇살을 고대하고 있는 중이었다. 그때 곤하게 자고 있는 막내를 보았고 문득 그 막내의 모습에서 아침 햇살과 닮은 점이 있다고 생각한 것이다. 막내를 말하면서 글 곳곳에서 그 이미지와 어린 햇살을 병행하고 있다.

> 막내딸은 어찌 보면 아침에 퍼지는 햇살과 닮지 않았을까 하는 생각을 해 본다. 바라보기만 해도 미소를 띠게 하는 막내의 특성이 그렇다. 가) 기와집을 서너 채씩 짓고 허문다는 밤사이의 잡념이 사라지는 아침엔 마음까지 환하게 만드는 햇빛이 있다. 나) 집안의 사소한 걱정근심은 막내 특유의 천진함에 녹아들게 마련이다. 다) 잠을 설치게 한 뒤 뒤숭숭한 꿈자리도 어린 햇살을 쐬게 되면 슬그머니 사라져 잊히고 말듯이.

가)는 햇살의 이미지다. 나)는 막내의 이미지다. 다)는 막내와 햇살이 어우러지고 있다. 글 전체가 막내와 햇살을 비교법의 수사로 어울리게 하면서 맑고 밝게 맺힘 없이 글이 전개되고 있다.

맏이는 부모를 대신해서 동생들을 보살펴 주는 것이 한국의 관례다. 그러나 부모들이 막내를 너무 귀여워해준다고 시샘을 하는 것도 사실이다. 맏이인 필자는 참으로 넉넉한 마음을 지니고 있다. 막내를 이처럼 애틋하게 생각해 줄 수 있을까. 마치 어머니가 딸에게 주는 사랑 같다. 나이 차이가 많아서 그럴까. 단순히 그것만은 아닌 것 같다. 역지사지易地思之하는 그 넉넉함이 있기 때문이다.

> 해서 아침의 태양에는 그림자가 드리워지지 않아야 하리라. 고단한 밤을 지낸 이에게 용기를 주는 희망이 되어야 하기에. 출가를 해서 아이를 낳아도 유년의 사랑스러움을 잃지 않는 막내처럼 말이다. 뒤덮인 구름 사이에서도 어느 순간 기어이 밝은 빛을 펼치는 애교스러움도 그대로 막내의 심성이다. 생각의 차이로 잠시 어색한 분위기가 될 때 막내를 보면 유년시절이 떠올려져 순한 마음으로 바뀌어지곤 한다. 애써 의도하지 않아도 그 존재만으로도 저절로 화목을 이끌어내는 신통함을 가지고 있다. 그래서인지 항상 자신의 의미를 소중히 하는 대견한 면모가 보인다. 자신을 사랑해야 다른 이에게 나누어줄 연민도 생긴다는 것을 알고 있었나 보다.

여기서도 물론 어린 햇살과 막내의 이미지를 교차하면서 그 아름다운 뜻을 전달하고 있지만, 이제는 막내의 애교스러움에 머물지 않고, 사랑의 보편성으로 그 뜻을 확장해 가고 있다. 자신을 사랑할 줄 아는 자만이 다른 사람을 사랑할 수 있다고. 단지 사랑을 받고 있는 막내가 아니라 자기도 의식하지 못하는 사이에 가족 간에 애틋한 사랑을 주고받게 하는 귀중한 존재였음을 확인시켜 주고 있는 것이다.

그러나 이 글을 다 읽고 난 독자는 맏이인 필자의 넉넉한 마음을 다시 생각하게 한다. 그 맏이가 있기 때문에 막내를 '햇살의 애교스러움'으로 보아 줄 수 있고, 그 막내는 막내다운 소임을 다하고 있다는 사실 말이다.

종소리에 대한 명상 – 홍미영의 〈종소리〉

아포리즘(aphorism)이라는 이름을 붙여 문학지의 권두에 써서 많은 독자들의 주목을 받은 바 있는 에세이스트의 글이 있었다. 이 글도 그와 유사하다. 아포리즘이란 흔히 '금언金言', '경구警句'라고도 번역한다. 짧은 글로서 촌철살인寸鐵殺人의 위트가 보일 때 그런 글을 우리는 아포리즘이라고 한다. 일견 시와 가깝게 보인다. 물론 시는 아니다. 당연히 수필에 포함할 수밖에 없다. 수필은 포괄의 장르이기 때문에 그렇다.

로만 야콥슨은 “시적 기능은 선택의 축에서 동일의 원리를 결합의 축에 투사하는 것”이라고 말한 적이 있다. 그런 점에서 본다면 이 글은 시적 원리가 더 많이 작용된 글이다. 말을 달리했을 뿐 같은 뜻의 말이 반복되어 있기 때문이다.

우선 각 문단의 첫 행을 옮겨 놓아보자.

제 몸을 쳐야 소리를 낼 수 있는 종은 구도자다./ 쇳물이 되기까지 쇠는 땅속의 기억을 버려야 한다./ 종의 존재는 오직 소리에 의미를 둔다./ 그 울림은 어떤 언어보다 높고 고귀하다./ 종은 오래전부터 악기의 으뜸이 되고 예식의 엄연한 주인이 된다./ 산사를 울리는 청아한 종소리는 어느 수도승의 예불 같다./ 손에 들고 치는 손잡이 종에도 삶의 의미와 추억이 담겨져 있다./ 손잡이 종소리에는 현재와 미래를 준비하는 내 모습이 보인다./ 두부장수 종소리에는 다정한 골목길과 아침 두레상의 추억을 기억하게 한다./ 하루의 삶이 바람처럼 지나갔던 젊은 날의 기억 속에는 청소차 종소리가 남아 있다./ 살아가다 벽을 만나면 돌아가야 할지 뚫고 가야 할지 망설인다.

끝 행을 제외하고는 종이나 종소리가 들어 있지 않은 문장이 없다. 대체로 인용된 문장은 그 문단의 소주제를 이루는 문장이다. 따라서 이처럼 소주제가 문단의 첫머리에 나와 있으면 흔히 두괄식이라고 한다. 두괄식은 대체로 연역법演繹法을 취하고 있다. 물론 쌍괄식을 취해 문단의 뒷부분을 깔끔하게 마무리하는 경우도 있다. 어쨌든 이 글은 서사의 방식과는 다른 방식으로 문장을 이끌어 가고 있다. 문장 전체가 '이야기'로 이루어져 있지 않다. 문단 안에서도 이야기성은 배제되어 있다.

"제 몸을 쳐야 소리를 낼 수 있는 종은 구도자 같다."는 위트가 매우 인상적이다.

> 제 몸을 쳐야 소리를 낼 수 있는 종은 구도자 같다. 구도자의 길은 험하고 먼 길이다. 땅속 깊은 곳에 숨겨진 세월이 소리를 위해 세상 밖으로 나오는 순간 선택은 고행의 시작이었다. 쇠는 변화하기 위해 지옥의 문을 수없이 넘나들어야만 했다. 자신을 변화시킨다는 것은 본질을 뭉개버리는 것이다. 자신을 죽여야 또 다른 세상을 볼 수 있다. 죽음은 영원한 소멸이 아니었다. 탄생을 위한 거룩한 의식 같기도 하다.

쇠가 녹아서 종이 되기까지의 과정을 하나의 고행으로 보고 있고, 그 속에 불교에서 말하는 유회사상을 담고 있는 것이 놀랍다. 둘째 문단에서는 "소리의 경지에 이르는 험난한 구도자의 길이 완성될 때 깊고 맑은 영혼의 소리로 울릴 수 있을 것이다."라고 말하고 있다. 3문단에서도 이 흐름은 이어져 종의 존재는 그 소리에 의미가 있음을 말하고, "긴 시간의 수레바퀴를 돌리듯 지구의 생성과 우주의 심호흡과 진리의 깨우침과 지구의 박동 소리까지 남김없이 쏟아내고 싶을 것이다. 그 소리에 녹여진 세월의 이야기와 생명

근원의 순수성과 무소유의 자유를 맑고 고운 울림으로 우리의 내면을 두드리는 것이다."라고 기술하고 있다. 산사를 울리는 종은 구도자의 "육신과 영혼을 깨우는 종을 친다."는 것이다. "깨달음을 완성한 부처의 모습을 닮아 가려는 구도자는 미혹된 중생의 속성을 버리기 위해 자신의 종탁을 수없이 쳐야." 한다고 말한다.

이제 필자는 자신에게 돌아와 이전에 들었던 종소리의 의미를 다시 음미하고 있다. 학교에서 들었던 종소리는 "내 꿈이 자라고 있는 텃밭 같았다."고 회상하고, "배운다는 것은 내 정신세계에 종을 울리는 것이다."라고 말한다. 그뿐 아니라, 어릴 때 골목길에서 듣던 두부장수의 종소리, 골목골목 길을 누비며 들려오던 청소차 종소리까지 회상한다. 마지막 문단에서 점쟁이의 방울 소리를 떠올리며, "달랑달랑 흔드는 방울소리가 똬리를 틀고 혀를 날름거리는 방울뱀 같기도 하다."고 말하고 있는데, 지금까지 종소리를 통해 존재의 근원에 대하여 명상하던 필자가 끝에 와서 갑자기 방울뱀을 머릿속에 그리고 있는 것은 어쩐지 글의 무게가 가벼워진 느낌이 든다. 그 점이 아쉽다.

웃음을 머금고 되돌아본 여행 – 김미옥의 〈쉿대 할머니〉

수필에 있어서 유머와 위트는 요리에 있어서 양념이나 소금에 비유될 수 있다. 인공을 가하지 아니한 채소나 날고기, 날생선을 그냥 먹을 수는 있다. 그러나 그것은 분명히 요리는 아니다. 재료가 워낙 좋으면 요리를 하지 않고도 얼마든지 맛있게 먹을 수 있다. 그것은 자연과 문명을 구별하는 인류학자들의 발상과 비슷하다. 그러나 사람이 먹으려면 최소한의 노력은 가해져야 한다. 먹을 수 있도록 썰어서 놓는다든지, 먹기 좋은 그릇에 담아놓는다든지 하는 것 등이다. 그것은 최소한의 요리적 배려인지 모른다. 먹기 위한 사람의 배려가 담겨져 있지 않다면, 그것은 먹을 것은 되지만 결코 요리는 될 수 없다. 좋은 재료를 선택해서 간을 맞추고 양념을 쳐서 맛있는 요리를 만든다면 우리는 흡족한 마음으로 즐긴다. 수필도 마찬가지다. 소재가 워낙 좋아 소재 자체만으로 감동을 줄 수 있다. 그러나 재료만으로 요리가 될 수 없듯이 소재만으로 수필이 될 수 없다. 수필은 수필 작가의 예술적 의도가 충분히 개입되어 있어야 하는 것이다.

서정적인 수필은 많다. 그러나 유머와 위트를 곁들인 작품은 우리 문단에서는 찾아보기가 드물다. 논술도 수필이 될 수 있으니까, 그런 의미에서 말한다면 논설문류의 수필이 우리나라에는 가장 많을 것이다. 그러나 문학적 가치를 지닌 논설문을 찾기란 모래밭에서 동전 찾기 정도일 것이다. 서구인에 비하여 우리네의 말에는 유머가 너무나 적다. 유머가 없으면 싸움이 되기 쉽다. 그래서 요즘 우리 국회는 허구한 날 난장판으로 지새는 것 같다. 첨예한 대럽이 지속되는 속에서도 등단한 의원들이 유머를 씀으로써 웃음바다가 되곤 하는 영국이나 프랑스의 국회를 한 번 상상해 보라. 일상의 대화에서 유머가 적으니 글에서도 그렇다. 수필지나 수필집을 읽어보면 유머가 섞인 수필을 읽기란 마치 모래밭에서 줍는 보석처럼 드물게 보인다. 그 때문에 독자들도 거기에 젖어서 유머가 잘 구사된 수필을 경하게 보는 경향이 있는 듯하다.

〈쇳대 할머니〉는 여행담에서 적은 일화를 적은 것이다. 여행담은 대체로 어디 어디를 들러 어떤 관광을 했다는 것이 통례인데 이 글은 그런 것과는 관계없이 여행에서 건진 웃지 못할 사건 몇 개를 기술한 것이다.

동행에게 소화제를 빌리려고 옆방으로 가면서 "맨발에 내복 차림"으로 갔던 일, 그 일로 해서 '쇳대 할머니'를 떠올리고 데굴데굴 굴렀다는 이야기다.

> 어느 시골 마을의 할머니들이 단체로 효도관광을 떠났다. 호주에 도착한 첫날밤의 일이었다. 저녁식사 후 방을 배정받고 짐을 푼 할머니 두 분이 그냥 주무셨으면 좋았을걸, 기어이 옆방으로 마실을 가셨겠다. 가방 구석에 끼워 온 쥐포로 기분 좋게 소주도 한 잔씩 나누고, 멀리까지 와서 또 화투짝까지 맞추다 보니 그만 밤이 꽤 깊었단다. 잘 자라는 인사를 몇 번이나 하고 나왔는데 아뿔사, 열쇠가 없는 것이다. 애당초 방에서 가지고 나오지 않았으니 이를 어쩔 것인가.

얇은 고쟁이 위에 바람 빠진 풍선 같은 쭈그러진 가슴이 그대로 드러나는 러닝셔츠, 모처럼의 여행을 떠나며 새까맣게 염색해 심하게 볶은 뽀글머리에 맨발의 두 할머니가 깊은 밤 호텔복도를 서성이는 모습……. 오랜 궁리 끝에 두 사람은 그래도 카운터로 내려가기로 했으니 얼마나 다행인가. (중략)

카운터에는 황소만 한 백인 아저씨가 꾸벅꾸벅 졸고 있는데, …… (중략)

"이봐유, 쇳대 줘유."

"……."

"쇳대 달래니께유."

"What……?"

두 촌 할머니와 황소만 한 백인 프런트맨 사이에 벌어진 실갱이는 가히 짐작하고도 남는다. 이야기로는 흔하게 듣는 것이지만 수필로 꾸미는 재주는 그와는 다르다. 여기서 우리는 소재를 바라보고 있는 필자의 눈이 사시임을 알 수 있겠다. 정면으로 다루고 있는 것이 아니라 곁눈질로 바라보고 있는 것이다. 종지사도 평서체가 아니라, "……좋았을걸.", "꽤 깊었단다.", "어쩔 것인가." 등과 같이 거리를 두고 바라보고 있다. 독자에게 웃음을 터뜨리게 하는 것이 아니라, 웃음을 머금게 하고 있다.

비싼 호텔비 내고 스위치를 어떻게 작동하는 줄 몰라 냉기에 떨다가 화장실 바닥에 샤워타월을 깔고 잔 이야기, 급한 일이 있는데 말이 통하지 않으면 무조건 수화기에다 대고 고함을 치는 법,

할아버지가 여승무원의 엉덩이를 만지다가 감옥 갈 뻔한 이야기 등, 우리 주변에서 흔하게 들을 수 있는 이야기를 요령 있게 써놓은 글이다.

같은 작자가 함께 실은 〈유난히 아픈 봄〉을 사람들은 더 좋아할지 모른다. 문장도 매끄럽고 진한 감동이 스며 오기 때문이다. 그러나 그와 유사한 글은 수필집을 뒤져 보면 수없이 많다. 비록 여기 게재된 수필에서 정제精製된 유머가 구사되진 않았지만, 우리 수필 속에서는 희소한 가치를 띠고 있다. 여기 다시 추천해서 일독을 권하는 바이다.

추기 : 처음 양미경의 〈존엄스런 생명을 위하여〉를 추천하기로 점을 찍어두었다. 그러나 황우석 사건이 터지는 바람에 이 작품의 추천을 포기하기로 했다. 문장도 좋고 내용도 좋아 우수한 수필임에 틀림없었지만, 그 내용에 문제가 생겼다. 문학도 과학적 사실과 연관이 없을 수 없다는 것을 잘 말해주는 것이다.

지리산 등정에서 찾은 나의 힘 – 이정순의 〈플라시보효과〉

인간을 이성의 동물이라고 하지만, 그 말은 감정의 동물이란 말과 그렇게 다른 말은 아니다. 사실 생활하면서는 감정이 구할, 이성이 겨우 일할을 지배하고 있다고 말해도 된다. 동물들이 워낙 본능과 감정의 지배하에 행동하니까 인간의 이성적 가치가 돋보이는 것이 아닌가 하는 생각을 한다. 가장 이성적이어야 할 정치인들의 행동을 관찰해 보면 감정이 훨씬 더 그의 행동거지를 지배하고 있다는 생각을 한다.

플라시보효과도 바로 그 감정의 지배를 받아 일어나는 한 현상일 것이다. "병원만 다녀오면 온몸을 짓누르던 통증의 무게에서 벗어나 하늘을 날듯 가벼워지며 언제 아팠냐는 듯이 활기를 찾는다."는 치료효과를 말한다. 그런데 그 플라시보효과를 지리산 등반에서 찾았다는 이야기다.

필자는 "황반변성" 때문에 "한쪽 눈의 기능을 상실한" 처지에 있기에 몸의 건강에 매우 예민해 있었던 같다. 그 외에도 진단 결과에 따라 매우 어려운 병에 시달릴 수 있다고 느끼고 있었다.

> 일주일에 한 번 꼴로 각 과목의 진단을 받으러 다녔다. 그런 와중에 내가 진정으로 바라는 것은 무엇일까 생각하니 갑자기 하고 싶은 일이 많아졌다. 예전 같으면 '남아 있을 내 가족들은 어떻게 하나.' 하는 생각을 했지만 우습게도 난, 이제는 가족보다는 온전히 나만을 위한 삶을 단 몇 달, 아니 며칠만이라도 살아보고 싶다는 생각을 했다. 그러나 막상 무엇을 해야 할지 막막하기만 했다. 그동안 수없이 부르짖던 내 안에 숨은 나를 찾겠다며 글을 쓰고 사진을 찍는다던 자아 찾기 명목도, 따지고 보면 일상의 울을 차고 나갈 구실과 허울에 지나지 않았다.

작품평

진단 결과에 따라 남은 생명이 얼마 남지 않았다고 판단될 때 무슨 행동을 할 것인가를 생각하는 바가 극명하게 드러나 있다. 말에 군더더기가 없다. 마침내 의사의 "대체로 건강합니다."라는 선언을 받고, 지리산 천왕봉 등정에 도전한다. 그리고 그것을 거뜬히 정복했을 때 의사의 건강 양호 선언보다 몇 배나 더 큰 플라시보효과를 맛보게 되었다는 이야기다.

> '휭' 하고 몰아치는 바람결 타고 거대한 바위와 산이 동시에 뒤척이는 소리가 들린다. 숭고한 자연 앞에서 덩달아 숭고한 척하려 하는 나의 마음을 들킨 것 같아 서둘러 하산하려는 발길을 돌려 잠시 머물렀던 자리를 돌아보았다. 표석 위를 떠도는 아침 햇살이 참 따뜻하게 보인다.

짧은 글이지만 참으로 잘 조율된 글이다. 우리는 삶이란 무엇인가에 대해 때때로 깊은 회의에 빠지기도 하지만, 일상의 희로애락에 매여 포기하지 않고 그냥 산다. 그러나 문득문득 삶의 의미를 되새기고 싶을 때가 있다. 특히 몸이 약해졌을 때 더 그렇다. 이 글 전체에 흐르고 있는 필자의 솔직한 심정을 꾸밈없이 표현하고 있다는 점을 높이 사고 싶다.

板殿의 글씨

송 하 춘

서울의 봉은사奉恩寺라는 절에 가면 본당 대웅전과는 별도로 그 옆에 조그마한 불당이 한 채 있는데, 그 액호額號로 '板殿'이라는 글씨가 유명하다. 그 아래 '七十一果病中作'이라 쓰고 낙관을 하였는데, 그 '七十一果'의 주인이 바로 추사秋史 김정희金正喜라고 전한다. 과천에 사는 71세 노인이 병중에 썼다는 뜻의 말이다.

추사는 말년에 북경에서 돌아오자, 과천에 있는 자신의 '과지초당瓜地草堂'과 뚝섬의 봉은사를 내왕하면서 주로 서화를 즐기고 후학을 길렀다. 이로 보면 병중이라는 말이 더욱 쓸쓸하게 느껴지거니와 특히 그 71세가 바로 그의 돌아가던 해라는 걸 알 때 그 휘필이 더욱 귀하게만 여겨진다.

나는 다행히 봉은사 가까이 살아서 그 절을 자주 산책하고, 또 판전의 글씨도 자주 대하게 되는데, 그 때마다 받는 느낌은 왠지 '잘 모르겠다.'는 게 솔직한 심정이다.

옛 서화書畵를 대할 때는 이 글씨 참 잘 썼다, 혹은 못 썼다는 식의 평가를 내리는 버릇이 우리에게는 있다. 그리고 잘 썼다면, 그것이 고풍스럽다거나, 보기에 아름답다거나, 아니면 재치가 넘쳐서 보는 이로 하여금 경쾌하다거나 뭔가 이유를 대고 싶어한다. 그런데 그 '板殿' 앞에 서면 도대체 내 판단을 내가 못 믿겠다.

뭐라고 말할까, 굳이 표현을 하자면 서툴다고나 해야 할지. 거기 만일 七十一果라는 말이 적혀 있지만 않다면, 설마 일곱 살짜리가 썼다 한들 누가 그것을 의심하겠는가. 삐뚤빼뚤, 망설망설, 적어도 내 보기엔 그러하다. 그런데 곰곰이 들여다보면 그 '삐뚤빼뚤' '망설망설'이 그냥 서툴다고 지나쳐 버리기엔 너무 재미가 있다. 내가 내 판단에 당혹스럽다고 말하는 건 바로 그 때문이다.

추사秋史가 너무 좋아서 평생 추사의 묵적墨跡만 찾아 헤맨 이가 있었다. 어지간히 욕심을 챙기던 끝에 판전板殿의 액호額號를 만났던가 본데, 그 품品을 대하고는 이제 추사의 글씨는 더 볼 것이 없다, 하고 만족했다는 일화가 있다. 그렇게 보면 또 그럴 것도 같다는 생각이 든다.

흔히 세상은 말한다. 아직 서툰 것은 나쁜 것, 익은 것은 좋은 것, 그것은 다시 이런 말과도 통한다. 일곱 살짜리가 일흔 살처럼 쓰면 익은 것, 일흔 살 노인이 일곱 살 어린애처럼 쓰면 서툰 것. 과연 그럴까? 졸拙은 곧 교巧라는 말을 나는 여기서 실감한다. 졸은 많이 모자람을 의미한다. 그래서 그것은 서툴다. 그러나 교는 이미 이뤄진 것을 의미한다. 그래서 그것은 익숙하다. 세상이 졸렬함을 극복하고 교묘함을 달성하고자 함은 바로 그 때문이다.

세상은 말할 것도 없거니와 특히 예술의 경지에 있어서도 졸의 졸렬함을 이기고 교의 교묘함을 이룬 업적은 많다. 그러나 판전板殿의 글씨는 얼핏 보기에 졸렬하기 짝이 없는 것 같지만, 그 졸拙이 다시 교巧를 이긴 형국이니, 내 처음부터 당혹스럽다는 말이 바로 그 말인 것이다.

추사는 어쩌면 일흔 살의 교를 다시 일곱 살의 졸로 이길 수 있는 묘를 터득한 것인지도 모른다. 졸이 교를 이루었다가 다시 그 교가 졸의 경지를 이룰 때, 그거야말로 졸로서 졸을 이긴 참 예술 아니겠는가.

板殿의 글씨는 이런 생각을 가능케 한다. 세상은 일곱 살짜리가 일흔 살 노인처럼 사는 게 아니라, 일흔 살 노인이 일곱 살 어린애처럼 사는 것이라고.

– ≪작가≫, 도서출판, 2006년 3월

시간의 무게와 환상 속의 미망

이 태 동

연륜年輪이 두텁게 쌓였기 때문인지 나는 요즘 와서 시간의 힘과 무게를 유난히 의식한다. 젊은 시절 나는 봄날이 되면 산울타리를 타고 하루가 다르게 뻗어나는 덩굴손, 아침에 문을 여는 나팔꽃, 그리고 늦은 가을이면 장군의 수염처럼 바람에 흔들리는 억새풀과 갈대를 신비스러울 정도로 아름답게만 보았다.

그러나 지금은 그것이 모두 다 시간이 만들어낸 신비스러운 현상이란 것을 새삼 깨닫게 된다. 실로 시간의 힘은 무섭다. 시간은 만물을 새롭게 창조하는 힘을 가졌지만, 그것을 해체하고 무너뜨리는 파괴력을 또한 가졌다. 그래서 발터 벤야민은 다음과 같이 말했나 보다. "우리들 눈앞에서 일어나는 일련의 사건들에서 그 역사의 천사는, 끊임없이 파편들을 만들어 자기 발 앞에 던져지는 대재난을 보고 있다. 그는 그 자리에 머물러 죽은 자를 깨우고 산산이 조각난 것을 다시 결합하고 싶어한다. 그러나 폭풍우가 낙원에서 불어와 그 천사 앞의 파편 더미를 하늘 높이 쌓아 올리고 그가 등지고 서 있는 미래로 그를 마구 몰아낸다. 우리가 역사의 진보라고 부르는 것은 바로 이 폭풍우이다."

지금 내가 시간의 흐름을 이렇게 가속도적으로 의식하는 것은 갑작스럽게 일어난 일이 아니다. 그것은 내가 나이를 먹으면서 서서히 알지 못하게 찾아온 것이다. 내가 시계가 치는 종소리에 대해 신비스러운 매력을 느끼게 된 것도 이러한 운명과 관계된 것이 아닐까.

중년이었던 오래전 어느 날 산책을 나갔다가 중고품 가구상에서 검은 빛 도는 짙은 갈색 나무장 속에 무거운 추와 함께 고정시켜 놓은 대형 괘종시계를 보았다. 나는 고전미와 현대 감각이 함께 어우러진 그 시계의 모양과 나무상자 모양은 물론 종소리와 같이 들리는 시계 치는 소리가 마음에 들어 적지 않은 돈을 주고 구입하기로 결심했다. 그때 늙은 시계수인에게 그 괘종시계가 너무 비싸다고 했더니 그는 그 시계가 "대물림"을 할 만큼 훌륭하다고 말했다. 당시는 몰랐지만 얼마 동안 세월이 지난 후에 그 중고가구상에 다시 들렀을 때, 점원으로부터 그가 죽었다는 말을 듣고서야 그가 옳았다는 사실을 알게 되었다. 그동안 그 괘종시계를 나에게 팔았던 그 노인은 죽고 나 역시 육십 고개를 훨씬 넘겼지만, 회칠을 한 우리 집 이층 계단 벽면 위에 세워 놓은 괘종시계의 시간은 아직도 가고 있다. 그리고 그 시계는 15분 간격으로 어김없이 사원의 종소리와도 같은 은은한 소리를 낸다. 내가 이 큰 괘종시계가 치는 소리를 들을 때마다 가끔 그 시계를 "대물림할 것"이라고 말했던 그 옛날 시계주인의 죽음을 생각하고 그의 짧은 인생과 그것을 삼키고 지나가는 영원의 시간과의 관계를 남달리 의식하는 버릇이 생겼다. 시간의 흐름을 이렇게 의식하는 나의 눈에는 모든 것이 시간의 구조물이지만 그것이 또한 시간의 잔해처럼 느껴진다.

그래서 나는 보이지 않게 유유히 흐르는 강물에서 시간의 흐름을 발견하듯, 끝없이 궤도를 달리는 전철의 움직임 속에서도 시간을 의식한다. 내가 도심을 가로지를 때 승용차보다 전철을 즐겨 타는 것은 혼잡스러울 정도로 붐비는 교통량 때문이기도 하겠지만, 그것이 나로 하여금 시간의 움직임과 실체를 느끼고 깨닫게 만들어 준다는 보이지 않는 느낌 때문이다. 정말 내가 전철에 망연히 혼자 앉아 있을 때는 마치 시간을 타고 있다는 환상에 빠진다. 시간의 흐름을 느끼는 것은 열차의 움직임도 움직임이려니와 열차를 타고 어디로 가고 있는 사람들의 모습 속에서 그것을 느낀다. 흐르는 시간을 상징하는 듯한 달리는 전철 속 의자에 앉아서 고개를 들면 주변 사람들은 모두 다 나에게 시간의 무게를 느끼게 하면서 시간의 가늠자가 된다. 전철 속의 출입문 곁에서 시간의 흐름도 잊고 사랑을 속삭이는 청춘 남녀가 있는가 하면, 젊은 아낙네의 등에 업혀 있는 잠자는 어린아이, 초조해 보이는 어느 중년 남녀의 한숨소리, 머리에 염색을 했지만 시간이 스쳐간 자국을 지울 수 없을 정도로 주름살이 깊은 노인들의 힘없는 모습들 – 전철을 타고 가는 이 모든 사람들은 시간 속에서 시간을 싣고 가는 즐거움과 아픔을 함께 나타내는 인생의 현실적인 모습을 투영하거나 구체화하고 있다. 실로 지하철 열차 속의 풍경은 움직이는 흑백 사진과도 같이 시간을 타고 가는 인생의 참모습을 담은 화랑과도 같다. 나는 그들에게 객관적인 시선을 보낸다고 하지만, 연애하는 젊은이들을 볼 때는 부러움을 느낀다. 그러나 꾸벅꾸벅 조는 노인들을 볼 때는 그 속에서 내 모습을 보고 초라함과 부끄러움마저 느낀다. 중년이 된 승객들의 성숙함과 풍요로움을 볼 때는 부러움을 느끼지만, 그들도 얼마 있지 않아서 시간의 흐름과 함께 곧 노인이 될 것이라고 생각한다. 또 남루한 옷을 입고 구걸하는 사람이나 심한 상처를 입은 듯 고통스러운 표정을 짓는 사람을 볼 때는 추함을 느끼기도 하지만, 힘겨운 삶을 살아가는 그들에게 자못 연민과 동정을 느낀다. 나는 이렇게 달리는 전철이 상징하는 시간 속에 살아가는 운명적인 인간의 풍경에 대해 공감마저 느끼며, 때때로 그들의 얼굴 위에다 나의 자화상을 그리는 것이 슬프기도 하지만 고독을 잊을 수 있어서 즐겁기도 하다. 나는 그들을 혐오하지만 사랑한다. 그리고 달리던 전철이 어느 지점에서 멈추고 사람들이 내리면, 나는 그들이 시간 밖으로 나갔기 때문에 죽었다고 생각하고, 새로 사람들이 열차의 열린 문으로 들어오면, 시간 속으로 새로이 탄생한 것 같다는 환상에 빠진다.

그러나 다음 순간 옷깃을 여미듯 의식을 회복하고 환상에서 깨어나서 현실 세계로 돌아온다. 이때 나는 위엄 있는 인간으로 변신해서 시간의 무게가 가져다 주는 아픔과 설움만을 느끼면서 향수에만 젖어 있는 감상적感傷的인 허무주의자가 될 수 없음을 확인하고 시간의 실체와 의미에 대해서 다음과 같은 철학적인 질문을 던지며 독백을 한다.

내가 타고 가는 전철이 시간을 상징한다면, 그것이 아무런 목적이 없는 무한궤도에서의 움직임일까. 아니다. 적어도 그것은 그 속에 싣고 가는 사람들이 가는 방향과 함께 움직이고, 또 그것은 그들이 가려고 하는 종착역까지 실어다 준다. 승객들이 목적지에 도착해서 전철에서 내리는 것을 두고 죽음이라고 착각했지만 죽음이 그들의 여로를 완성시키는 하나의 목표지점이 되는 종착역이라면, 그것은 허무만이 아니라 완전한 성숙을 의미하는 것이 아닐까. 우주적인 차원에서 "객관적인 시간"은 개체적인 인간이 가지는 생명의 길이를 초월해서 미래를 향해 영원으로 흐른다. 그러나 이러한 시간도 그것과 함께하는 개체적인 인간을 성숙하게 한다면 그것은 그가 지닌 어떤 가능성을 실현하고 있음에는 틀림이 없다. 존 킷츠가 말한 것처럼 죽음은 성숙의 끝이고 제한된 가능성의 실현을 의미하기 때문이다. 만일 가능성의 실현이 없다면, 시간이 지나간 과거는 먼지 쌓인 화랑에 아무런 의미 없이 줄지어 서 있는 잔해의 박물관이 아닌가. 인간이 존재하는 의미가 어떤 가능성의 실현에 있다면, 시간은 그것의 성취를 위해 필요한 움직임과 변화의 조건이 된다. 만일 시간이 없다면, 어떤 가능성을 실현할 수 있는 변화와 움직임이 있을 수 없기 때문이다. 그러나 인간이 어떤 가능성을 설정하는 것은 의식의 산물이기 때문에, 시간은 의식에 의해 지각되고 의미를 부여받는 모든 현상의 질서에 대한 표현이 된다. 그래서 만일 우리가 시간 속에서 어떤 목표와 가능성을 잃을 것 같으면, 존재 의미를 상실하게 될 것이다. 그러나 만일 시간이 인간에게 변화를 위한 고통을 가져온다 하더라도, 그것이 어떤 가능성의 실현이라는 목표를 위한 하나의 과정이라면, 일에서 오는 희열의 경우처럼 역설적으로 즐거움이 될 수 있다. 우리가 "객관적인 시간"에 떠밀려 가지 말고, 시간을 자신의 목표를 실현하기 위해 의지적으로 활용한다면, 그것의 무게가 한결 가볍게 되어 그 흐름마저 느끼지 못할 것이다.

이렇게 현상학적으로 생각하면, 인간이 "주관적이고 의식적인 시간"을 상실하는 것은 죽음을 의미함에 틀림이 없다. 내가 전철을 타고 가면서, 전철을 "시간의 마차"라고 생각하고 그 속에 타고 있는 사람들의 모습 속에서 시간의 무게와 변화를 읽고 그들의 얼굴들 위에 나의 얼굴을 포개며 자화상을 그려보는 것은 자연스러운 현상이다. 그러나 내가 주변에서 나타난 변화에 대해 애환에 젖어 지나친 연민을 느끼며 허무감에 빠지게 된 것은 순간적으로 나 자신의 목표에 대한 의식을 잃고 환상에 빠졌기 때문이었다. 인생이 승리와 패배가 있는 싸움의 시간인 것은 어떤 가능성과 의미를 찾기 위한 의식적인 움직임 때문이 아닌가.

우리 집 이층 계단 위 벽면에 서서 매시간 사원의 종소리와 같은 울림의 소리를 내며 시간을 알리는 큰 괘종시계는 아직도 가고 있는데, 그것을 나에게 "대물림"했던 그 중고 가구상 주인의 죽음을 슬퍼했던 것도 의식적인 삶의 여울에서 벗어난 순간적인 감상이라 생각하니 부끄러울 수밖에 없다. 시간은 결코 어느 한 사람의 소유물이 아니고, 역사의 움직임과 같은 어떤 거대한 가능성을 실현하기 위해 존재하는 의미 그 자체이다.

– ≪계간문예≫, 2006년 봄호

내 이름

김 명 자

나는 내 이름을 들으면 늘 낯설다. 이름이 불려진 뒤 한 박자 늦게 내 이름이라는 걸 알게 된다. 그러고도 나라는 자각이 들 때까지 약간의 시간이 필요하다. 왜 그런지 나도 이상하다. 내 이름이 마음에 들지 않아서일까?

고 3때는 같은 반에 나와 같은 이름이 네 명이나 되었고 키가 작은 나는 김명자 A로 불리었다. 대학에서는 같은 성을 가진 이름이 없어서 신기하기까지 했다. 할아버지가 지어 주신 이름이지만 늘 불만스러웠던 것은 일본식 이름이라는 것과 내 또래에는 '자'자 이름이 너무 흔하고 촌스러워서 싫었다. 경상도 발음이 유난히 심하신 큰어머니는 나를 "맹자야!" 하고 부르셨다. 나는 부끄럽고 화가 나서 짐짓 못 들은 척했다.

"야아가 와 대답을 안 하노." 하시면

"큰어무이예! 내 이름은 맹자가 아이라 명잡니더." 하고 투덜거리곤 했다. 일본말로 불리는 애들도 있었지만 어른들은 일본말로는 부르지 못하게 했다.

여학교 때는 소설 속의 근사한 이름을 따와서 내 임의로 이름을 지어서 일기장에다 써 보기도 하고 그 이름으로 마음속의 인물에게 편지를 쓰기도 했다. 내 이름에서 벗어나고 싶었다.

내 이름에 대한 불만이 있어서인지 다른 사람의 이름에 관심이 많고 예쁜 이름을 가진 사람이 부러웠다. 교사였을 땐 '이남자' '조또영자'라는 이름의 학생 때문에 출석을 부를 때는 내가 더 긴장되었다. '이남자' 하고 부르면 '저남자' 하며 킥킥대는 소리가 들렸다. '조또영자'를 부를 때는 아예 '조영자'라고 불렀다. '또영자'가 조씨라는 성과 합해지면 욕처럼 들린다. 언니가 영자인데 또 딸이라서 '또영자'로 지었단다. 한문으로 '趙又英子(조우영자)'라고 씌어 있는데도 담임은 출석부에 '조또영자'라고 써놓았던 것이다.

고등학교 때 어머니는 작명가에게서 내 이름을 지었다. 김현지金眩志.

그 이름은 결혼 후에도 내 이름으로 쓰였다. 개명한 김현지라는 이름이 슬그머니 사라지게 된 것은 금융실명제와 의료보험이 생기면서다. 가명으로도 통하던 은행통장은 실명제가 되면서 본명을 쓰게 되고 의료보험증의 본명으로 진료를 받으면서 내 가명은 밀려나게 되었다. 신용카드도 본명 찾기에 한 몫을 했다. 의료보험이 생긴 후에 나를 진료하던 주치의가 "어?" 하며 나를 보자 얼떨떨해 하던 모습이 생각난다. 김명자를 새로 온 환자라고 생각했던 것이다. 거짓말하다 들킨 것 같았다.

가명과 실명 두 이름을 같이 쓰면서 혼란을 일으키기도 했다. 굳이 실명의 필요를 느끼지 않는 모임에서는 가명을 썼는데 해외 여행을 하거나 자격증을 따야 할 필요가 생기면서 내 본명이 알려지게 되었다. 그럴 때 나는 당당하지 못하고 마치 속이기라도 한 것 같아 영 마음이 편치 않았다. 당당하게 가명을 말하는 이를 보면 부럽기까지 했다. 이름 때문에 주눅이 드는 것은 어쩌면 내 소심함 때문인지도 모르겠다.

내게는 가명 외에 또 하나의 이름이 있다. 세례명인데 이로써 나는 세 개의 이름으로 불려진다. 전화가 오면 우리 식구들은 이름으로 어디에서 온 전화인 것을 대략 짐작해서 전언한다. 수도회나 성당 쪽에서 온 전화는 세례명 아델라, 학부모 모임이나 운동하는 데서는 김현지, 그 외에는 내 본명 김명자.

가명을 쓰다 보니 어디서 어느 이름을 사용하기로 했는지 나도 헷갈릴 때가 있다. 내가 나로 살지 않는 것 같기도 하고 가식으로 나를 감추고 싶은 것은 아닐까 하는 생각이 들기도 한다. 글을 쓰면서 필명을 사용할까 생각하기도 했다. 가명을 씀으로써 나 아닌 내가 되는 것도 아니고 필명이라는 이름을 기억하고 책임져야 하는 것이 싫었다.

이름이 그 사람을 나타내고 인상지우기도 하지만 또 다른 '나'를 기억해야 하고 그 다른 '나'가 진짜 '나'를 지배하는 것 같은 생각이 든다. 두 이름으로 사는 것이 이중생활하는 것 같고 가명과 실명 다 지니기엔 힘에 부친다고나 할까. 나쁘면 나쁜 대로 내게 주어져서 나를 표현하는 내 이름에 맞게 사는 것이 마음 편할 것 같았다. 단순해지고 싶고 내 이름에 정을 들이기로 했다.

모든 곳에서 본명만 쓰기 시작했다. 부끄럽고 어색하던 이름에 차츰 익숙해지고 조금씩 적응이 되어간다. 촌스럽던 명자는 똑똑하고 밝게 살라는 어른들의 바람이라고 생각하니 내 마음마저 밝아지는 것 같고 한결 명징한 정신이 드는 것 같다. 내가 밝고 똑똑해지는 거라 생각하기로 했다.

내가 내게 거는 최면처럼 때늦게 이름에 적응하면서 비로소 내 이름을 다시 생각하게 되었다. 그동안 너무 많이 미워하고 박대한 것 같아 내 이름에게 약간 미안하다. 내가 내 이름을 싫어하면 누가 내 이름을 귀히 여기겠는가? 내 이름을 찾고 나니 늘 찜찜하고 편치 않던 마음도 사라지고 조금은 가벼운 마음이지만 아직도 내 이름은 낯설게 들린다. 아쉽지만 필명은 좀 더 시간이 지난 뒤에 천천히 생각해 봐야겠다. 나는 지금도 갈등하며 내 이름과 친해지려 노력하고 있다.

– ≪수필과비평≫, 2006년 3/4월호

동백꽃 사연

서 정 환

화단의 동백꽃이 미소를 머금고 있다. 어젯밤에 내린 눈을 머리에 그대로 인 채 빠알간 입술을 오므리고 있다. 부끄럼을 많이 타는가. 벌써 열흘도 넘게 그저 미소만 보일락 말락 띤 채 얼굴을 들지 못하고 있다. 활짝 웃지 못하는 건 아직 동장군의 시샘 때문인 것 같다. 머지않아 봄바람이 살랑살랑 얼굴을 간질일 때에야 웃으려나 보다.

동백나무를 화단에 심게 된 아픈 사연이 있다. 3년 전인가, 아니 4년 전인 것 같다. 화사하게 활짝 웃고 있는 동백화분을 선물로 받고 아내와 나는 번갈아 물을 주며 좋아라 했다. 꽃에만 눈을 파느라 기르는 법도 자세히 익히지 않은 채 그저 물만 주면 되는 줄 알고 내가 나가면서 한 번, 아내가 들어오면서 한 번, 이렇게 들랑거리면서 물기가 없는 것 같으면 듬뿍듬뿍 물만 부어줬다. 그러다 얼마 후 가만히 살펴보니 뿌리가 썩어가고 있었다. 그때서야 물을 너무 많이 자주 준 데 원인이 있는 것 같아 계단 옆에 있던 것을 다른 화분들 사이로 옮겨 놓고 가끔씩 물을 주었다.

아내가 야생화 키우기에 심취해서 틈만 나면 버려진 화분이며 쓸 만한 함지박 같은 것을 주워 오고 새벽이면 자전거를 끌고 나가 흙을 날라다 야생화를 심어 이런저런 화분이 집안 곳곳에 넘쳐나게 되었다.

그런 화분들 사이로 옮겨진 것이다. 다른 꽃들은 물을 하루 이틀 안 주면 고개를 떨구고 축 늘어진 몰골로 물을 달라고 애원하는 애처로운 모습인데 동백은 몇 날 며칠을 굶어도 힘을 과시하듯 싱싱하고 팔팔하여 아무래도 선인장처럼 물을 많이 주어서는 안 되는 것 아닌가 하는 생각이 들 정도였다.

그러자 이번에는 물 주는 것을 빠트리기 일쑤였다. 나는 아내가 주었겠거니 하고, 아내는 반대로 생각해 건너뛰었기 때문이다. 시간을 다투는 바쁜 일이 들어오면 밤샘을 할 때가 많았다. 아내는 초저녁잠이 많아 일찍 자고 새벽같이 일어나고, 나는 거꾸로 꼬박 밤을 새우고 일찍 일어난 아내와 배턴 터치를 했다. 화분을 돌보는 일이 자연 뒷전으로 밀려나 꽃나무들이 배배 꼬일 정도가 될 때에야 눈에 띄게 되어 물을 주곤 했다.

선인장을 제외한 다른 꽃나무들은 거의 아사 직전인데도 동백은 왜 그리 싱싱한지—. 생명력이 대단히 강하다고만 짐작하면서 지나쳐 버리고 말았다. 아니지, 멍청할 정도로 아주 둔했다. 김유정의 소설 〈동백꽃〉에 나오는 주인공처럼—. 점순의 사랑고백 행동을 전혀 눈치채지 못하고 닭을 괴롭힌 것만 분해하는 주인공. 우직하고 바보스럽고 둔하고 무식하지만 순박한 농촌 사람들의 삶을 애정어린 눈으로 그려낸 소설 속의 그 주인공보다 더 아둔했다.

파릇파릇 싱싱한 겉모습만 보고 지나친 날이 얼마나 흘렀는지 모르는 어느 날, 물을 주다가 잎에 먼지가 많이 앉아 있어서 먼지를 털면서 만져보니 부드러워야 할 이파리가 바싹 말라 있었다.

누가 관심을 사랑이라 했던가, 아니 사랑이 관심이라 했던가. 아무튼 풀 한 포기 가꾸는 데도 애정으로 보살펴야 한다는 걸 뒤늦게 깨달으며 무관심을 자책했다.

다음해 식목일을 전후해서 길거리에 동백화분이 눈에 띄었다. 예년에는 유실수가 대부분이었는데—. 동백화분을 보니 반가워서 작년 것과 비슷한 크기로 꽃이 벙글어진 놈으로 사왔다. 사오자마자 화단에 심었다. 자연 상태로 심어주면 별탈이 없겠거니 하고. 그리고 나머지 야생화며 여러 꽃나무들은 큰 화분으로 바꿔 흙을 잔뜩 넣어서 물을 자주 주지 않아도 되게 해 주었다.

초여름 무렵, 화단에 심어놓아 안심을 하면서 동백을 보다가 깜짝 놀라 아내를 불렀다. 아직 봄이 다 가지도 않았는데 조그만 꽃망울이 보이는 게 아닌가. 그렇다면 여름에 꽃이 피려는가?

아내는 활짝 웃으면서 꽃눈과 잎눈도 구별하지 못하느냐며 핀잔을 준다.

"이거 봐. 분명히 꽃망울 맺힌 거 맞잖아? 뾰족하지 않고 타원형

이잖아—.”

“당신이 가리킨 것은 잎눈이고 이쪽이 꽃눈이에요.”

“무슨 소리야? 분명히 꽃눈인데……. 그럼 내기할까요?”

“그래요. 그럼 진 사람이 뭐해 줄 건데?”

“내가 지면 동백꽃으로 유명한 오동도를 구경시켜 주지.”

내기에 내가 지고 말았다. 일에 쫓겨 잊어버리고 있다가 언젠가 보니 타원형에 가까웠던 것이 한 켜씩 이파리를 펴 나가고 있었고 다른 것은 조금씩 둥글어지면서 꽃을 잉태해 키워나가고 있었다.

비바람, 눈서리 모진 겨울을 이겨내고 붉게 피워내는 꽃. 그걸 초여름부터 준비하는 치밀한 자연의 법칙에 다시 한 번 숙연한 마음.

차나무과에 속하는 늘 푸른 키나무. 산다화山茶花라고도 부르는 동백. 다른 식물들이 활동하지 않는 겨울에 타는 듯 붉은 꽃을 피우는 정열의 꽃.

아내와 약속을 지키지 못한 채 오늘 혼자 망연히 동백을 바라본다.

– ≪수필과비평≫, 2006년 3/4월호

리얼리티를 보는 눈

흔히 수필隨筆을 "붓 따라 쓴 글", 혹은 "마음이 움직이는 대로 쓴 글"이라고 생각한다. 따라서 무형식의 글, 구성과 의장意匠이 없는 글이라고 규정하는 것이 보통이다. 수필을 모은 작품집은 많이 있으나 수필에 관한 논문이나 저서가 적은 것은 그 때문이다. 형식이 없고, 구성이 없다고 전제되고 나니 수필을 논할 이론이 없다는 말이 된 셈이다. 그러나 수필은 분명히 형식도 있고, 구성도 있다. 수필의 형식은 대체로 장르적 특성을 말하는 것인데, 수필은 혼합 장르이기 때문에 문학의 여러 장르의 형식이 경우에 따라 다 들어가 있다고 해도 된다. 따라서 문학의 형식을 다 말한 다음에 수필을 논해야 할 처지가 되는 것이다.

수필의 구성은 일견 의도적으로 짜인 것으로 보이지 않는다. 그러나 자세히 관찰해 보면 거기에는 필자가 노리는 구성이 분명히 있다. 생각해 보라. 아무리 수필이라고 하지만 앞에서 할 말과 뒤에서 할 말이 다르다. 그 효과의 다름을 알고 있는 수필가들은 대체로 배열을 염두에 두면서 수필을 쓰고 있다. 수필 작가라고 해서 문학의 의장(device)을 사용하지 말라는 법은 없다. 수필가라고 해서 직유, 은유를 비롯하여, 역설, 반어, 반복법 등을 왜 쓰지 않는다고 말할 수 있겠는가. 작품의 예술적 향취를 위해서는 문학적 장치를 적절하게 사용하는 것이 나쁠 수가 없다. 다만 다른 문학처럼 눈에 쉽게 드러나지 않게 쓰는 점이 다를 뿐이다. 왜냐하면 구성과 문학적 장치가 승한 작품은 작가의 체험에서 우러나왔다는 느낌이 줄어들기 때문이다. 체험에 근거하지 않은 수필은 그 진실성을 의심받기 쉬운 법이다.

최근에 송하춘이 ≪판전의 글씨≫라는 수필집을 출간하였다. 그는 신춘문예를 통해 등단한 소설가이면서 한국현대소설문학회를 이끌고 있는 학자이기도 하다. 대학에서는 소설을 가르치고 있는 교수다. 최근까지 그는 좋은 소설을 많이 발표하였다. 그런데도 그는 소설의 소재가 될 만한 것을 왜 수필로 썼을까? 소설은 아무래도 제3의 공간에서 독자와 만난다. 소설을 쓰는 틈틈이 그도 수필을 썼던 모양이다. 써 둔 작품을 발표하고 싶은 것은 작가들의 거짓 없는 욕구겠지만 이번에 수필집을 간행한 의도 속에는 그의 육성으로 독자와 만나보고 싶은 욕구가 있지 않았을까. 소설가 중에는 끝까지 그의 육성을 숨기고 소설로만 독자를 만나겠다는 소설가도 있다. 황순원 같은 분이다. 좀 유치한 비유일지 모르겠으나 연극배우가 화장하지 않은 얼굴로 관객을 만나기 싫어하는 사람과 보통의 얼굴로 만나보고 싶어하는 사람이 있는 것과 같다. 문학은 인간의 리얼리티를 어떤 방식으로 표현하느냐에 따라 장르가 나누어진다고 생각된다. 송하춘이 수필을 쓴 것은 수필로도 그의 문학적 재능을 보여 주겠다는 의도도 있겠지만, 소설 속의 제3 공간에서보다는 독자와 직접으로 만나서 대화를 나누고 싶은 욕망이 더 크지 않았을까 하고 나는 생각한다.

≪판전의 글씨≫를 보면서 문학을 하는 사람은 시로 하든지 소설로 하든지 혹은 수필로 하든지 그의 문학적 재능은 살아 있게 마련이구나 하는 생각을 했다. 모르긴 해도 그는 소설집은 여러 권 출간했지만 수필집은 이번이 처음이 아닌가 생각된다. 수필을 읽으면서 누가 소설가 아니랄까 봐 대상을 포착하는 눈이 예리하군, 독자를 끄는 그의 개성적인 문체도 그의 수필에서 단단히 한몫을 하고 있군, 하고 나는 중얼거렸다. 만약 송하춘이 이 글을 읽는다면 누가 문체론자 아니랄까 봐 문체에 대해 코멘트를 하고 있군, 하고 말하면서 속으로 픽 웃을지도 모르겠다.

아는 사람은 알겠지만, 송하춘은 이 시대의 유명한 서예가 강암剛菴 송성룡 씨의 자제분이다. 그 집안에서는 모두 서예를 하고 있는데 자기만 못하고 있다고 반자조적으로 말할 때가 있었다. 필자도 강암 선생 밑에서 몇 달 해서楷書를 배운 적이 있다. 내내 계속 했더라면 제법 어느 수준에 올랐을지도 모르지만 그만두었다가 수십 년이 지난 뒤 다시 시작하긴 했지만, 만시지탄晩時之歎을 금치 못한다. 강암 선생 살아 계실 때 한 번이라도 더 찾아뵙고 지도를 받았더라면 하는 아쉬움을 늘 갖고 있다. 언젠가 송 교수는 나에게 지금 무슨 '체'를 쓰고 있느냐고 물었던 적이 있다. 행서를 쓰고 있다고 했더니, 그 표정이 약간 비웃는 듯했다. 해서楷書라도 제대로 쓰고 행서를 쓰지 않고 쯧쯧……. 하는 듯한 표정이었다. 그가 서예에 정진하지는 않았지만 보는 눈은 있어 서예는 어느 체를 제대로 익혀야 기초가 잡히는지 잘 알고 있는 것이다. 이 글도 추사의 서예에 관해서 쓴 글이다.

서울 봉은사 불당에 쓰인 글씨, 〈판전板殿〉이란 액호를 두고 어떻게 볼 것인가에 대해서 말하는 글이다. 추사가 71세에 쓴 글씨로서 이 글씨를 쓰고 난 뒤에 얼마 있지 않아서 기세하셨다. 판전의 글씨는 "삐뚤빼뚤 망설망설" 쓰여 있어 낙관에 칠십일과라는 말이 없다면 "일곱 살짜리가 썼다고 한들 누가 그것을 의심하겠는가." 라고 그는 말한다. 그렇지만, "그냥 서툴다고 지나쳐 버리기엔 너무 재미가 있다."는 것이다. 그 재미있는 내력을 그는 이렇게 말한다.

> 흔히 세상은 말한다. 아직 서툰 것은 나쁜 것, 익은 것은 좋은 것. 그것은 다시 이런 말과도 통한다. 일곱 살짜리가 쓰면 익은

> 것, 일흔 살 노인이 일곱 살 어린애처럼 쓰면 서툰 것. 과연 그럴까? 졸拙은 곧 교巧라는 말을 나는 여기서 실감한다. 졸은 많이 모자람을 의미한다. 그래서 그것은 익숙하다. 세상이 졸렬함을 극복하고 교묘함을 달성하고자 함은 바로 그 때문이다.

'판전'의 글씨를 통해 필자는 세상의 이치를 터득해 보려 한다. 그의 예술도 그의 인생도 판전의 글씨를 닮아보고 싶다는 생각이 깔려 있는 것이다. 이 수필은 짧은 수필에 속하고, 길고 재미있는 수필들이 이 수필집에 많이 실려 있다. 그런데도 굳이 이 수필의 제목을 수필집의 제목으로 삼은 것은 그의 문학을 한편으로는 반성하면서 한편으로는 좋은 작품으로 남기려면 어떻게 쓰는 것이 좋은가를 스스로에게 묻고 있다. 독자들도 이 수필을 읽고 난 뒤에 각자 자기의 인생을 되돌아보게 되고 어떻게 사는 것이 잘 살았다고 할 것인가를 되짚어보는 계기가 된다. 삶의 리얼리티, 곧 그 실재에 가까이 가기 위해서는 어떻게 사는 것이 좋은가 하고.

이태동 씨는 현재 왕성하게 활동하고 있는 평론가다. 그간에 몇 권의 수필집을 출간했던 모양이나 나는 그의 수필을 읽은 기억이 별로 없다. 이번의 수필, 〈시간의 무게와 환상 속의 미망〉을 읽으면서 형식은 다르지만 그의 예리한 통찰력이 드러나던 평론의 연장선상에 있구나 하는 생각을 했다.

이 수필은 일견 보기에 구성이 없는 듯 보인다. 필자가 평소에 생각하고 있었던 시간에 대한 명상을 별로 꾸밈없이 펼치고 있는 듯하다. 그러나 자세히 보면 글의 효과를 위하여 앞에서 할 말과 뒤에 할 말을 잘 생각해서 전개시키고 있다. 논설체여서 언어의 아름다움이나 비유로 생성된 이미지 등은 기대할 수 없다. 대신 필자가 하고 싶은 말이 명쾌하게 펼쳐지고 있다. 대상을 젊을 때 바라볼 때와 나이 들어 바라볼 때의 차이를 말하면서 글을 열고 있다. "그것이 시간이 만들어낸 신비스러운 현상이라는 것"을 그는 깨닫는다. "시간은 만물을 새롭게 창조하는 힘을 가졌지만, 그것을 해체하고 무너뜨리는 파괴력을 또한 가졌다."는 것이다. 그의 이런 명상에 무게를 싣기 위하여 발터 벤야민의 말을 인용하고 있다. "우리가 역사의 진보라고 부르는 것은 바로 이(시간의) 폭풍우이다."라고.

필자는 중년이었을 때 산책 나갔다가 중고품 대형 괘종시계를 꽤 고가를 주고 사서 돌아왔다. 왜 값이 그렇게 비싸냐고 물었더니, '대물림'할 수 있는 시계이기 때문에 그렇다고 주인은 대답한다. 과연 그 시계는 "15분 간격으로 어김없이 사원의 종소리와도 같은 은은한 소리를" 내면서 시간을 알려 주고 있었다. 훗날 중고품상에 다시 들렀을 때 주인은 이미 유명을 달리하고 없었다. 괘종시계는 변함없이 울리고 있었지만, 그 위로 지나가는 시간은 모든 것을 변화시키며 지나가고 있다는 것을 실감한다.

필자는 버스보다는 전철 타기를 좋아한다고 했다. 전철을 타고 있으면 "마치 시간을 타고 있다는 환상에 빠진다."는 것이다. 전철 내에서는 그 안의 여러 가지 풍경을 흥미롭게 관찰한다. 청춘 남녀의 애정어린 속삭임, 어린 아이를 업은 젊은 아낙네, 중년 남녀의 한숨 소리, 죽음이 임박해 보이는 노인들, 전철을 타고 가는 사람들은 "시간을 싣고 가는 즐거움과 아픔을 함께 나타내는 인생의 현실적인 모습을 투영하거나 구체화하고 있다."는 것이다. "달리던 전철이 어느 지점에서 멈추고 사람들이 내리면, 나는 그들이 시간 밖으로 나갔기 때문에 죽었다고 생각하고, 새로 사람들이 열차의 출입문으로 들어오면, 시간 속으로 새로이 탄생한 것 같다는 환상에 빠진다."고 기술하고 있다. 분명히 환상이기는 하지만, 우리의 인생도 그와 같은 것이 아닐까.

필자는 환상에서 현실로 돌아와 우리의 삶에 대하여 새로운 통찰을 한다. 전철이 시간을 상징한다고 해도 아무런 목적이 없는 무한궤도에서 움직이는 것은 아니라는 것이다. "전철에서 내리는 것을 두고 죽음이라고 착각했지만……. 그것은 허무만이 아니라 완전한 성숙을 의미하는 것이 아닐까." 하고 되씹어 생각한다. 그는 또 "인간이 존재하는 의미가 어떤 가능성의 실현에 있다고 한다면 시간은 그것의 성취를 위해 필요한 움직임과 변화의 조건이 된다."고 말하고 있다. 그리하여 "우리가 '객관적 시간'에 떠밀려 가지 말고, 시간을 자신의 목표를 실현하기 위해 의지적으로 활용한다면, 그것의 무게가 한결 가볍게 되어 그 흐름마저 느끼지 못할 것이다."라고 단언한다.

이 글이 수필이라는 것을 실감나게 해주는 것은 필자의 집 벽면에 걸려 있는 중고품의 괘종시계가 "사원의 종소리 같은 울림의 소리를" 내고 있는 것 때문이다. 삶에 있어서 시간의 리얼리티를 그의 체험을 통하여 통찰하고 있다는 것을 우리에게 보여주고 있는 것이다.

김명자의 〈내 이름〉은 유머가 맛깔스럽게 섞여 있는 작품이다. 필자는 세 가지 이름을 갖고 있는데, 부모가 지어준 이름이 김명자, 그 이름이 너무 흔하고 촌스럽다고 해서 어머니가 작명가로부터 지어온 김현지, 천주교 세례명으로 교인들로부터 불리는 아델라.

"나는 내 이름을 들으면 늘 낯설다." 라고 글을 시작한다. 우선 독자로 하여금 궁금증이 일게 하고 있다. 고3 때는 반에 김명자가 셋이나 있어서 김명자 A, B, C로 불렀다는 것이다. 필자도 대학의 반에 들어가서 같은 이름이 있으면 별수 없이 출석부에다 A, B, C로 표시해 혼동이 되지 않도록 한다. 특히 성적을 낼 때는 극히 조심하지 않을 수 없었다. 점수가 뒤바뀌는 날이면 큰일 나기 때문이다. 일제의 무언 유언의 강압에 의하여 그 시절에는 자子가 여아 명의 마지막에 쓰는 경우가 많았다. 일본 여인의 이름에 아마 '아끼고', 곧 명자明子가 많은 것은 뜻도 좋고 부르기도 좋기 때문일 것이다. "이름이 불려진 뒤 한 박자 늦게 내 이름이라는 점 알게 된다."는 것도 미소를 짓게 한다. 큰어머니가 '맹자'라고 부르는 것도 경상도 지방에서는 흔히 있는 일이지만, "큰어무이예! 내 이름은 맹자가 아이라 명잡니더."라고 말하는 것도 재미있는 표현이다.

실명제가 시작되면서 그녀는 김명자라는 이름을 쓰지 않으면 안 되게 되었다. 은행이나 신용카드 회사로부터 실명 김명자가 아니면 인정받을 수 없기 때문이다. 가명과 실명 두 이름을 쓰면서 혼란을 일으키기도 했다는 것이다. 현지라는 세련된 이름으로 불려지다가 여권이나 자격증을 통해서 본명이 알려지면 지인을 속이기라도 한 것처럼 마음이 편치 않았다고 고백하고 있다. 가명을 쓰다 보니 본인도 헷갈릴 때가 많다는 것이다. 누구에게는 가명으로 불리게 하고, 누구에게는 실명으로 불리게 했는지 혼동이 오기 때문이다.

> 이름이 그 사람을 나타내고 인상짓기도 하지만 또 다른 '나'를 기억해야 하고 그 다른 '나'가 진짜 '나'를 지배하는 것 같은 생각이 든다. 두 이름으로 사는 것이 이중생활하는 것 같고 가명과 실명 다 지니기엔 힘에 부친다고나 할까. 나쁘면 나쁜 대로 내게 주어져서 나를 표현하는 내 이름에 맞게 사는 것이 편할 것 같았다.

그리하여 본명 김명자에 "정을 들이기로" 하고 그 이름만을 쓰기로 다짐하는 글로 끝맺고 있다. 이름 때문에 오랫동안 마음속에 갈등을 일으키며 아이덴티티가 흔들려 온 것을 반성하고 있는 글이다. 이제는 그 이름을 사랑하기로 결심하는 과정을 기술하고 있다. 우리의 삶에 있어서는 비단 이름뿐 아닐 것이다. 자기가 소유한 것, 사귀고 있는 벗들, 부모 친척들, 모두 하찮은 것으로 생각하고 버리거나 바꾸어 버리고 싶은 충동을 가질 때가 있다. 그렇게 얽히고 설킨 것이 우리의 삶이다. 그것을 전부 버리고 나면 내 자신의 아이덴티티가 사라지는 것이다.

이 글은 수필의 원뜻인 생각나는 대로 쓴 글 같지만, 독자에게 전달되는 효과를 위하여 글의 순서를 적절하게 선택하고 있다. 거듭 말하지만, 군데군데 끼여 있는 유머도 일품이다. 문장을 다루는 솜씨도 우수하다.

서정환의 〈동백꽃 사연〉은 앞서의 글과는 다른 느낌을 주는 글이다. 같은 산문이지만, 시적 정서가 전편에 흐르고 있다.

이 글을 읽으면서 나도 이 필자와 같은 경험을 한 적이 있다. 동백꽃에 물을 너무 자주 주어 뿌리가 썩게 한 점, 아내가 주었겠거니, 아내는 내가 주었겠거니 생각하고 서로 미루다가 나무가 목이 타 시들어 죽게 된 지경까지 된 것 등. 나의 집에도 고가의 수종은 하나도 없고, 길거리에서 천 원이면 살 수 있는 야생화만 베란다에 가득하다. 그 보잘것없는 꽃나무에서 꽃이 피면 무슨 큰 일이나 난 듯이 야단스럽다. 아내와 나는 일종의 경이를 보는 듯이 탄성을 지른다.

사실 동백꽃은 무리를 지어 피어 있지 않으면 별로 볼품이 없는 꽃이다. 푸른 잎 사이로 동백꽃이 수줍은 듯이 피어 있으면, 그 빨간 정열이 오히려 애처로운 느낌을 준다. 이 글은 제목이 '동백꽃'이 아니라, 〈동백꽃 사연〉인 것을 보면 꽃에 얽힌 사연이 더 있을 듯하다. 필자가 동백꽃의 꽃눈과 잎눈을 구별 못해서 아내와 내기를 걸어 진 얘기가 재미있게 묘사되어 있다. 내기에 지면 동백꽃으로 유명한 오동도를 아내에게 구경시켜 주기로 약속을 한 것이다. 그러나 그 약속을 지키지 못한 채 망연히 서 있는 자신을 되돌아보고 있다. 어쩌면 동백꽃이 매개가 되어 아내와의 긴긴 사연이 그 속에 담겨 있는 듯한 느낌을 준다.

'49' 너를 보내며

이 정 숙

블록 쌓기를 했다. 하나, 둘, 셋 서른 개의 작은 블록들이 와르르 무너진다. 열두 개의 큰 블록들도 속수무책 무너져 간다. 자식 같은 분신들 스폰지에 물 스미듯 세월을 삼켜버렸다. 순간에 분해되어 버린 것인지, 압축되어 사라져버린 것인지, 내 마음은 천근만근인데 너는 나비처럼 가벼이 날아가고 있구나.

가을일 것도 없는 11월을 아직 가을이라고 붙들고 있다. 올해도 겨우 꼬리만 남았으니 빠져나가는 것은 미꾸라지 꼬리 잡는 격이다. 나를 압박하며 조여오는 것들. 살고 있는 것들에 대한 엇갈림. 경우에 따라 왔다갔다 고무줄 나이가 되었던 실제 내 나이가 얼마 있으면 앞의 숫자를 바꾸어야 할 터인데 나는 지금 무엇을 원하며,

무엇을 할 수 있는가? 뭔가 찾아야 하는데 미궁에 빠진 기분으로 이것저것 어지럽힌 것들의 가닥을 찾아보고자 오랜만에 산에 오른다. 내 마음을 위로라도 해 주듯 파란 잉크 빛 달개비꽃이 오솔길 어귀에 무리지어 피어 있다. 산에 와 좋은 공기와 나무들을 만나니 숨통이 조금 트이는 것 같다. 한참을 올라가다 보니 이거 웬일인가. 생각지도 않았던 반가운 친구가 찾아오듯 뜬금없는 진달래 한 송이가 피어 있다. 이 계절에 진달래꽃을 볼 수 있다니! 이웃집 담벼락에 개나리 몇 송이가 피어 있더니 진달래도 시샘이 난 것일까! 잎사귀들이 떨어지니까 겨울이 지나고 봄이 온 줄 알고 피우기도 한다는 철없는 꽃들. 내가 내 나이를 어쩌지 못하고 몸살을 하듯 가을에서 방황하는 봄꽃일까. 나는 지금 가을여자가 봄처녀이고 싶은 건지, 아니면 더 깊고 아름다운 가을여자가 되고 싶은 건지 분명치 않지만 부평초가 되어 흔들리고 있다.

92세의 피천득 씨는 어느 나이고 다 살 만하다고 했지만 아무에게나 해당되는 사항은 아닌가 보다. 머리가 쑥처럼 희어진다고 해서 애년艾年이라고 불렀던 만만치 않은 나이에 접어드는 기로에 서서 갈수록 자신이 없어지고 다 살아버린 듯한 허망에 빠져든다. 살아버린 것을 못마땅해 투덜거릴 것이 아니라 늦었다고 생각할 때가 가장 빠르다고 했지 않은가. 시간이란 놈이 끊임없이 아귀처럼 먹어치우는데 그것을 눈치채지 못하고 설마하며 살다가 이제라도 아프게 내 나이를 알아챘으니 남은 인생 주머니에 귀한 것들을 담아보자.

우리 인간에게 시간과 날짜를 구분해 놓은 것은 그때그때 매듭을 잘 짓고 매순간을 시작하는 마음으로, 마무리하는 마음으로 살아가라는 의미가 있다고 한다. 가을 나이에 노릇노릇 익어 가는 것은 고사하고 함량미달의 쭉정이 모습을 하고 있으니 엉터리로 살아온 것은 아닌지? 무엇이든지 할 수 있는 자유가 있음에도 아무것도 할 수 없는 나, 아무것도 하고 싶지 않은데 무엇인가 해야만 된다는 닦달. 그러나 정작 할 수 있는 것이 별로 없다는 내 안에서 이루어지는 고백들이 절망처럼 쌓여가지만 오랫동안 바라보면 마음속에 진정한 삶이 생길까? 날 응시하고 분석하여 찾아보자. 그동안 나를 위한 삶이 대부분이었다면 이제부터는 남을 위한 시간을 조금이라도 할애해야 한다는 것과 뭉텅이로 날려 보냈던 시간들을 이젠 조각모음까지 잘해서 자투리 시간도 낭비하지 말자는 것이다.

지나간 세월의 의미가 겹치기 때문인가. 단위로는 1년이지만 10년을 함축하여 49는 나의 40대 전부가 들어 있는 듯하다. 초등학교 때 연필에 침을 발라가며 또박또박 글씨를 쓰듯 하루하루를 마디게 살자. 물론 소중하지 않은 세월이 어디 있으랴만 30대는 아이들 뒷바라지에 인생을 생각할 틈도, 나를 챙길 여력도 없이 엉거주춤 우물 안 개구리처럼 살았다. 40에 들어서 뭔가 손에 쥐어지는 것을 하면서 살아보려니 세월이 왜 이다지도 빠르게 지나가 버리는 것인지. 내 의식 속에 여자는 40대가 가장 아름다운 황금기라는 생각에 떠나가는 막바지 49를 한 10년 정도 늘이어 살고 싶었다.

그 방편으로 역마살이 끼여 바람을 좋아하는 친구와 궁짝이 맞아 산으로, 바다로, 들로 온통 쏘다녔다. 49의 나이가 아쉬워 몸부림쳤지만 쏘다닌다고 뾰족한 답을 얻을 순 없었다. 허허롭게 세월만 살라 먹은 느낌이다. 허무 속을 마냥 달리는 야생마였다. 나이 먹는 초조함을 이런 식으로 달래며 틈새 없이 바쁘게 살았다. 바쁘다는 것은 마음이 없다는 것인데 그야말로 정신없이 살다보니 내 의지가 아니라 남에 의해서 하루가 미끄러지듯 지나가 버리는 것이다. 이젠 일상에서 진정한 삶이 어떤 것인지 세상을 관조하면서 천천히 살아보고자 한다. 느림의 미학을 즐기면서…….

여담이지만 누가 말하기를 첫 맛이 좋은 것은 맥주 맛, 첫사랑의 맛이고 끝 맛이 좋기는 커피 맛, 영화의 라스트 신이라 했다. 나는 첫 맛을 내지 못하고 살았기에 끝 맛이라도 은은한 향기로 장식하고픈 소망이 있다. 속절없이 지나가는 세월 앞에 늦게나마 뼈아픈 자책을 할 수 있는 것도 다행이다. 너를 보내는 말미에 그래도 조금 위로가 되는 것은 올 한 해가 몸살만으로 끝나지 않고 호스피스 교육을 받아 내 도움이 필요한 사람에게 작으나마 힘이 되어 주었다는 것이다. 일주일에 한 번뿐이지만 그건 내가 살아가는 하나의 의미이고 즐거움이다.

49. 정말 고맙다. 너는 내 생애 최대로 어떤 나이보다 애착이 갔고 너에게 오래 머물고 싶었다. 세월이 흘러도 49 너의 젊음이 가끔 춤추어 주길 고대한다. 희미하게 남아 있는 나의 젊음을 위하여. 축복을 비는 기도하는 마음으로 너를 떠나 보낸다.

– ≪수필과비평≫, 2006년 7/8월호

개구리 연가

노 혜 숙

해가 산 너머로 지고 붉은 노을의 잔영만 능선에 걸쳐 있을 때쯤이면 하나둘 개구리 울음소리가 들린다. 그렇게 선창을 하듯 몇 마리가 시작을 하면 이내 온 들판이 개구리 울음소리로 가득해진다.

두 해 전 오월 이맘때쯤 시골로 이사를 왔다. 소나무가 많고 아기자기한 산들이 마을을 둘러싼 평화로운 곳이다. 첫날 밤 고단한 몸을 뉘고 자리에 누웠지만 얼른 잠이 오지 않았다. 뒤척이다 일어나 베란다 창을 연 순간, 칠흑 같은 어둠 속으로 한꺼번에 쏟아져 들어오던 개구리 울음소리. 낯선 곳에서의 첫 밤을 위무하듯 정겹게 들렸다. 순식간에 낯섦은 사라지고 쏜살같이 내 기억은 추억의 한 장면으로 내달았다.

툭, 경미한 소리에 고개를 돌려보니 마루 뒤쪽으로 난 들창 앞에 쪽지가 떨어져 있었다. 이어 조심스럽게 멀어져 가는 발소리가 들렸다.

"나 곧 제대해. 내일 저녁 열 시 집 아래 세 갈래 길에서 기다릴게."

가슴이 두방망이질치기 시작했다. 부모님이나 동생들이 혹 눈치 챌까 두리번거리며 주변을 살폈다. 다행히 개구리 소리만 천지에 가득할 뿐 사위가 적막했다. 공부하던 책을 덮고 자리에 누웠지만 잠이 올 리 없었다. 아무 결정도 하지 못한 채 짧은 여름 밤이 하얗게 밝아왔다.

살그머니 대문을 미는 순간, 삐걱거리는 소리에 그만 가슴이 오그라드는 것만 같았다. 부모님이 알면 경을 칠 일이었다. 마음씀이 자상한 군인 아저씨에 대해 좋은 인상을 가졌을 뿐 특별한 감정이 있는 건 아니었다. 제대라는 말에 무모한 용기가 생긴 것이었을까. 고양이걸음으로 겨우 대문을 넘어서자 등줄기에선 식은땀이 흘러내렸다. 오 분이면 도착할 세 갈래 길이 십 리처럼 아득하게 느껴졌다. 그는 먼저 와 있었다. 달빛 아래 그의 웃음이 하얀 들꽃 같았다.

"나와 주어서 고마워. 제대하면 집도 멀고 자주 못 볼 거 같아서……. 편지하면 답장해 줄래?"

장마를 앞두고 논에서는 개구리의 합창이 요란했다. 나는 고개를 숙인 채 자꾸 땀이 나는 손을 옷에 문질렀다.

산 너머 아래로는 임진강이 흘렀다. 아침이면 대남방송이 새마을 노래와 함께 울려 퍼지는 최전방의 작은 마을, 훈련받는 병사들을 거리에서 보는 건 드문 일이 아니었다. 그는 자주 우리 집 앞을 지나갔다. 그래서 그의 얼굴이 낯설지 않았다. 이따금 물을 달라는 핑계로 마루에 걸터앉아 잠간씩 쉬어 가기도 하고 내 공부를 도와주기도 했다. 나이는 불과 서너 살 위였는데 한참 어른인 양 굴었다. 어느 날 내 영어사전 속에서 그의 메모를 발견했다. "나 너 좋아해." 그 후 더 이상 그의 얼굴을 편안히 바라보지 못했다.

그리고 한 달 만이었다. 그는 잠자코 내 대답을 기다리는 듯했다.

"개구리들 저렇게 밤새 울면 얼마나 힘들까요?"

"사랑할 때는 하나도 안 힘든 거야. 짝을 구하는 노래거든."

뜬금없이 던진 내 말에도 그의 대답은 자연스러웠다. 그 바람에 마른 침이 넘어가는 소리를 들키지 않을 수 있어서 얼마나 다행이었던지. 바람은 부드럽고 모가 한 자나 자란 논에선 달콤하고 향기로운 풀냄새가 진동했다. 이따금 나직한 그의 한숨소리가 개구리 울음소리에 섞여 들려왔다. 나는 끝내 아무런 대답도 하지 않았다. 내게 아직 이성은 낯설고 먼 존재인 듯싶었다.

산자락에 이팝 꽃이 흐드러지게 피고 개구리 노랫소리가 온 들판을 메우면서 여름은 본격적으로 시작된다. 그들의 노래가 언제 끝나는지 나는 알 수 없다. 밤이 이슥도록 아니, 새벽녘에 어쩌다 잠을 깨면 여전히 음악회는 진행 중이다. 지칠 줄 모르는 사랑의 연가이련가. 한때의 추억 때문일까? 개구리 우는 달밤이면 여리고 푸르던 시절의 한 페이지, 더는 돌아갈 수 없는 시간에 대한 그리움으로 애틋하다. 여름내 들판은 이들 생명의 율동으로 온통 생기에 넘치리라.

자연의 소리와 고운 빛, 향기와 교감하며 꿈을 잃지 않는 사람으로 나이 들어가는 것은 축복이리라. 그것들은 날 깨어 있고 살아 있게 한다. 도시의 휘황한 욕망의 불빛 아래서는 느낄 수 없는 평화와 안정을 주고 순정한 눈으로 지나온 시간들을 돌아보게도 한다. 그러나 삶에 어찌 낭만적인 연가의 시간만 있을 것인가. 산란 후 약육강식의 생태 속에서 이어지는 미물들의 한살이는 얼마나 위태한가. 척박한 환경 가운데 자신들의 영역을 지키며 치열하게 생명을 존속해가는 것을 보면 사람의 한살이와 크게 다를 바가 없다는 생각이 든다. 내 삶의 어느 한 시절, 과연 나는 저 개구리들처럼 목청껏 원하는 것을 얻기 위해 혼신을 다했던가.

베란다 창을 여니 물을 댄 논에 달빛이 비친다. 오늘도 개구리 연가는 밤이 새도록 계속되리라. 내 삶의 하루하루도 그들의 목청 돋운 연가처럼 모든 존재에 대한 공경과 상생의 마음으로 충만하길 꿈꾸어 본다.

– ≪수필과비평≫, 2006년 7/8월호

달을 위한 콜라주

유 병 근

항아리 입술에 꽂꽂이처럼 달이 뜬다. 빈 항아리에 달이 찬다. 항아리의 입술 어디 분수 같은 꽃가지가 빗금을 친다. 꽃가지 끝에 달무리가 뜬다. 항아리 하나 달무리 속에 동그만 가부좌를 튼다.

*

밤배 떠나간다. 떠나는 밤배를 타고 가는 달무리가 있다. 가는 곳을 알 수 없는 소복한 울음이 멀어지고 있다.

*

모래 알갱이 속에서 우주를 보았다고 누가 말한다. 하늘이 있고 땅이 있고 검을 현玄과 누를 황黃을 누가 말한다. 모래 알갱이의 우주를 스치며 밤엔 달무리가 지나간다. 아득히 아득하게.

*

강냉이튀밥 봉지가 터진다. 튀밥을 따라 아이는 거실 여기저기를 튀밥처럼 굴러다닌다. 아이의 몸이 튀밥이다. 머리와 허리와 무릎에도 달라붙은 튀밥은 아이를 뜯어먹고 아이의 몸에 핀 꽃이 된다. 꽃을 매단 아이는 제 몸에 핀 꽃을 주섬주섬 뜯어먹고 튀밥나무가 된다. 더 많은 꽃을 찾아 우듬지 쪽으로 뿌득뿌득 기어오르는 아이의 입술에 튀밥처럼 매달리는 달이 있다.

*

어둠에 잠겨드는 바다는 아득했다. 잘록한 만곡彎曲을 지나 더 깊은 어둠 속으로 몸을 사렸다. 조막만 한 조각달이 얼굴을 내밀었다. 새 한 마리도 없이 솟대는 조각달 아래 몸을 사렸다.

*

칭얼대는 갈대밭 속에서 낮달은 자꾸 낮달이라고 한다. 바람은 자꾸 바람이라고 한다. 철지난 물새의 발자국이 지나갔다. 발자국을 따라간 낮달이 있다. 아무도 눈여겨보지 않았다.

*

핏덩이처럼 끈저끈저한 달무리 뜬 지붕 너머로 둥시를 튼 그것은 안개였다. 밤이 깊어도 일렁이곤 했다. 조금 더 끈끈하게 조금 더 진하게 일렁이곤 했다. 밤이 깊어도 안개는 옷자락을 사리며 거기 있었다.

*

망가진 의자는 망가진 의자끼리 아픔에 길들었다. 망가진 어깨 망가진 허리 망가진 무릎 망가진 뒤꿈치에 길들었다. 발바닥으로 딛고 사는 바닥도 사라지고 바람이 사라지고 망가진 의자는 망가진 등받이가 차라리 아득한 달빛이었다.

*

눈언저리 어디가, 마른 그림자 어디가 가렵다. 물때는 오지 않고 티눈 같은, 검버섯 같은 바람막이 어디가 가렵다. 별일은 아닌데 오줌발이 어쩌다 마렵다. 달 속에 달이 뜨는 어지럼증이었다.

*

이것이 달빛이라고 너는 말하고 나는 땅바닥에 낙서를 한다. 동그라미를 그리고 세모꼴을 그리고 화살표를 그린다. 화살표 하나 동그라미를 뚫고 날아간다. 화살표는 세모꼴을 명중하지 못한다. 나는 세모꼴의 꼭지에 깃발을 꽂는다. 화살표는 깃발을 명중하지 못한다. 사는 것이 장난이 아니다. 장난이 아닌 동그라미와 세모꼴과 화살표 속에 희끄무레한 달빛을 본다.

*

어쩌다 달빛에 살을 깎이고 어쩌다 사금파리에 살을 깎였다. 어쩌다 칼날에 살을 깎이고 살 속으로 어쩌다 달이 보였다.

*

접시에 곁들인 아이스크림과 음표처럼 오목한 스푼을 보았다. 초이레 달이 아이스크림 접시 너머 잠겨 있었다. 칠월 칠석이었다.

*

달빛에 깨지는 서낭당 얼굴이 있다. 깨진 얼굴이 흘러내린다. 아직 눈을 뜨지 못하는 뇌수들이 물 빠지듯 새어나온다. 모가지가 일렁이고 엉덩이가 일렁인다. 일렁이다가 일렁이지 않는 뇌수도 있다. 아직 눈뜨지 못한 뇌수들이 넝쿨처럼 누워 있다. 입을 오물거리는 시늉도 한다. 눈을 뜰 듯 말 듯 어떤 뇌수는 달맞이꽃이 된다.

*

붉은 달을 키웠다. 나무상자 속에서 눈알만 빠끔 끔벅이는 간이 작은 달을 키웠다. 어둠이 지나가는 창문 틈새로 얼비치는 바람은 있는 것 같고 없는 것 같기도 했다. 밤배 통통거리는 바다에 뜬 붉은 달을 키웠다.

*

굴착기가 뚫은 굴착기의 길을 따라 삽을 멘 인부들이 지나갔다. 느린 목소리로 노래하던 인부들은 달빛에 옷 적시며 집으로 갔다. 달빛 속에 집이 있다는 말을 들었다.

*

추어탕 장수는 소쿠리의 미꾸라지를 가마솥의 입안으로 방생한다. 붕어빵 장수는 붕어빵 틀에서 붕어를 꺼내어 사람들의 입안으로 방생한다. 나는 나를 찜질방 입안으로 방생한다. 찜질방 문설주 너머 찜질로 몸을 달군 불그레한 날은 방금 외출 중이다.

*

칡넝쿨 사이에서 달빛을 받아먹는 칡꽃이 있다. 구름이 오다가 가고 새가 울지 않는다. 손가락 마디에 꽃반지 끼우던 시절을 새가 울지 않는다. 달빛을 받아먹은 칡꽃은 달빛이 되어 한밤내 핀다.

*

전등을 켜고 불빛에 쫓기는 어둠의 발자국 소리를 듣는다. 정체를 감추고 사는 어둠과 어둠의 똘마니들에게 불빛은 천적이다. 가로등 아래 섰다. 저만치서 서성대는 어둠은 천적인 불빛에게 삿대질을 한다.

*

내 안에 사는 예닐곱 살 달빛은 동구 밖에 서 있다. 장에 간 엄마를 기다리는 중이다. 또래들은 가고 혼자 서 있다. 혼자인 나는 달빛의 노끈에 묶인다. 어디론지 끌려가는 나는 아직도 예닐곱 살 달빛 속에 있다.

*

원고지 빈 칸 구덩이를 보았다. 아직 종잡을 수 없는 어느 옛날에 순장된 달이 떠올랐다. 오래된 달빛은 어긋났다. 자정이 지났다고 문자판 시계는 눈을 깜박거렸다. 달빛 방향으로 가고 있는 수상한 구덩이를 나는 지웠다.

*

눈에 묻힌 밤 도시는 백야白夜의 침묵과 침묵 중이다.

*

달빛에 깔린 산은 몸을 사린다. 책장을 넘길 때도 글자에 깔린 책갈피 바닥이 몸을 사린다. 달빛을 걷어내고 글자를 걷어낸다. 비로소 나는 산속에 길이 있고 책 속에 길이 있다는 말을 주절거린다.

*

잔별 많은 하늘에 뜬 근심 많은 달이 잔별이다.

*

지붕 끝에 둥지를 튼 달무리를 보았다. 조금 더 끈끈하게 조금 더 아프게 일렁이는 듯했다. 밤이 깊어도 달무리는 달무리였다.

*

밤중에도 기차는 간다. 어디만큼 가나, 삼랑진만큼 간다. 어디만큼 가나, 청도만큼 간다. 어디만큼 가나, 대구만큼 간다. 능금 철에는 능금을 따먹고 단감 철에는 단감을 따먹고 어디만큼 가나, 달나라만큼 간다.

– ≪꽃이 멀다≫, 신아출판사, 2006

세 여자

정 여 송

姦.

우리들은 분갈이한 묘목처럼 신혼 초에 만났다. 만남이란 분별없이 가까워지면서 접시가 깨지기도 하고, 격의 없이 지내다가 어석語石을 던지기도 한다. 상처를 주고받은 사람들은 만나기를 꺼려하면서 멀어져갔다. 더러는 이사를 가서 멀어지기도 했다. 그러구러 남은 사람이 셋이다. 모두 제 살기에 바빴다. 그러면서도 믿음을 나누는 일에 분주하였다. 자기 방식대로 자신 몫을 배려하며 이십 년을 키워왔다. 이제는 목소리 하나로도 서로의 삶을 캐어낸다. 등을 기댈 수 있는 나무가 되었다.

한 여자.

문지현이다. 백명숙보다 한 살, 나보다 두 살 많다. 제일 젊은 남자와 산다. 딸만 둘 가졌다. 팔십오 점. 독실한 개신교 신자다. 예수님 제자의 제자로서 나란히 서도 손색이 없을 만큼의 믿음으로 칠갑을 했다. 하루하루가 즐겁기만 하다는 눈치다. 그 즐거움이 무엇인지, 어떤 빛깔을 띠었는지 알지 못한다. 다만 하늘에다 몸과 마음 모든 것을 맡겼다는 점이 대신 말을 할 뿐이다. 셋이 모여 식사 할 때의 광경에서 잘 드러난다. 이야기에 팔려 있다가도 상이 차려지면 지현이가 먼저 눈감고 기도를 한다. 눈치챈 명숙이가 재빨리 손을 모아 합장하고, 무안스러워진 나도 성호를 긋는다. 여태껏 그 순서가 바뀐 적은 한 번도 없다. 그녀를 보면 이 세상에서 제일 행복한 사람으로 보인다.

겉으로는 아무 움직임이 없어도 속으로 발효하고 삭아서 깊은 맛을 내는 음식이랄까. 비워지면 비워지고, 채워지면 채워지는 대로 삶을 의지한다. 그녀는 때를 앞당기려고 아등바등하지 않는다. 주어지는 대로 가고 또 가다 보면 좋은 때를 만나게 된다고 믿는다. 물욕탕物慾湯에서 벗어나 하늘 사랑으로 채우고 이기적인 뜻 대신 하늘 뜻으로 받아들이는 여자. 신앙생활이라는 별스런 멋내기지만 늘 보아온 터라 익숙한데도 물리기는커녕 외려 부러움이 생긴다.

그녀는 절대, 부자가 아니다. 남에게 빌려 쓰지 않을 정도로 산다. 무슨 이유도 어떤 조건도 붙임 없이, 남을 위해 거액을 과감하게 기부하는 배포로 명숙이와 나를 놀라게 한다. 자신을 위한 일이라나. 아치형의 출입문으로 쏟아져나온, 선이 굵으면서 부드러운 여자의 세상을 보는 것 같다. 명숙이와 나는 그런 지현이를 사랑한다.

두 여자.

백명숙. 문지현보다 한 살 아래고 나보다 한 살 위다. 가장 나이 든 남자와 산다(그래봤자 한두 살 차이). 딸 하나, 아들 하나를 두었다. 지현이와 내가 부러워하는 점이다. 구십사 점. 둘째라면 서러워할 석가모니 제자의 며느리다. 한 달에 스무 날을 절에 가는 시어머니 밑에서 교리를 차근히 배운다. 복을 많이 달라고 빌라는 시어머니 말씀에는 찰떡같이 대답을 잘한다. 정작 법당에 엎드려서는 자신에게 줄 복이 더 있으면 모자라 받지 못한 사람들에게 나눠주라고 비는 보살이다. 절을 찾는 일은 가끔이고, 주로 집에서 벽에 대고 백팔 배를 한다.

갈등 없는 수월한 삶을 소원하기에 그녀는 뭐든 잘 따지지 않는다. 무엇에든 아낌없이 다 바쳐 너무 매달리게 되면 자신이 힘들어진다는 이유에서다. 포근한 안도감을 안겨준다. 일주일에 한 번은 어김없이 독거노인을 찾아 딸 행세를 하고 온다. 유행에 끼어들지 않고 물정에 어두운데도 뭔지 모를 중년의 향기가 풍겨나는 여자. 자신의 단점을 알고 있으면서도 그것을 즐기는 여유까지 주머니에 넣고 있다. 자신을 위한 것이라나.

그녀의 웃음은 3캐럿짜리 다이아몬드다. 눈가에 잔주름을 그늘로 드리운 채, 이빨이 쏟아질 듯 웃어대는 모양이 보기 좋다. 아주 매력적이다. 발랄하고 구김살 없는 웃음이 가슴을 한 차례 시원하게 씻어 내린다. 장난기어린 미소조차 상대를 무장해제시키는 묘한 힘을 지녔다. 지현이와 나는 그런 명숙이를 좋아한다.

세 여자.

정여송. 셋 중 가장 어리다. 중간 나이의 남자와 산다. 아들만 둘이다 보니 딸 타령을 잘한다. 칠십육 점. 신심이 그럭저럭한 천주교도이다. 개신교와 불교에 양다리를 걸쳤다면 어울릴까. 제일 편한 자리에 서 있다고 해도 과언이 아니다.

그냥 나보다 못한 사람을 더 생각하는 마음으로 채워지길 바란다. 말 부조든, 마음 부조든, 돈 부조든……. 남이 내게 베풀어 준 은혜에 대해서는 잊지 않으려 애쓴다. 내 것을 나눔에 있어서는 비밀처럼 하고 싶어서 힘을 키우는 연습 중이다. 미지근하더라도 아기자기한 '그래요.'나 엉성하지만 정이 담긴 '괜찮아요.'라는 대답을 자주 쓰는 여자다.

안일함을 싫어한다. 떡이 나오는 것도 아니고 돈이 나오는 것도 아닌, 글쓰기에 매여 있다. 수필을 쓴답시고 고생을 사서 한다. 뭔가 해보겠다는 의욕으로 다져지면 피로조차 힘이 되니 마다않고 수필을 이고 다닌다. 해서 가슴에 젖어드는 글품으로 사람들의 마음이나 추켜 주려고, 게으름과 싸우기 일쑤다. 나를 위한 노릇이다. 지현이와 명숙이는 그런 나를 아낀다.

우리에게는 만나는 날이 정해져 있지 않다. 셋이니까 마음 맞추기가 쉬워, 어느 때든 보고 싶으면 만난다. 우리의 만남은 언제나 만지면 톡 터지는 봉숭아 우정이다. 어느 때는 말의 온기로, 다른 때는 행동의 그림자로 감싸안는다. 서로를 향한 마음 아랫목이 잘잘 끓는다.

20년을 굳건히 지켜온 것은 정성어린 키움과 가꿈이다. 어울림은 같거나 비슷하기보다도 도리어 다를 때 이루어진다. 다름은 서로를 기대게 하는 버팀목이다. 더 이상의 무엇을 받거나 줄 것이 없을지라도 더불어 숲, 우리는 그렇게 우거질 것이다.

세 여자는 姦이 아니라 森이다.

– ≪부산수필과비평≫

비친숙화를 위하여

형식주의(formalism) 연구 방법의 최대 공헌은 작품 자체를 면밀히 읽으라는 것이다. 이른바 "텍스트에 돌아가라(Return to text)."라는 이 간단하고 명확한 명제를 그 이전의 방법에서는 실천하지 못했다는 말이 된다. 이것은 그토록 오랫동안 학자들이 인간의 언어에 관심을 가져왔지만, 살아 있는 언어 그 자체에 주목하지 못한 것과 같다. 20세기를 한참 지난 뒤에야 비로소 본질적인 언어 연구가 이루어졌다는 것과 맞물려 있는 것이다. 러시아 포멀리즘도 소쉬르의 언어학을 연구하고 난 후의 그 연장선상에서 이루어졌다는 사실을 기억하면 이해하기 쉽다.

형식주의 이후에 나타난 이른바 구조주의, 주제비평, 독자반응 비평, 기호학적 비평, 문체론적 비평 등은 모두 문학작품을 면밀히 읽고 분석하는 데서 시작한다. 역사의 한 방편으로, 정치 경제의 일환으로, 사회학의 한 다른 표현으로 간주하는 것을 거부하고, 문학 그 자체의 의미와 미학에 관심을 집중시켰다고 볼 수 있다. 물론 포멀리즘의 멤버들인 '오파야즈'를 탄압한 러시아 공산 정권도 있고, 문학을 사회학의 한 분야로 간주한 비평가들도 있었다. 그러나 역사의 대세를 거스를 수는 없었던 것이다.

문학작품에서 '문학성'이라는 것을 지적한 것은 '오파야즈' 그룹이지만, 그 말이 가장 설득력 있게 통하는 곳은 바로 수필이라는 것을 종종 간과할 때가 있다. 수필이란 "붓 가는 대로 쓴다."고 하는 너무나 진부한 상식을 맹신하고 있기 때문이다. 플롯도, 형식도, 혹은 운율도 없는 산문, 수필에 있어서 '문학성'이 중요하다는 것은 자명한 일이다.

'문학성'이란 워낙 추상적인 말이라, 그것이 진정 무엇을 의미하는지 집어내기란 어렵지만 러시아 포멀리즘에서 흔히 말하는 '낯설게 하기', 혹은 '비친숙화' 라는 말이 정곡을 찌른 것이라고 할 수 있다. 생활에서 느끼고 생각한 것이라고 해서 '친숙화'된 표현을 아무 거리낌 없이 쓴다는 것은 문학이 아니라는 말이 된다. 그렇다고 해서 어법에도 맞지 않는 말을 쓰라는 뜻은 결코 아니다. '비친숙화'된 표현은 문장 단위에서부터 주제에 이르기까지 광범위하게 이루어져야 한다. 그런 관점에서 이들의 작품을 음미해 보았다.

≪수필과비평≫ 84호에서 필자의 눈에 들어온 작품은 이정숙의 〈'49' 너를 보내며〉와 노혜숙의 〈개구리 연가〉이었다. 〈'49' 너를

보내며〉는 제목에서부터 '낯설게 하기'가 시도되고 있다. '49'가 무엇을 의미하는지 대강은 짐작은 가지만 제목 그 자체만으로는 애매성을 지니고 있다. 본문을 읽어가는 가운데 그것이 나이임을 알게 된다. 첫 문장, "블록 쌓기를 했다."로 먼저 우리들의 궁금증을 유발시키고 있다. "하나, 둘, 셋 서른 개의 작은 블록들이 와르르 무너진다. 열두 개의 큰 블록들도 속수무책으로 무너져 간다. 자식 같은 분신들 스폰지에 물 스미듯 세월을 삼켜 버린다. 순간에 분해되어버린 것인지, 압축되어 사라져버린 것인지, 내 마음은 천근만근인데 너는 나비처럼 가벼이 날아가고 있구나." 추상적인 개념인 나이를 블록이 무너져 내리는 것에 비유함으로써 이어서 말하고자 하는 것을 보다 구체화시키고 있다.

"가을일 것도 없는 11월을 아직도 가을이라고 붙들고 있다."는 표현도 49세의 나이를 안타깝게 보내고 있는 필자의 마음을 잘 표현하고 있다. 이 작품에서 대부분의 일은 지난 일을 반추하는 것이거나 사색을 통해서 표현되고 있는데 반해, 산 위에 오르면서 진달래를 보는 행위는 구상화되어 있다. 늦은 가을에 산에 오르면서, "생각지도 않았던 반가운 친구가 찾아오듯 뜬금없는 진달래 한 송이가 피어 있다. 이 계절에 진달래를 볼 수 있다니!"라고 말하는 것은 "내가 내 나이를 어쩌지 못하고 몸살을 하듯 가을에서 방황하는 봄꽃일까."와 잘 상응되어 있다.

이 작품에서 필자가 말하고 싶은 것은 "누가 말하기를 첫 맛이 좋은 것은 맥주 맛, 첫사랑의 맛이고 끝 맛이 좋기는 커피 맛, 영화의 라스트 신이라고 했다. 나는 첫 맛을 내지 못하고 살았기에 끝 맛이라도 은은한 향기로 장식하고픈 소망이 있다."일 것이다.

감칠맛 나는 언어 외에도 필자의 단락 개념이 확실한 것이 마음에 든다. 내용이 제법 괜찮은 작품도 멋대로의 단락을 보면 화가 난다. 시도 아닌데 한 줄 한 단락의 수필이 많다. 멋대로 줄을 바꾸어서 늘어놓으면 멋있다고 생각하는 모양이다. 대체로 그런 글은 생각도 정리되어 있지 않다. 붓 가는 대로의 수필은 될지 몰라도 좋은 작품이 되지 못하는 경우가 흔하다.

〈개구리 연가〉는 개구리가 몹시 울어대던 어느 여름 날 저녁, 인연을 맺게 되었다는 얘기다. 이 작품을 수필에서 분류하자면 소설과 같은 수필이라고 할 수 있다. 배경이 있고, 인물이 있으며, 플롯이 있기 때문이다. 인물은 물론 필자다. 필자는 처녀 때 군인들이 주둔하는 휴전선 근방에 살았던 모양이다. 지나며 오다 본 필자를 마음에 둔 어느 군인이 물 얻어 마신다는 핑계로 들렀다가 영어 사전에, "나 너 좋아해."라는 메모를 남기고 간 모양이다. 필자도 그를 은근히 좋아한 것이 분명하다. 곧 제대하게 될 어느 날, 그 청년은 필자에게 만날 시간과 장소를 지정해서 쪽지를 던져넣었다. 필자는 어른들 몰래 떨리는 가슴으로 나갔고, 그 사랑은 결실을 맺어 오랜 세월이 지난 지금, 개구리 소리로 촉발되어 회상되는 글이 되었다.

우선 이 글에는 무리가 없다. 수십 년 전에는 친구들의 얘기를 통하여 흔히 듣던 이야기다. 그런데 요즈음은 오히려 비친숙화되어 가고 있다. 내가 자랄 때만 해도 처녀 집에 총각이 전화를 걸면 그녀의 아버지나 오빠에게 혼이 나도록 야단을 맞던 것이 예사였다. 그런데 지금은 처녀 집에 남자의 전화가 오면 온 식구가 혹시 방해가 될까 봐 숨소리를 죽이며 다른 방으로 숨는다. 이런 얘기를 하면서 육칠십대의 사람들이 웃었다.

> 산자락에 이팝 꽃이 흐드러지게 피고 개구리 노랫소리가 온 들판을 메우면서 여름은 본격적으로 시작된다. 그들의 노래가 언제 끝나는지 나는 알 수 없다. 밤이 이슥하도록 아니, 새벽녘에 어쩌다 잠이 깨면 여전히 음악회는 진행 중이다. 지칠 줄 모르는 사랑의 연가이련가. 한때의 추억 때문일까? 개구리 우는 달밤이면 여리고 푸르던 시절의 한 페이지, 더는 돌아갈 수 없는 시간에 대한 그리움으로 애틋하다. 여름내 들판은 이들 생명의 율동으로 온통 생기에 넘치리라.

연인끼리 만난 뒤의 대화도 멋있다.

"개구리들 저렇게 밤새 울면 얼마나 힘들까요?"

"사랑할 때는 하나도 안 힘든 거야. 짝을 구하는 노래거든."

멋진 대화도 좋은 수필을 만드는 데 큰 구실을 하고 있다는 것을 방증하고 있다.

이런 멋진 표현에 비하여 마무리는 오히려 너무나 평범하다. 교훈적인 코멘트 말고, 좀더 멋진 연가의 후렴이 없을까?

유병근의 〈달을 위한 콜라주〉(수필집 ≪꽃이 멀다≫에 수록)는 달을 보면서 느낀 상념을 콜라주의 기법으로 엮은 수필이다. 이런 수필을 필자의 ≪수필 창작 어떻게 할 것인가≫(푸른사상사, 2004)에서 '시적 수필'로 분류하였다. 생활수필, 소설적 수필, 논술적 수필, 과학적 수필, 철학적 수필…… 등등으로 분류한 바 있는데, 시적 수필은 그 발상이 시에 가까운 느낌을 주기 때문에 이런 명칭으로 분류한 것이다.

시와 산문은 어떤 점에서 다른가 하는 점에 대해서는 일찍부터 학자들이나 문인들이 나름대로 그 차이를 찾아보려고 하였다. 그러나 그것이 쉽게 이루어질 리는 없다. 왜냐하면 문학의 정신은(모든 예술이 다 그러하지만) 어떤 정의나 구획으로 한정하는 것을 거부하기 때문이다. 한정하는 그 순간 그곳의 탈출을 시도하는 것이 작가라고 할 수 있다. 모든 작품이 그렇다는 것이 아니고, 예술의 정신이 본래 그러하다는 뜻이다. 다시 말하면, 문학을 정의하는 그 순간부터 설사 그 정의가 얼추 맞는다고 해도 작가는 다른 형태의 시도를 꿈꾸고 있다는 뜻이다. 그래서 시는 운문으로 되어 있다는 상식을 깨기 위해 산문시가 출현한 것도 바로 그러한 연유에서이다. 산문으로 쓰면서 시의 정신을 표현하자는 생각이다.

시와 산문을 구별해 보려는 문인이나 비평가가 많이 있었다. 그 중에서 설득력 있는 구별을 한 비평가는 H. 리이드(Herbert Reed)였다. ≪영문 산문의 문체≫에서 그는 "시는 창조의 순간에 태어나고, 산문은 구성의 원리에서 이루어진다."라고 말했다. 비유하자면, 시는 한 줄기 영감을 따라 이루어내는 조각품과 같은 것이고, 산문은 여러 가지 재료를 써서 조화로운 구성이 되도록 하는 건축물과 같은 것이라는 것이다. 하기야 건축도 예술이라고 주장하는 사람이 많으니 이 말에 이의를 제기할 사람도 많겠다.

유병근의 〈달을 위한 콜라주〉는 단락마다 시적 발상으로 이루어져 있다. 그러나 그것들은 전체의 수필을 위해서는 각기 다른 부분들로 되어 있다. 그래서 필자는 '시적 수필'이라고 한 것이다. 때로는 이런 수필을 수상록이라고도 한다. 그러나 수상록과 조금 다른 것은 사색적이라기보다 상상적이다. 이 작품이 수록되어 있는 수필집의 전체가 필자의 특이한 상상을 기반으로 하여 기술되어 있다.

이 작품의 첫머리는 이렇게 시작된다.

> 항아리 입술에 꽃꽃이처럼 달이 뜬다. 빈 항아리에 달이 찬다. 항아리의 입술 어디 분수 같은 꽃가지가 빗금을 친다. 꽃가지 끝에 달무리가 뜬다. 항아리 하나 달무리 속에 동그만 가부좌를 튼다.

단문들이면서 매우 쉬운 문장들로 이어져 있지만, 애매성과 모호성이 있다. 논리적인 문장이 아니기 때문이다. 이미지로 잇는 문장 기법을 쓰고 있다. 달과 항아리의 이미지를 오버랩시키고 있기 때문에 독자에게는 '낯설게 하기'의 기법이 되는 것이다.

이 작품은 달로 인해 연상되는 여러 가지 사물들이 연결되어 있기도 하고, 여러 형태의 달이 각기 다른 이미지로 나타나기도 한다. "강냉이튀밥 봉지가 터져 아이의 몸에 핀 꽃", "옷자락을 사리며 서 있는 안개", "망가진 의자", "장난이 아닌 세모꼴과 화살표", "달빛에 깨진 서낭당 얼굴", "아직 눈 뜨지 못한 뇌수들", "삽을 멘 인부들", "가마솥으로, 입안으로, 찜질방으로 방생되는 모습" 등이 그 연상이다.

그런가 하면 "떠나는 밤배를 타고 가는 달무리", "조막만 한 조각달", "아무도 눈여겨보지 않는 낮달", "아득한 달빛", "살 속에 보이는 달", "붉은 달", "눈알만 빠금 끔뻑이는 간이 작은 달", "외출 중인 불그레한 달", "예닐곱 살 달빛", "순장된 달", "지붕 끝에 둥지를 튼 달무리" 등의 비유로 달의 이미지를 만들어내고 있다.

거듭 밝히지만 수필은 모든 장르를 포괄할 수 있는 종합 장르이다. 어떤 장르의 글쓰기와 스타일도 모두 시험해 볼 수 있다. 이 작가는 대상을 대상 자체만으로 보는 것이 아니라, 그 대상이 연상시키는 것, 대상이 환기시키는 이미지들을 놀라운 상상력으로 보면서 수필을 쓰고 있는 것이다.

다음은 정여송의 〈세 여자〉를 추천하기로 한다. 부산수필과비평작가회의에서 발간한 수필집에 수록된 작품이다. 이 작품들은 그 수준이 대체로 비슷해서 특별히 어느 작품을 골라내기는 어려웠다. 〈세 여자〉을 선택한 이유는 일반적인 수필과는 조금 다른 시도를 하고 있는 점이다.

이 작품은 친구 간인 세 여인의 삶을 재미있게 그리고 있다. 〈姦〉이라는 소제목을 붙인 글은 세 여인을 나타내고 있지만, 물론 '시끄럽다.'는 뜻도 된다. 남성중심주의 사고방식이 담겨 있는 한자이지만, 또 얼마쯤은 거부할 수 없는 진실이 그 속에 있다. '한 여자'는 친구 문지현을 묘사하고 있다. 독실한 개신교 신자로서 썩 잘사는 편이 아닌데도 가끔 남을 위해서 거액을 기부하는 박애정신을 갖고 있다. 필자는 그녀의 인품을 이렇게 그리고 있다. "겉으로는 아무 움직임이 없어도 속으로 발효하고 삭아서 깊은 맛을 내는 음식이랄까. 비워지면 비워지고, 채워지면 채워지는 대로 삶을 이지한다. 그녀는 때를 앞당기려고 아등바등하지 않는다."

두 번째로 백명숙이라는 친구를 묘사하고 있다. 불교 신자로서 "정작 법당에 엎드려서는 자신에게 줄 복이 더 있으면 모자라 받지 못하는 사람들에게 나눠주라고 비는 보살"이라는 것이다. "뭐든 잘 따지지 않는" 성품으로서 "유행에 끼어들지 않고 물정에 어두운데도 뭔지 모를 중년의 향기가 풍겨나는 여자"라는 것이다. "그녀의 웃음은 3캐럿짜리 다이몬드다."라는 표현도 재미있다.

세 번째 여자로서 자신을 말하고 있다. 남이 베푼 은혜는 잊지 않으려고 애쓰고, 남과는 가능한 편안한 관계를 맺기를 원하며, "수필을 쓴답시고 고생을 사서" 하는 여인이라는 것이다. 자신을 객관화시키고 있는데, 잘못하면 자찬이 될 수 있는 것을 독자로 하여금 미소를 지으며 읽게 한다.

마지막 문장이 "세 여자는 姦이 아니라 森이다."라고 한 것은 수미쌍관首尾雙關을 이루는 좋은 표현이다. 문장이 간결하고 부드러우며 유머와 위트가 엿보인다. 이 정도로 친구를 꿰뚫어보면서 이해하고 있다면 이들의 우정은 참으로 값진 것이다. 동양에서는 주로 남자들의 우정만 말하지, 여자들의 우정은 대단치 않게 여긴다. 그러나 20세기에 오면서 페미니즘이 모든 사고 방식에서 주도권을 잡듯이 여성의 우정도 남성들의 그것을 압도하고 있는지도 모를 일이다. 姦의 우정이 아니라, 森의 우정으로 바뀌고 있다는 증좌인 셈이다.

늘 마지막이듯이

김 나 현

현관을 나서다 말고 집안을 훑어본다. 딱히 정리를 해야 할 것이 없는데도 작별인사를 하듯 둘러보게 된다. 집안을 한 바퀴 단속한 후, 제일 마지막으로 눈길이 머무는 곳은 현관이다. 가족의 따뜻한 체온이 아직 남았을 신발들이 편하게 널려 있다. 가지런히 짝을 맞추고서야 현관문을 나선다.

당장 눈앞의 시간을 예측할 수 없는 세상이다. 기우인지는 모르나 당장 무슨 일을 당할지는 누구도 모르는 일이다. 그런 염려를 염두에 두어서일까. 속옷이나 양말 혹은 다른 무엇을 찾다가 뒤죽박죽이 된 서랍도, 불쑥 닫기 전에 대충 정리를 하는 마음이 되곤 한다. 주인의 부재 시에 느닷없이 들이닥칠 눈길에 대한 대비라고

나 할까.

그렇다고 매사에 정리정돈을 잘하는 편은 아니다. 어느 서랍 하나 제대로 정돈이 되어 있는 곳이 없다. 양말이 짝짝이로 엉켜 있는가 하면, 속옷도 헝클어져 구겨져 있을 때가 많다. 옷을 찾다가 들쑤셔놓은 그대로 닫아버리기 때문이다. 해도 해도 끝이 없는 것이 밥 먹은 뒤의 설거지라면, 정리를 해도 해도 표가 나지 않는 건 서랍 정리일 것이다.

문득 자신이 게으르다는 걸 자각할 때가 있다. 예를 들면 저만치에 있는 건널목이나 육교를 건너기 귀찮아서, 도로를 무단횡단하고 싶을 때이다. 운동삼아 느긋하게 육교를 이용하면 될 터인데, 귀찮다며 무단횡단이라는 끔찍한 유혹 앞에서 흔들리곤 한다. 다행히 그때마다 섬광처럼 뇌리를 스치는 한 메시지가 발걸음을 멈추게 하니, 바로 사고의 끔찍한 상상이다. 뉴스에서, 널브러진 내 몸이 비춰지는 상상만으로 치가 떨린다. 그런 상상을 하다 보면 무단횡단이라는 간 큰 행동은 저지를 수가 없게 된다.

한낮, 동네 앞 대로에서 무단횡단을 한 적이 있다. 양쪽 어느 건널목으로 가기에도 어정쩡한 거리에 서 있는데 그만 신호가 바뀌었다. 체통도 고사한 채 건널 기회만 엿보는데 마침 경찰차가 지나갔다. 이때다 싶어 여유롭게 대로를 횡단하고는 유유히 집으로 향했다. 그런데 입 꼬리가 씩 올라가는 스릴 넘치는 쾌재도 잠시, 등 뒤에서 누군가를 부르는 섬뜩한 소리가 들렸다.

설마 나를 부르는 소리로는 듣지 않았다. 아니 그렇게 여기고 싶었을 것이었다. 경찰이었다. 순찰차에서 백미러로 내 일거일동을 지켜보며 얼마나 고소했겠는가 싶다. 파출소 앞에서 눈 가리고 아웅한 격이었다. 경찰관은 덤덤한 표정으로 무단횡단 같은 위험한 일을 했다고 나무랐다. 벌 받는 아이처럼 몸둘 바를 모르던 나는, 사람들이 힐끗거리는 한길 가에서 발부받는 범칙금에만 창피하고 화가 났다. 찻길을 씩씩하게 횡단한 내 행동을 잠시 잊은, 발칙한 행동이었다.

집 밖에 나가면 도처에 널린 위험 요소들로 긴장을 늦출 수가 없다. 공상영화에나 나올 법한 기상천외한 사고들이 예사로 일어나는 현실이기에 더욱 그렇다. 뉴스에서는 종류도 다양한 사건사고 소식을 발 빠르게 내보낸다. 매스컴들이 일파만파로 사고의 유형을 광고하는 느낌마저 든다. 뉴스는 사고 소식을 전하기 위해 있는 것 같기도 하다.

가까운 이들의 느닷없는 사고 소식에 종종 혀를 찬다. 사고는 어떤 부류에 한정된 것도 아닐 뿐더러 죽음 또한 살아온 순서대로 맞닥뜨리는 것도 아닐 터. 그러나 문제는 나 혼자만의 안전에 대한 경각심만으로는 사고를 피해갈 수는 없다는 것에 있다.

'늘 마지막이듯이'란 말을 마음에 내걸었다. 무엇을 하든 늘 마지막이듯 하면, 한 번 더 생각하는 짬을 갖게 될 것이다. 누군가에게 비수가 될 말을 무심코 내뱉기 전에, 또는 섣부른 행동을 하고 후회하기 전에 매순간 최선을 다하라는 뜻이기도 할 것이다.

사진을 정리했다. 너덜거리는 앨범을 꺼내어 보니 없어도 될 사진이 너무 많다. 경치 좋은 곳에 사진을 찍으러 간 사람마냥, 한 찰나 속에 나를 가둔 흔적들이다. 버리고 남길 것을 선별한 후, 버릴 것은 미련없이 찢어버렸다. 이제 더 이상 나를 앵글 속에 가두고 싶지 않다. 지금 있는 것만으로도 지난 삶의 흔적은 충분하고, 낯선 모습의 나를 확인하는 것도 별로 유쾌하지 않기 때문이다.

그러고서도 어디 길이라도 떠날 양이면 카메라부터 챙기려 드는 이 이중성. 과연 그 흔적들이 나 아닌 누군가에게는 소용이 있기나 할지. 사진도 마지막이듯이 찍어야 할까. 그러나 마지막처럼 사진을 찍는 일이야말로 하고 싶지 않다. 영정용으로 쓸 사진은 얼마든지 있으므로, 마지막이듯 사진을 찍을 일은 없을 것 같다.

사진 속 모습 같은 멋쩍은 것 말고, 좀 더 특별한 획으로 남고 싶다는 생각을 한다. 제목만으로 내 이름을 떠올릴 만한 멋진 글 한 편 어디 없을까.

– ≪수필과비평≫, 2006년 11/12월호

방울소리가 들린다

김 새 록

생명공학 시대에 발맞추어 복제양 돌리가 출현하고 인간복제를 눈앞에 두고 있는 시대다. 번쩍거리는 과학은 지구를 벗어나 천상계를 연구하고 있는데 도시 뒷골목에서 여전히 '팔선녀, 옥황상제, 천왕신, 글문도사…….' 등 무당집 간판들이 시선을 끈다.

과학은 현실이요 증거가 있지만 무속의 신통력은 보이지 않는다. 그런데도 무속의 굿거리는 ≪삼국유사≫에서부터 기록되어 있으며 오늘날에도 여전히 존재하고 있다. 과연 그들은 과거를 내다볼 수도 있고 미래를 점지할 수도 있는 것일까. 보이지 않는다고 존재하지 않는 것은 아니지만 보이지 않는 것을 보고자 하는 것이 사람의 심리이다. 무당들 스스로가 영검을 지니고 있다는 그 실체가 궁금하던 차에 마침 무가巫歌에 대해 알아보아야 할 과제물이 있어 핑계삼아 무녀를 찾아나섰다.

그들의 말대로 신통력이 있다면 먼저 본인들이나 잘하고 잘 살 것이지 왜 그리 빈민수준을 벗어나지 못한 옹색한 구석에 대나무를 꽂아놓고 점치러 올 손님을 기다리며 살고 있는지. 하기야 중이 제 머리 못 깎듯 무당들 또한 자신을 위한 길흉화복의 굿을 못한다니 그렇게 살 수밖에 없는지 모르겠다. 아니면 그 신들은 한몸을 이루고 있는 무녀들한테까지 베풀 줄도 모르고 인정사정없는 욕심쟁이거나 계산적이라고 할까.

무녀의 신당에는 화려한 원색의 등불들이며 큰 칼, 북, 꽹과리 금방울 등이 주신의 호위병처럼 나열되어 있다. 어릴 적 마을에서 무당이 굿하는 것을 두어 번 본 적이 있긴 하지만 막상 찾아가 눈으로 보니 귀신이 불쑥 나타나 내 몸에 거머리처럼 꽉 달라붙는 것같이 섬뜩하다. 평소에 대명천지에 귀신이 어디 있냐며 부인했던 내 자신이었건만 이처럼 상황에 따라 나약해진 사람의 심리가 과학하고는 상관없이 오랜 세월 무속을 지속시킬 수 있었으리라.

신을 잘 모셔야 장군신이 길 안내를 잘해준다며 신당엔 정갈한 음식을 풍성하게 차려놓았다. 그 신은 욕심이 놀부욕심보다 더한가. 단출하게 차려 놓으면 기분 나빠 잘 안 가르쳐주고, 제상이 넘치도록 음식을 수북수북 쌓아올려 놓으면 기분이 좋아서 무당만 알아듣게 잘 가르쳐 주는 것인지 음식과 소비를 떠올려본다.

이토록 제상을 차려 놓는 걸 보면 귀신도 대접받길 좋아하고 욕심이 많기는 인간들과 다를 바 없지 않는가. 이뿐일까. 까다롭기가 눈엣가시처럼 미운 며느리한테 성정을 부린 시어머니 같은지 무당이 몸신을 불러내도 아무 곳에나 오지 않고 제의祭儀, 본풀이, 제상 이 세 가지가 정갈하게 갖춰져 있을 때만 강림한다니 퍽이나 도도하기도 하다. 신이라면 인간하고 뭔가 다르게 욕심도 없고 선하고 너그럽고 사랑이 넘쳐야 하거늘 하는 짓이 사람하고 특별히 달라 보이지 않건만 굿을 해본 경험자들은 용하다, 귀신 같다는 소리를 하는 걸 보면 의아하다.

심리적인 작용이 아닐까. 점집을 찾아간다는 것은 마음이 나약해질 대로 나약해진 상태에서 지푸라기라도 잡고 싶은 심정이리라. 어떤 결과물이 당장 눈에 드러나지 않는다 하더라도 피땀 흘려 모아둔 재산을 몽땅 잃어 버렸을 때의 허탈감, 의사가 불치병이란 시한부를 알릴 때의 참담함, 갑작스런 재난으로 세상을 떠난 가족의 상처가 수시로 통증을 몰고 올 때의 심정을 헤아려보면 알 수도 있겠다.

우환이 불어닥친 당사자들이야 최첨단과학의 발달로 사람이 달나라를 간다한들 당장 무슨 소용이 있겠는가. 차라리 무당을 찾아가 복이나 재수를 비는 재수굿, 집안에서 생긴 좋지 못한 일을 제거하기 위한 우환굿, 병자를 치료하기 위한 치병굿, 죽은 사람의 영혼을 천도시키기 위한 망자굿이라도 한 판 벌이면서 위안을 삼고 싶으리라.

내가 찾아간 무녀는 무가巫家에 태어나서 무병이나 입무入巫를 거치지 않고 가족 대대로 세습되는 세습무녀는 아닌 듯하다. 무병을 앓고 내림굿을 거쳐서 신어머니에게 무업을 배워 신이 내린 강신

무인 것처럼 눈에는 신기가 번뜩인다. 그런 무녀이지만 차가운 이성이나 들끓는 감정을 한 겹씩 접어두고 부드러운 속살 같은 감성으로 대화를 나누다 보니 서로 교감이 이루어진다. 낯설었던 무녀의 말에서 온기를 느낀다. 잡귀들 속에서 좋은 신 줄을 잡기 위해 자식들도 챙겨주지 못하고 추운 겨울날 냉방 속에서 몇 날 며칠 배를 쫄쫄 굶어가며 신을 받아 모셨다는 그녀의 이야기는 마음이 시리다. 비록 신을 지니고 있는 몸이라지만 다 같은 사람이며 살고자 하는 행위가 아니던가.

내 점괘는 듣기 좋은 소리를 하지만 이 또한 무슨 소용이 있으리. 모든 열쇠는 점괘가 아닌 마음먹기에 달려 있는 것을. 그저 기분 좋게 스쳐가는 바람소리에 지나지 않을 뿐이다. 무당집을 나서는데 갑자기 휘파람소리 같은 것이 귓가를 스친다. 그것은 방울소리 같기도 하고 구슬픈 피리 소리 같기도 하다. 나는 엉겁결에 고개를 절레절레 젓는다.

－≪수필과비평≫, 2006년 11/12월호

밤중에 걸려온 전화

박 범 수

아스라하게 전화벨 소리가 계속 들려왔다. 잠에서 깨어났다. 눈을 부스스 뜨고 방의 전등을 켰다. 벽시계는 새벽 1시 30분을 가리키고 있다. 수화기를 드니 급한 목소리가 울려나온다.

"2동 경비원입니다. 차량을 부순 사람을 잡았습니다." 다급하게 옷을 걸쳐 입고 아파트 단지 주차장으로 내려갔다. 경찰차가 와 있고 여러 사람이 모여 있다. 젊은 경찰관과 경비원 사이에 50대로 보이는 남자가 화단 경계석에 주저앉아 있다. 검은색 바지 여기저기에 흙이 묻어 있다. 술에 많이 취한 모습이다. 자기는 아무 일도 하지 않았다고 소리를 질러댄다. 내 차의 조수석 백미러가 부러진 나뭇가지처럼 차에 매달려 있다.

그 남자는 단지 내 도로를 걸어가면서 길 옆에 세워둔 차들을 걷어찼고 순찰 중이던 경비원에게 발견되었다고 했다. 남자의 얼굴을 유심히 보았다. 나이가 들어 보이고 지쳐 보였지만 단정하게 생긴 얼굴이다. 경찰관은 주소를 확인하고 직업을 물었다.

"다니던 직장을 그만뒀어……. 그전에는 은행에 있었어. 차에 손도 안 댔다니까." 거친 웅얼거림이었다. 경찰관은 그를 순찰차에 태우고 떠났다. 피해자 조서는 경찰서에서 연락이 오면 하기로 하고 나는 집으로 들어왔다. 그 남자의 얼굴이 계속 떠올랐다. 어떤 분노가 그로 하여금 동네의 차들을 부수게 하였을까.

잠자리에 들었지만 잠이 오지 않았다. 며칠 전에 만난 친구 K가 생각났다. K는 대학 동창이다. 구수한 사투리를 입에 달고 다니는 사람이다. 그는 말투만큼이나 변함이 없는 성실한 친구이다. 그가 H은행에 입사했을 때 친구들은 무척 기뻐했다. 어려운 입사시험이었기에 그 친구가 자랑스러웠다. 가끔 그의 승진 소식을 듣고 축하를 해 주었다. 그렇게 세월은 흘러갔다

어느 날 너무도 갑자기 IMF라는 것이 한국에 들이닥쳤다. 구조조정의 파도가 쓰나미처럼 한국 사회를 휩쓸고 지나갔다. K도 은행을 떠나야 했다. 그 후 K는 여러 차례 수입품 무역상, 식당, 그리고 중개사무소를 차렸다고 개업 소식을 알려왔다.

K는 답답하면 뜬금없이 인천에 내려왔다. 며칠 전에 하인천역에서 그를 만났다. 얼굴은 지쳐보였고 짙은 수심이 배어 있었다. 자주 갔던 중국집에서 독한 배갈을 들이켰다. 서서히 우리는 취해 갔다. 한참 후 K는

"내가 많이 변했어. 체면도 다 버린 지 오래야. 애들이 학교를 마칠 때까지 무슨 일이든 할 거야. 바보 같았어. 처음부터 그 따위는 버렸어야 했는데."

나는 조용히 듣고만 있었다.

"제일 슬펐던 얘기를 해 줄까? 너는 이해할 수 있을 거야. 다른 사람한테는 말하지 못하겠더라."

K는 천천히 나를 바라보았다. 그의 큰 눈에 슬픈 기운이 돌기 시작했다.

"금년 여름이 무척 더웠잖아. 어느 날 밤중인데 무슨 소리가 나서 부엌에 나가 보았더니 큰딸애가 옷을 빨고 있었어. 아르바이트를 하고 늦게 들어와서는 다음날 또 입으려고 더럽혀진 근무복을 빨고 있었던 거야."

"……."

"그날 한숨도 못 잤어, 자신이 바보 같아서."

K의 큰딸은 휴학 중이었다.

옛 생각이 떠올랐다. 나는 10대 시절, 신문을 돌리며 공부를 했다. 두꺼운 마분지로 신문뭉치를 둘렀는데도 옷은 항상 신문지의 검은 잉크가 진하게 묻었다. 시장에서 밤늦게 돌아와서는 내 옷을 빨아주던 어머니의 마음도 그렇게 아팠으리라.

심한 무력감이 엄습해 왔다, 친구가 험한 파도를 넘는 동안 고작 술자리에서 이야기나 들어주는 친구로 머물러 있었다는 것이. K는 내 마음을 알아차렸는지 술잔을 힘차게 부딪치며 말을 이어갔다.

"몇 달 전에 새 회사에 취직했어. 채권추심 업무를 하고 있고.

일은 많이 힘들지만 자리를 잡아 가고 있어. 잘될 거야. 자존심이니 체면이니 하는 것들은 집어던지고 열심히 살고 있으니까."

B경찰서 폭력계에서 연락이 왔다. 나는 어떻게 하면 처벌을 가볍게 할 수 있냐고 형사에게 물었다. 수리비를 받고 합의서나 탄원서를 제출하면 된다고 했다. 그와 한 번도 인사를 하지 않았지만 K를 생각하고 합의서를 썼다.

"그는 충분히 반성을 하고 있으며 정중히 사과를 하였습니다. 같은 아파트 주민으로서 그가 처벌을 받게 되면 저는 상당히 불편한 입장이 됩니다. 우발적인 행동으로 판단되오니 선처하여 주기를 간곡히 바랍니다."

-≪수필과비평≫, 2006년 11/12월호

아날로그 - 건널 수 없는 강

엄 현 옥

잠결에 놀라

잠결에 놀라 시계를 본다. 벽에 걸린 직사각의 전자시계는 빨갛게 충혈된 숫자만을 보여준다. '2 : 45' 방안에 걸린 것이라기보다는 전자거리의 전광판 같다. 무심한 것 같으니라고. 그 숫자만으로는 일어날 시간까지 얼마가 남았는지 가늠할 수 없다. 비몽사몽에 셈과 공간 지각력이 무딘 나로서는 선뜻 감을 잡을 수 없는 것이다.

돌아누워 협탁의 낡은 탁상시계를 다시 본다. 길고 짧은 두 개의 바늘이 연두색 형광 빛을 조심스레 발한다. 모세혈관인 양 가는 눈금들로 나뉘어 있다. 두 개의 바늘과 촘촘히 나뉘어진 금들은 몇 시간을 더 자도 되는 것인지 짐작하게 한다.

그제서야 안도한다. 어린 시절 셈하기에 손가락을 동원하던 수준이다. 이제부터 더 잘 것이다.

그러나 잡다한 생각에 잠이 멀리 달아난다. 돌아오기를 기다리다가 하는 수 없이 내가 잠을 버린다. 거실로 나가 최소 볼륨으로 오디오를 켜고 컴퓨터의 부팅도 동시에 시도한다.

심야의 FM을 찾고자 튜닝해 보지만 주파수가 잘 걸리지 않는다. 아침마다 CD를 즐겨 듣기 때문에 고정되어 있지 않았던 모양이다. 방송의 종류가 어디 한둘이던가. 각 방송사마다 제1, 제2 방송과 AM, FM 등으로 시청자의 기호에 맞추어 싸이클이 아닌 버튼으로 주파수를 맞추는 것이 용이하지 않다. 수없이 버튼을 눌러대다가 디지털에 굴복한다. 예전에 천천히 다이얼을 돌려가며 눈금을 보고 주파수를 맞추던 때가 차라리 나았다. 오디오를 끈다.

정적을 깨는 느닷없는 울림이 싫어 알람을 설정해 놓지 않아 이처럼 잠자리를 뒤척인다. 아침 준비에 늦지 않아야지 하는 강박관념 때문이다. 요즘에는 새소리 물소리를 연상케 하는 고운 소리도 많지만 그로 인해 상쾌하게 잠을 깬 기억이 별로 없다. 소리가 아름다울수록 기계음의 무례함과 황당함을 은폐하는 것 같아 알람을 즐겨 사용하지 않는 것이다.

슬그머니 벽의 디지털시계를 내려놓는다. 얼마간이라도 제대로 자야 한다. 그러나 거스를 수 없는 디지털 시대의 조짐들이 꼬리를 물고 연상된다.

다운로드 시대

작년 이맘때였나. 아이는 인터넷 쇼핑몰에서 MP3를 사겠다고 했다. 성냥갑만 한 그것에 컴퓨터에서 음악을 받아 저장한다는 것이다. CD플레이어라면 몰라도 듣고 싶은 음악을 그때그때 리필할 수 있다는 것이 이해되지 않았다. 어떻게 그런 일이 가능하단 말인가. 그러나 이제 그런 정도는 놀랄 것도 없다.

온라인 시대의 편리함을 들추는 것조차도 불필요한 때다. 너무 당연하므로, 필요한 것들의 대부분은 컴퓨터에서 해결할 수 있으며 그것을 다운로드해서 쉽사리 내 것으로 만드는 세상이다. 복사에 복사를 거듭한 파일이 소리도 없이 둥둥 떠다닌다. 앞으로의 세상은 어떻게 변할는지…….

그러나 뭔가 허전하다. 듣고 싶은 곡목을 적어 녹음을 신청하던 시절이 있었다. 테이프 한 개에 좋아하는 곡들을 모아 듣기 위함이었다. 또 LP판을 꺼내 닦고 자켓 모서리가 닳지 않도록 청 테이프로 붙여놓고 그것들을 수집하는 재미는 쏠쏠했다. 그것도 모자라 음악다방에서 DJ에게 신청 곡을 내밀고 그 곡이 언제 나오려니 조마조마했던 적이 한두 번이던가.

음악 한 곡을 얻기 위해 치러야 했던 고단함은 이제 옛일이 되었다. 아날로그식 음악 감상법이다. 이제는 이런 것들 대신 인터넷을 통해 사이버 자키들이 실시간으로 신청 곡을 들려주기도 한다. 어느 곳에서나 동시에 대화를 나누며 같은 음악을 들을 수 있는 시대에 살고 있으나 왠지 허전하다. 편리함에 소중함을 잃어버린 기억들이 많기 때문일까.

컴퓨터 앞에 앉아 MP3에 음악을 다운로드하는 아이를 볼 때면 묻고 싶다.

'니들이 그 맛을 알아?'

콘서트에서

아날로그 가수로 연상되는 이가 있다. 음유시인으로 불리는 그는 시인들이 뽑은 제일의 작사가이기도 하다.

정태춘, 그가 음악을 시작했던 이십오 년 전은 나의 청년기였다.

그의 아내 박은옥은 또 어떤가. 평범한 외모의 그녀에게서 그런 호소력 있는 노래가 나오리라고는 선뜻 상상할 수 없다. 같은 길을 가는 부부가 함께 세월을 입어가는 과정은 참 아름답다. 대부분의 부부들도 나름대로 삶의 애환을 함께 나누며 살기 마련이지만 그들의 동반은 들꽃처럼 소박해 보였다. 세인世人을 의식하지 않고 나름의 음악 세계를 지켜가고 있기에 더욱 좋다.

며칠 전 그들의 콘서트가 열리는 정동 세실극장을 찾았다.

여느 가수의 콘서트에 비하면 좀 특이했으나, 대규모 관객 동원을 위한 공연이 아닌 만큼 당연한 일이었으리라. 질박한 그들의 노래가 가감 없이 전해졌다.

그들은 세상에 외치고 있었다. 고단한 삶을 어루만져 주는 듯한 초기의 서정성을 넘어 도시 빈민과 삶의 근원적 고통을 결코 외면

하지 않는 현실 참여의 노래들은 또 다른 파장으로 마음에 결을 일으켰다. 관객들 대부분도 그저 한 템포 느린 속도를 즐기는 듯한 중・장년이 많았다. 자본주의에 아무런 도움이 되지 못한다는 그의 말은, 그러나 자본주의의 소금처럼 와 닿는다.

오래전부터 〈북한강에서〉와 〈시인의 마을〉을 들으며 그의 웅얼거림은 나의 정서와도 무관하지 않아 생각이 많은 이가 쏟아내는 독백처럼 느껴졌다. 그러나 나는 그가 음악을 오랫동안 할 수 없을는지도 모른다고 생각했던 적이 있었다. 그의 음악성은 대중과 다소 거리를 유지한 듯 보였고 일반인들이 흔히 연예인에게 기대하는 '끼'가 없었다.

첨단의 무대장치나 온갖 디지털 기기로 무대를 뒤덮는 공연이 아닌 그저 목소리와 연주하는 악기만으로 진한 감동을 주는 아날로그 형 콘서트에 사로잡혔다. 요즘 대부분의 콘서트는 유명 연예인을 게스트로 초청해 분위기를 돋우고 첨단 무대장치로 음악보다는 이벤트라 함이 어울릴 기상천외의 쇼를 연출한다. 현란한 대형 스크린과 번쩍거리는 조명에 관객들은 열광하고 기획 자체가 그것들을 의도한 것이다. 관객의 혼을 빼놓을 듯한 전자음의 소용돌이가 객석을 휘도는 공연과는 사뭇 달랐다. 서정과 현실 풍자의 직설에서 느끼는 카타르시스를 공감해 보라. 인상적인 것 중의 하나는 그곳에서 맛 본 막걸리였다. 공연 중간에 휴식 시간에 관객을 위한 한 잔의 막걸리, 그것은 아날로그 시대의 대표적인 술이 아니었던가.

그들은 변함없었다. 아날로그 시대가 가고 디지털이 세포분열의 속도로 세를 확장해 가는 이 시대지만 그들은 통기타 하나면 그만이었다. 앞으로도 별반 다르지 않을 것이다.

대중매체에 얼굴을 비추기보다는 늘 소외되고 어려운 이들의 삶터에 함께 하는 그들의 노래를 들을 수 있는 세상, 그들이 있기에 이 세상은 정녕 아름답지 않은가.

젠가 게임

보드게임 카페를 아는가. 수능이 끝난 아이는 날마다 그곳에 출근 도장을 찍는 듯했다.

친구들과 어울려 뻰질나게 다니기가 멋쩍었던지 엄마도 함께 가면 좋아할 것이라는 선심성 인사치레를 빼놓지 않았다. PC게임방의 붐이 엊그젠데 이젠 보드게임이라고? 잠시 어리둥절했다. 녀석들도 사이버 놀음에 신물이 난 것일까.

지난겨울에 사이판에 갔을 때다. 밤 바닷가의 별을 헤는 것도 원주민의 놀이를 구경하는 것도 하루 이틀이지 붉게 취한 필리핀해의 해넘이가 지나고 나면 작은 섬의 저녁은 길었다. 그래서 늘 호텔 로비의 각종 놀이기구에 붙어 있곤 했다.

그 중에 아이들이 환호하며 달려든 것이 '젠가'였다. 도구라야 새끼손가락만 한 나무토막이 전부였으며 놀이 규칙 또한 단순했다. 한 층은 가로로 또 한 층은 세로로 엇갈리게 나무들을 차곡차곡 쌓은 후, 미세한 손놀림으로 흔들림 없이 나무토막을 빼내는 놀이였다.

그것은 싱겁고 단조로울 것이라는 예상과는 달리 긴장과 흥미진진한 놀이였다. 일정한 부피의 토막들이 빈틈없이 쌓인 곳에서 한 개씩 빼낼 때는 손이 파르르 떨렸다. 정교한 손 근육의 사용을 요하는 것이어서 보는 이들 또한 숨을 죽였다. 함께 할 수 있는 인원수도 자유롭고 벌칙도 무궁무진하니 응용하기에 따라 뜻밖의 즐거움이 숨어 있었다. 가족이 이렇듯 한 곳에 집중하여 놀아 본 것은 설날의 윷놀이 말고는 기억이 없다. 특정 메카니즘의 개입 없이 서로 얼굴을 맞대는 이런 인간적인 놀이가 있었다니…….

주도면밀하지 않은 나의 성향을 증명하듯 내 순서에 와서 그것들은 와르르 무너지곤 했지만 승부근성이 없는 내게는 대단한 일도 아니었다. 그러나 아날로그 성향의 대표적인 놀이인 젠가에서 무엇보다 아날로그 팬인 내가 한 번도 이기지 못했다는 것이 좀 애석할 뿐이었다.

건널 수 없는 강

고속철의 시대라며 뉴스를 전하는 앵커의 목소리가 높다.

경제 개발의 물꼬를 튼 경부고속도로를 아날로그 방식에 비유한다면 고속철의 개통은 디지털에 견줄 만한 속도 혁명이다. 그러나 초기의 시행착오 때문인지 운행에 여러 가지 문제가 발생하고 있다.

하루가 멀다 하고 시장에 쏟아지는 디지털 상품들은 이처럼 편리함을 주지만 한편 우리에게 문화적 혼란을 겪게 한다. 사람들은 새로운 기술의 탄생에 너나없이 관심을 기울이고 그것의 기능을 익히느라 시간을 할애한다. 이러한 신기술은 수용성이 높은 신세대와 그 반대인 기성세대 간 이해관계와 유대감의 간격을 멀게 할 수밖에 없다.

그러나 그 둘의 가치는 어느 것이 좋고 나쁘고가 아닌 서로 고유의 영역이 있다. 예를 들면 지하철이 멈추거나 엘리베이터가 움직일 때 제어는 디지털이지만 출력은 아날로그라고 한다. 아날로그의 어원이 '유사하다(aualogous).', '닮았다.'에서 기인한 것이니, 모든 것을 숫자로 표현할 수 있는 디지털에 비해 극복할 수 없는 물리적 한계도 많다. 디지털 또한 무수한 장점을 살리고 궁극적인 발전을 위해서는 번거롭지만 자연에 더 가까운 아날로그를 접목하거나 흡수해야 할 것이다. 디지털에 대한 끝없는 수요와 수많은 편리성에도 불구하고 우리는 인간적인 너무나 인간적인 아날로그를 벗어날 수 없다. 대화와 요리하기, 악기 연주와 글을 읽고 쓰는 것……. 이처럼 작은 즐거움들은 아날로그에 가깝기 때문이다. 어쩌면 삶의 영원한 본질은 아날로그일 것이다.

그 강에 발을 담글 때 비로소 평안하다. 우린 이미 아날로그의 강을 건너온 듯하지만, 그것은 영원히 건널 수 없는 강이 아닐까.

–≪아날로그–건널 수 없는 강≫, 수필과비평사

바람의 현絃

김 정 화

나무가 허물을 벗는다. 조락의 계절에 못이긴 둥치가 연어 비늘 같은 껍질을 떨어뜨리며 민둥한 속살을 드러낸다. 잎은 푸른데 잔설을 휘감은 흰 몸피가 주위의 오죽과 대비되면서 눈을 시리게 한다. 덩달아 솔대를 스치는 바람이 잔가지를 파르르 흔들면서 음색 고운 거문고 소리를 낸다.

지금 내가 우러러보고 나무가 나를 내려보는 곳은 밀양의 호젓한 남천강변이다. 밀양역에서 한 시간 남짓 에돌아 월연정의 백송을 찾아온 길이다. 첫눈에도 처연한 백송은 세월을 죽이며 누구를 애타게 그리워한 듯 허리가 굽어 있다. 연약한 몸짓은 금방이라도 강물에 몸을 던지려는 듯 위태롭기만 하다. 청령포의 관음송과 예산의 추사 고택에 있는 백송이 반반한 평지에 당당하게 버티고 있다면 월연정 백송은 가파른 석벽에 몸을 간신히 붙인 채 바람을 맞는 형국이다. 강바람은 오죽 차가운가. 그 숨겨진 세월은 얕은 눈어림으로는 가히 짐작할 수 없는 일이다.

흰색에는 고고함이 배어 있다. 백록이 그러하고 백학도 마찬가지다. 백송은 어릴 때 푸른 껍질을 가지지만 수령이 더해지면 하얀 몸피를 지닌다고 한다. 기품 있는 흰머리를 얹은 사람과 마찬가지다. 세월의 덧옷을 입은 성스러운 백발 줄기에서 무명옷으로 수절하는 가녀린 여인의 자태가 떠올려진다. 푸른 솔에 열사의 절개가 깃들어 있고 군자의 덕이 묻어난다면 흰 소나무에는 여인의 향기가 숨어있겠다 싶다. 나무가 세월 따라 모습을 달리하는 것은 어쩌면 나름의 아픔을 삭이기 때문이라고 여겨진다.

나무도 인연을 만든다. 사람과 사람 사이뿐만 아니라 나무와 사람 사이에도 애틋한 애정으로 맺어진 연緣이 생겨난다. 관음송에 귀 기울이면 단종의 애련이 오백 년을 거슬러 들려오고, 추사백송에 다가서면 김정희 선생의 묵향을 맡을 수 있게 된다. 이곳 월연정 백송은 누구와의 인연을 잊지 못해 잔가지를 흔들어 애잔한 바람소리를 내고 있을까.

백송의 가지 끝이 월연정 팔작지붕을 향하고 있다. 부연 끝이 하늘을 향해 휘어졌고 솟을각이 아직도 꼿꼿하지만 빛바랜 기와지붕과 퇴락한 정자의 툇마루는 늦가을 마른 잎처럼 허하게만 보인다. 회칠이 벗겨진 대들보에는 길손의 손자국이 남아 그나마 매끈한 빛을 낸다. 이끼 낀 돌담 밖에는 동체 굵은 은행나무 한 그루가 옛 시절의 영화를 말해 준다. 그 당당한 정자의 모퉁이에 숨어 있는 백송은 몰락한 가문을 지켜온 마지막 정절녀랄까. 텅 빈 정자를 지키는 그 몸새가 차라리 서릿발이다.

나무는 바람의 현이라는 생각이 든다. 봄 살 속으로 파고드는 소소리 바람은 매향이 실려 오고 첫 가을의 골짜기를 따라 이는 서늘바람에는 산구절초 흔들리는 서러움이 담겨 있다. 그렇다면 백송은 바람무덤 속에 서 있는 여윈 미라라 하겠다. 바람무덤 속에서 백골송白骨松으로 지금껏 버티는 이유는 그리움을 사리마냥 보듬고 있어서다.

백골송白骨松을 닮은 남자를 본 적이 있다. 계룡산 자락에 있는 자연사 박물관에 갔을 때, 눈에 뜨인 것은 물기 하나 없는 배배 마른 몸으로 육백 년 세월에도 견디며 꼿꼿한 기개로 버텨온 미라였다. 유럽의 미라와 사뭇 달랐다. 고대 이집트 미라가 뇌를 드러내어 생각을 멈춘 채 서느로운 몸짓으로 누워 있다면 자연사 박물관에 안치된 천연 미라는 긴 꿈을 꾸고 있는 듯했다.

장작개비 남자가 빈가슴을 안고 누워 있었다. 학봉장군으로 명명된 그는 장기가 모두 내려앉아 가슴 부분이 텅 비어 있다고 한다. 수천 병사를 지휘하는 장군으로 냉철한 판단이 필요하였기에 가벼운 감정 따위는 모두 비워 내었는지, 아니면 쇳덩이 같은 고뇌의 등짐에 짓눌려 버렸는지는 알 수 없다. 장군인들 어찌 감정이 없을까. 닿지 못한 인연에 대한 그리움으로 심장이 삭아버렸을 수도 있겠다. 위장에서 송홧가루의 흔적이 발견되었다니 애절한 그리움이 송홧가루로 남아 육백 년 동안 함께 버틴 것이 아닐까.

잔월이 월연정 돌담 사이로 떠오른다. 달빛이 머무는 연못가에 지어 월연정이라 불려지는가 보다. 백송의 야윈 가지가 바람에 흔들리면서 그믐 여린 달이 가지 위에 흰 꽃으로 얹힌다. 은어빛 가지에서 달꽃 터지는 소리가 난다. 골바람이 좀 더 세게 분다면 굽이쳐 흐르는 수면 위에는 꽃 그림자가 가득할 것만 같다. 그러면 솔은 더욱 바람을 반길 것이니 백골송白骨松이 아니라 백화송百花松이라 부를 만하다.

백화송 가지에 찰나의 순간 동안 바람이 얹힌다. 가만히 지켜보면 가지는 우는 것이 아니라 전율의 몸을 떤다. 연주자가 거문고의 현을 켜듯 바람이 가지를 켜는 것이다. 지난여름 내내 붉은 이야기를 피워 올리던 배롱나무도 백송 곁으로 다가선다. 여린 듯 강인한 백송의 몸피를 닮으려는 몸짓이다. 그 모습에 감전이 된 나도 미더운 사람 같은 나무에게 바짝 다가선다. 백화송을 스쳐 흐르던 바람이 가슴 안으로 흐른다. 내 몸도 현이 되어 소리없이 떨린다.

가끔은 백화송 곁에서 꿈꾸는 미라가 되고 싶다.

– ≪바람의 현≫, 수필과비평작가회의동인지, 2006년

디지털적 발상과 아날로그적 발상

21세기는 디지털의 시대가 될 것임을 예감한다. 우선 내가 쓰는 컴퓨터만 해도 그 용량의 엄청남을 실감한다. 불과 이삼십 년 전만 해도 이런 용량의 컴퓨터를 운용하려면 커다란 창고 하나가 필요했을지 모른다. 그뿐인가. 초등학생만 해도 흔하게 갖고 있는 핸드폰 속에 엄청난 정보가 내장되어 있다. 겨우 20세기 말에 시작된 이 디지털의 혁명은 우리들의 생활 곳곳에 가히 지각변동의 변화를 일으키고 있다. 나는 구세대라 디지털 문화의 끝을 잡고 간신히 따라가고 있지만, 대부분의 젊은이들은 컴퓨터의 소프트웨어를 자기 손바닥 들여다보는 듯이 꿰뚫고 있다. 일부 젊은이들은 PC에 중독되어 그 폐단이 만만치 않다고 말하는 사람도 있다. 어쨌든 날이 갈수록 디지털 문화가 우리의 생활을 야금야금이 아니라, 급격하게 점령해오고 있는 현실을 외면할 수는 없을 것이다. 그렇지만 끝까지 디지털 문화 속에 살기를 거부하는 사람도 있다. 물론 대부분은 노년 측의 사람들이지만. 그들을 아날로그 세대라고 해서 디지털 문화 속에 사는 젊은 층과 구별한다. 지성인이라고 할 수 있는 대학 교수 중에도 아예 PC 근방에는 가지도 않는 사람도 있다. 얼마 전까지만 해도 이런 일은 흔한 일이라 별로 문제 될 것도 없었다. 그러나 지금은 사정이 다르다. 새로운 정보에 눈을 감고 있는 것과 같기 때문이다. 하지만 디지털 문화가 아무리 우리 생활을 지배한다고 해도 아날로그의 세상에서 벗어날 수는 없다. 당장 입에다 먹을 것을 갖다 넣지 않으면 굶어죽을 수밖에 없다는 현실이 그것을 잘 말해 준다. 디지털로 보다 넓게 보다 정확하게 정보를 얻는다고 하더라도 사랑하고 미워하고 슬프고 언짢은 감정의 실체를 경험하는 것은 아날로그의 세계다.

최근에 이 시대의 석학 이어령 씨는 ≪디지로그≫라는 책을 출간한 바 있다. 디지로그란 디지털(digital)과 아날로그(analog)의 합성어다. 디지털 세계의 일도 아날로그 방식으로 표현하는 경우가 많다는 것이다. 특히 한국인은 일상용어를 '먹는 것'과 관련시켜 표현하는 전통을 지닌 민족이다. "새해가 되면 떡국도 먹지만 나이도 한 살 먹는다." "돈도 먹고 욕도 먹고 때로는 챔피언도 먹고 심지어는 처녀도 따먹는다." 컴퓨터 용어도 '먹는 것'과 관련시켜 표현하고 있는 경우가 많은데, 한국인은 오래전부터 이미 일상에서 써오던 용어들이라 전혀 낯설지 않다는 것이다. 한국이 컴퓨터의 강국이 된 것도 결코 우연은 아닌 모양이다. 그래서 그는 "음식은 미디어다."라고 말한다. 아날로그 식으로 표현하는 디지털 용어의 예를 그는 수없이 들어 보여주고 있다.

세상은 나날이 디지털의 세상으로 변해 가고 있지만 아날로그를 대신할 수 없는 것이 있다. 문학도 그 중의 하나로 여전히 아날로그의 세상에서 출발하지 않을 수밖에 없다. 비록 그 매체는 변하고 있다고는 하지만 문학은 우리가 느끼는 감정이 원천이 되기 때문이다. 단풍이 곱게 물든 산길을 걸으면서 가슴으로 스며오는 그 미묘한 감정들, 같은 길이지만 어느덧 겨울이 되어 눈 덮인 그 길을 걷고 있다면 분명히 다를 것이다. 연인과 사랑을 나누며 걷고 있을 때와 그와 헤어져 쓰린 가슴을 안고 걷는 길은 분명히 다를 것이다. 세상을 이미 등진 친구를 떠올리며 내가 살 날이 얼마 남지 않았다는 사실을 깨닫는 것, 그래도 어릴 때의 정겨웠던 친구들과의 일을 생각하고는 입가에 빙긋이 미소를 짓는 것, 그것은 모두 아날로그의 세상이다. 글을 쓰는 행위 자체는 영원히 아날로그의 세상을 벗어날 수 없다. 문예 수필은 특히 그렇다. 체험을 바탕으로 해서 쓰는 문학이기 때문이다. 그러나 디지털의 세계를 모르고 쓰는 문학은 세상을 제대로 관찰하지 못하고 있다고 말해도 좋다. 이제 그 의미를 보다 확장해서 디지털적 발상과 아날로그적 발상을 구별해서 생각해 보기로 하자. 세상을 있는 그대로 냉정하게 관찰하는 행위와 느낀 감정을 솔직하게 표현하는 행위로 말이다.

문학도 디지로그적인 발상이 필요하다는 뜻이다.

김나현의 〈늘 마지막이듯이〉는 아주 평범한 소재를 잡아서 필자의 일상을 잘 표현하고 있다. "현관문을 나설 때는…… 딱히 정리할 것이 없는데도 작별인사를 하듯 둘러본다."는 것이다. "가족의 따뜻한 체온이 아직 남았을 신발이 널려 있는 것을 보고 가지런히 짝을 맞추고서야 현관문을 나선다."고 한다. 문장 속에 아날로그적 발상과 디지로그적 발상이 동시에 들어 있는 것을 본다. 가족의 따뜻한 체온을 느끼는 것은 아날로그적 정감이지만, 편하게 널려 있는 신발을 가지런히 짝을 맞추는 행위는 디지털의 시발이 되는 것이다.

평소 정리 정돈을 잘하지 않는 것은 아날로그의 세계지만, 한낮에 대로를 무단횡단하다가 교통순경에게 걸려 범칙금을 무는 것은 디지털의 세계다. 그것은 규범에 관한 것이고, 나의 사정과는 관계없이 벌과금이 부과되는 것은 준법이냐 불법이냐로 판가름나기 때문이다.

필자는 '늘 마지막듯이'라는 말을 마음에 걸고 살아가고 있다고 했다. 무심코 내뱉는 말이 남에게 비수가 되는 일이 있기에 매 순간 최선을 다하라는 뜻으로 살고 싶다는 것이다. 모아둔 사진도 별로 남겨두고 싶지 않은 것은 정리해 버린다. 그러면서도 어디를 나설 때는 꼭 카메라를 챙긴다는 것이다. 멋진 순간을 남기고 싶은 심정에서다. 사람의 수명은 백 년을 넘기기 어렵다는 것은 디지털의 세계인지 모르지만 영원히 멋진 장면으로 남을 사진이나, 제목만으로 "내 이름을 떠올릴 멋진 글 한 편을 남기고 싶은" 것은 아날로그적인 발상이다.

김새록의 〈방울소리가 들린다〉는 무녀에 관해서 쓴 글이다. 소재는 아날로그적인 것인데, 보는 눈은 철저히 디지털적이다. 줄기세포로 동물을 복제하는 데 성공했고, 인간의 복제도 눈앞에 두고 있어서 세계가 시끄러운 판에 도시 뒷골목에는 무당 박수가 번창하고 있다는 것이다. 작가는 무가巫歌를 연구할 필요가 있어서 한 무녀를 찾았다고 했다. "그들의 말대로 신통력이 있다면 먼저 본인들이나 잘하고 잘 살 것이지 왜 빈민 수준을 벗어나지 못한 옹색한 구석에 대나무를 꽂아놓고 점치러 올 손님을 기다리며 살고 있는지."라고 생각한다.

높은 교육을 받은 사람도 점치러 다니는 것을 주위에서 더러 본다. 알타이 산맥에서 근원하는 샤만이 우리 민족의 심령 속에 깊이 잠재하고 있어서 그렇다고 한다. 세상을 예민하게 느끼고 있는 여성에 있어서 더 심하다. 인간은 미래를 내다볼 수 없는 불안 때문에 교회에도 가고, 절도 찾고, 무당집도 드나드는지 모르겠다. 때로는 전혀 예상치도 않았던 불운이 찾아와 한 가족을 불행의 구렁텅이에 밀어넣는 수가 있다. 보이지 않는 그 운명의 힘 때문에 누구도 자신만만할 수가 없다. 그래서 무당 박수의 영업이 아직도 곳곳에 번창하고 있나 보다.

작자도 여성으로 짐작되는데 무녀를 타자로 보고 냉정하게 관찰할 수 있다는 것은 놀랍다. 그러나 "우환이 불어닥친 당사자들이야 최첨단과학의 발달로 달나라를 간다 한들 무슨 소용이 있겠는가. 차라리 무당을 찾아가 복이나 재수를 비는 굿, 한 판 벌여 위안을 받고 싶으리라."라고 심정적으로 동정도 한다. 점쟁이에게 끌려들어가 그들의 말을 믿는 것은 아날로그의 세계지만, 한 발 물러나 그들의 하는 행위를 냉정하게 관찰하고 그들에 관한 정보를 수집하고 있는 사실은 디지털의 세계다.

박범수의 〈밤중에 걸려온 전화〉는 실직해서 겪는 사람의 고통에 대해서 쓴 글이다. 밤중에 걸려온 전화를 받아 보니 술에 취한 사람이 필자의 차를 부수어 놓았고 아파트 경비가 그 사람을 잡아 놓았다는 전화였다. 이전에 은행원이었지만 지금은 실직했고 술을 마시고는 홧김에 주차해 있는 남의 차를 부순 것이다. 역시 은행원이었지만 IMF 때 실직하여 고통을 겪고 있는 친구의 일을 필자는 떠올리면서 파출소에 구치되어 있는 그 사람을 관대하게 처분해 달라는 탄원서를 낸다는 내용이다.

이 작품 역시 우리 주변에서 흔히 볼 수 있는 소재에서 취했고, 그런 매듭으로 지을 수밖에 없는 이야기다. 그러나 밤중에 걸려온 전화, 술 취한 사람의 횡설수설, 실직한 친구의 딱한 사정, 어렵게 지났던 필자의 십대, 탄원서를 써 주던 일들이 간략하지만 무리 없이 기술되어 있다. 필자는 남성으로 짐작되지만, 여성들과는 달리 디지털적 발상이 이 작품을 주도하고 있다. 그러나 주로 정보만 제공하고 있는 속에서 필자의 따뜻한 마음을 읽을 수 있는 것은 역시 글 쓰는 사람의 아날로그적 발상이다.

엄현옥의 〈아날로그–건널 수 없는 강〉은 디지털 시대를 맞아 모든 것이 디지털화하는 세상을 보면서 아날로그와의 이별을 안타까워하는 글이다. 이 글은 몇 개의 다른 토막으로 된 소재를 통하여 그것을 표현하고 있다. '잠결에 놀라'는 "빨갛게 충혈된 숫자만을 보여준" 밤중의 디지털시계를 보면서 아날로그시계를 보는 느낌과는 전혀 다른 기분을 말하고 있다. 디지털과 아날로그는 시계로 가장 극명하게 나타낸다. 필자는 디지털을 잘 알고 있는 사람으로 보이지만 스스로는 아날로그 세대라고 자처하고 있다. 디지털을 잘 알고 있다고 해서 디지털 세대에 속하는 것은 아니다. 스스로 생각해서 어느 쪽에 더 애정을 가지고 있느냐의 문제인 것 같다. '다운로드 시대'는 MP3로 음악을 듣고 있는 집의 아이를 보면서 "음악다방에서 DJ에게 신청 곡을 내밀고 그 곡이 언제 나오려나 조마조마했던" 시절의 향수를 갖고 있는 필자의 마음을 적고 있다. '콘서트에서'는 정태춘의 노래를 아날로그 시대의 끝자락을 잡고 있는 가수로 보고, 그에게 흠뻑 빠져 있는 필자의 심정을 적고 있다. "관객들 대부분은 한 템포 느린 속도를 즐기는 듯한 중·장년층이 많았다."라고 하는데, 세상이 "빠르게, 빠르게" 라고 재촉하는 가운데, 느림을 즐기는 사람이 있듯이, 그것이 반드시 "자본주의의 소금"이 아니라, 불안한 인간의 심리를 치료하는 좋은 처방일 수 있다. '젠가 게임'은 디지털 세대에게도 인기가 있는 아날로그 게임이다. 나무토막을 꿰는 놀이인데, 단조로운 게임임에도 불구하고 의외로 스릴과 재미를 주는 게임이라고 말하고 있다. 디지털 세대와 아날로그 세대가 함께 즐길 수 있는 게임이라서 필자는 아주 좋아하는 것 같다.

두 문화를 '건널 수 없는 강'이란 제목을 붙이고 있지만, 필자는 두 문화의 접목과 조화를 말하고 있다. 디지털의 편리성에도 불구하고 아날로그의 자연성과 인간적인 면이 접목되어야만 편안해질 수 있다는 것이다. 디지털의 전문가에 의하면 PC 다음 세대는 플러그인(plug in) 세대라고 한다. 플러그인은 꽂는다는 뜻인데, 그들은 전기에 연결시키는 것으로부터 생각하고 행동한다. 느낄 여유가 전혀 없다.

본 작품이 필자의 수필집 제목으로 되어 있지만, 사실은 다른 수필들은 아날로그적인 발상에서 쓰인 작품이 대부분이다. 다만 이 작품에서 디지털 문화가 휩쓸고 있는 이 시대에 대한 안타까움을 표현하고 싶었던 같다.

김정화의 〈바람의 현〉은 철저히 아날로그적 관점에서 세상을 보고 있는 작품이다. 월연정 백송을 섬세하게 관찰하면서 그것을 스치고 지나가는 바람의 소리를 여러 가지 의미로 듣고 있다. 나무도 인연을 만든다고 하면서, "관음송에 귀 기울이면 단종의 애련이 오백 년을 거슬러 들려오고, 추사백송에 다가서면 김정희 선생의 묵향을 맡을 수 있게 된다."는 것이다. 그렇다면 "월연정의 백송은 누구와의 인연을 잊지 못해 잔가지를 흔들어 애잔한 바람 소리를 내고 있을까." 하고 묻는다. "정자의 모퉁이에 숨어 있는 백송은 몰락한 가문을 지켜온 정절녀랄까. 텅 빈 정자를 지키는 그 몸새가 차라리 서릿발이다."라고 단정짓는다.

"나무는 바람의 현"이라고 작자는 생각한다. "봄 살 속으로 파고 드는 소소리바람은 매향을 실어오고 첫 가을의 골짜기를 따라 이는 서늘바람에는 산구절초 흔들리는 서러움이 있다. 그렇다면 백송은 바람무덤 속에 서 있는 여윈 미라라 하겠다. 바람무덤 속에서 백골송白骨松으로 지금껏 버티는 이유는 그리움을 사리마냥 보듬고 있어서다." 백골송이라는 말에 이르르자 자연사 박물관에서 본 학봉 장군으로 명명된 미라가 문득 생각난 모양이다. 미라라면 징그럽게 생각하는 것이 보통인데 작자는 애정을 가지고 보고 있다. 수유로 지나가는 인간 세상을 생각해서일 것이다. 백골송을 "연주자가 거문고의 현을 켜듯 바람이 가지를 켜는" 것으로 보고 있다. 백송에 달이 흰 꽃을 얹은 것 같다고 해서 다시 백화송이라고 부르고, "가끔은 백화송 곁에서 꿈꾸는 미라가 되고 싶다."고 끝을 맺고 있다.

이 작품에서 독자에게 전달되는 정보는 작자의 느낌에 부수되어 있다. 그래서 필자는 아날로그적 발상으로 이 작품을 쓰고 있다고 말하고 싶은 것이다. 작품을 쓰고 있는 작가의 언어적 감각이 바이올린의 현처럼 섬세한 음감을 갖고 있다는 생각이 든다. 한 편의 장시를 읽는 느낌이다.

끼

김 이 경

달무리 진 열사흘 달은 바림한 한 폭의 그림이었다.

불티는 제가 나무로 서 있던 그 높이까지 올라가 영화목營火木이 뜨겁게 타오르며 어둠을 밝히는 것을 확인하고 안도하듯 사그라졌다. 우리는 둥글게 돌아갔다. 손에 손을 잡고 모였다 흩어지고 다시 모이고. 그렇게 맞잡은 손은 가슴으로 이어졌다. 모두가 한 점 불꽃이었다. 활활 타오르는 영화목을 둘러싼 원무圓舞. 그 또한 바림한 한 폭의 그림이었다. 2007년 여름밤, 산사에서 달빛을 밟는 수필작가들의 어울마당은 그렇게 무르익어갔다.

영화목의 불길은 잦아들지만 이제부터 타오르는 것은 우리들의 가슴이다. 멀찌감치 앉았던 우리들은 어느새 무대를 향해 거리를 좁혀 앉았다. 옆에 앉은 사람이 낯선 얼굴이어도 좋았다. 웃음 한 번 주고받고 이름표를 보면 '아, 그 사람.' 글 속에 흐르던 잔잔한 미소를 기억하는 우리는 이미 알고 있는 사이였다. 어깨와 어깨가 맞닿았다. 선율이 무대 위에서 통통 뛰어오르고 음악에 맞춰 지역별로 팀을 이루어 경연을 벌였다.

노래를 정말 잘도 부른다. 어찌 저리 구성지고 열정적일까. 주부가요열창에서 대상을 받았다는 것이 틀림없다. 무대 위아래를 가리지 않는 부산 회원의 춤은 압권이다. 어린 소녀도 아니고 장년의 남자가 뼈를 마음대로 휘고 구부리는 그는 연체동물이던가. 모두 환호하고 손뼉을 친다. 작가들의 모임인데 노래와 춤만 있을 수는 없다. 나직하지만 날카롭게 가슴으로 파고드는 시구를 따라 고향길을 찾기도 한다. 접중화 싱아 빼국채 장구채 나물을 뜯으며 꿈속 같은 고향길을 간다. 저리 절절하게 시를 낭송하는 사람을 누가 고희를 바라보는 할머니라고 하랴. 남녀노소의 경계를 허문 신명이 내린 한 판 놀이마당이다.

때론 빠르게, 때론 무겁게 무대는 선율로 다져지고 채워졌다. 분위기는 점차 고조되어가고 달아오른 무대에 은근한 경쟁도 양념으로 한 몫 끼는 것 같다. 무대 위에 준비된 상품과 기념품이 저리 많지 않은가. 팀별로 새롭고 기발한 모습을 준비한 듯 새로운 팀이 무대에 올라왔다.

그 중 한 사람, 복장이며 몸놀림이 예사롭지 않다. 마이크를 쥐더니 날카롭게 손가락을 겨눈다. 손끝을 타고 〈열정〉의 선율이 모두의 심장을 향해 명중한다. 느린가 하면 빠르고 빠른가 하면

느려지는 발걸음, 먹이를 찾는 야생의 동물처럼 순간을 자르는 날렵한 춤이 종횡으로 무대를 달군다. 그것은 활화산처럼 타오르는 열정이고 신을 부르는 주문이다. 접신의 의식이 절정에 달한 것인가. 그녀는 서서히 겉옷을 벗더니 멀리 던져버린다. 포물선을 그리며 날아가는 옷자락에 밤이 베어지고 시간이 베어진다. 심장인 듯 새빨간 셔츠가 드러나고 허물을 벗은 흰 팔이 눈부시다. 난 잠시 심장이 멎는 것 같다. 벗어던지고 싶은 껍질, 그것이 비단 그녀만의 것이랴.

미켈란젤로는 예술가는 존재하는 법칙을 지키는 것이 아니라 자기 스스로 법칙을 부여한다고 했다. 가슴에서 우러나오는 것이 참다운 아름다움이라고도 했다. 그는 시스티나 성당 벽화를 그리며 껍질이 벗겨져 순교한 성자의 몸 껍질에 자신의 얼굴을 그려 넣었다. 성 바르톨로메오의 순교가 전설이기에 그 껍질이 그의 것인지 또한 거기에 그린 얼굴이 꼭 미켈란젤로의 것인지 알 수는 없으리라. 그러나 사람들의 마음속에 껍질을 벗어던지고 싶은, 한 걸음 더 나아가 자신의 얼굴조차 벗고 싶은 욕망을 그는 이미 간파한 것이었으리라.

그러나 껍질을 벗는 것이 어디 쉬운 일이던가. 비록 타오르는 가슴을 지니고 있어도 그것을 속되거나 천박하다고 생각하는 마음도 함께 지니고 있다. 벗고 싶은 감성의 욕망과 벗을 수 없는 이성의 차가움이 혼재하는 것이다. 이 자리에 모인 사람 누구인들 제 안에 넘치는 "끼"를 지니지 않은 사람은 없을 것이다. 이 중에는 나처럼 지천명을 넘기거나 혹은 이순을 지나 글마당에 들어온 사람들도 있다. 무엇이 우리들을 불러들인 것일까. 끝끝내 숨죽이지 못하고 안에서 살아 몸부림하는 그것, 그것을 발산하지 못하고는 죽어도 눈조차 감을 수 없는 "끼"가 아니었을까. 그러나 이 달아오른 놀이판에서도 저렇듯 나서 제 안에 서리서리 똬리를 튼 끼를 뿜어내지는 못한다. 그것은 누구보다 더 멋진 춤을 추어야 하고 누구보다 더 멋지게 노래를 불러야 한다는 강박強迫이거나, 그것 자체가 속물이고 천박하다 여기고 수줍고 부끄러워하는 것을 미덕이라고 여기는 도덕의 껍데기인지도 모른다.

나의, 우리 모두의 껍질을 벗어던진 그녀는 훨훨 난다. 허물을 벗은 매미가 자지러진 울음을 울듯, 현란한 춤을 춘다. 복받치는 끼를 신명으로 다스린다. 그녀는 그녀가 아니다. 펜을 들면 시가 되고, 음을 딛고 노래가 되며, 온몸으로 폭발하는 힘이 되기도 하는 그녀의 "끼"이다.

의관정제한 일상의 시간에서 벗어나 끼에 이끌리는 시간, 아름다운 혼이 춤을 춘다. 내 안에서도 뜨거운 것이 구른다. 때로는 다독이고 때로는 억누르던 나의 끼를 일깨워 저 무대에 함께 오르고 싶다. 자지러지는 선율을 따라가지 못한다면 어기적거리며 곱사춤을 춘들 어떠랴. 내 혼은 벌써 무대에 올라서 있다.

– ≪수필과비평≫, 2007년 9/10월호

벨파스트 일기

이 정 현

아일랜드 땅을 밟게 되었다.

내가 간 곳은 북아일랜드의 수도 벨파스트였지만, 그곳에서도 아일랜드의 정치와 문화, 그리고 정서를 모두 느낄 수 있었다. 아일랜드의 자연은 그저 고즈넉하기 그지없는 전원 풍경이다. 벨파스트도 그와 같아서 딸네가 살고 있는 동네 주위만 돌아다녀도 아늑한 전원과 같은 목가적인 풍경을 다 볼 수 있는 것 같았다.

서울의 수유리 집에서는 먼동이 트기 전에 삼각산이나 공원을 다녀오는 사람들의 발소리와 말소리가 두런두런 골목길의 적막을 깨뜨린다. 그러나 벨파스트는 그저 조용하기만 할 뿐, 인적이 드물어서 사람의 마음까지 적막해지니, 가끔 미니 승용차가 마을의 울창한 숲길을 지나 어디론가 달려가는 풍경마저도 반가울 정도였다. 눈앞을 가리는 아파트도 없고 산봉우리도 보이지 않고 그 부근에는 오솔길과 약수터도 없는 것 같았다. 그저 끝없이 펼쳐진 초록색의 풀밭이 구릉을 이루며 아득히 이어져 있을 뿐, 모처럼 계속되던 화창한 날씨는 물빛 하늘을 더 넓어 보이게 했다.

지금은 더없이 평화로워 보이는 아일랜드 땅이지만 과거 수백년 동안 영국의 식민지로 말할 수 없는 핍박을 받으며 살아왔다고 한다. 우리나라는 35년의 일제 탄압도 지긋지긋해서 치가 떨린다고 하는데 몇백 년이라니! 상상만 해도 끔찍하고 두려운 일이다. 크롬웰의 공포정치 시대에는 청교도인 그들이 구교도인 아일랜드인들을 닥치는 대로 살육하면서 서인도제도에 팔거나 불모지인 서아일랜드로 쫓아내기도 하여 질병과 가난으로 이어지는 비참하기 그지없는 생활은 독립이 될 때까지 그칠 날이 없었다고 한다.

한 번 갔던 인연으로 남의 땅 같지 않게 친근감을 갖게 되었고 아일랜드와 벨파스트에 대한 새로운 이야기들을 알게 되었다. 참혹한 정치적 상황 속에서도 노벨 수상자가 열 명이나 되며 그 중에 네 명은 문학상을 받은 문학의 나라라는 것이다. 노벨 수상자는 아니지만 너무나 유명한 오스카 와일드와 제임스 조이스, 그리고 죠지 버클리와 ≪걸리버 여행기≫를 쓴 조나단 스위프트도 더블린 출생인 것을 알게 되었다.

벨파스트를 다녀온 것을 계기로 아일랜드 작가들의 작품을 다시 읽어보았다. 그 중에서도 ≪걸리버 여행기≫에 대해서 새로운 사실을 알게 된 것은 크나큰 수확이었다. 어린 시절에는 공상과 환상의 세계를 넘나들며 소인과 대인이 펼치는 재미있는 동화책인 줄 알았다. 그러나 이제 보니 비현실적인 나라들을 여행하며 겪는 황당무계한 모험담은 당시 부패하고 부도덕한 영국왕실의 현실을 우회적으로 비꼰 풍자소설이다.

15년에 걸쳐 구상하고 5년에 걸쳐 쓰기를 마친 이 책은 영국에 대한 직접적인 비평이 너무 심해서, 인쇄소나 출판사에서 알맹이가 되는 부분을 마구 지워버려 어린이 동화처럼 되었단다. 출판된 이후 200년 동안 꾸준히 아일랜드 사람들의 사랑을 받으며 지칠 대로 지친 그들의 삶에 힘과 용기를 불어넣어 주어 결국 영국으로부터 21개 주를 독립시키는 독립운동의 불꽃이 되었다고 하니, 나라가 어려운 때일수록 총칼을 앞세운 무력보다는 한 자루의 필筆로서 그려낸 문학작품이 더욱더 힘 있고 위대하다는 것을 이 책을 읽으면서 깊이깊이 절감했다.

아일랜드의 작가들을 그리다 보니 자꾸만 시야를 가리며 떠오르는 우리들 작가의 모습이다. 이육사와 이상화 선생, 그리고 만해 한용운과 윤동주 선생은 문학의 힘으로 일제와 맞서 싸우신 독립운동가다. 다른 작가들도 그랬겠지만 유독 이분들 생각을 하면 남다른 경외심으로 가슴이 벅차오른다. 내 마음의 정신적인 지주로서 나라를 위하는 마음이 어떤 것인지를 가르쳐준 선열의 모습으로 내 마음속에 살아 계시니 말이다.

지금 아일랜드는 독립이 되어 잘살고 있다고 한다. 하지만 내가 밟았던 벨파스트를 비롯한 북아일랜드의 여섯 개 주州는 독립에서 제외된 미아 신세다. 솔직히 따지고 보면 아일랜드 땅이지만 아일랜드라고 말할 수 없는 기구한 운명으로 영국령이 되었다. 뼈저린 역사의 제물이 되어 아직까지도 아픈 상처를 껴안고 있는 곳이어서인지 은근히 벨파스트에 대한 연민의 정까지 느끼게 된다. 평화롭고 한적하게 보이던 풍광마저도 쓸쓸하게 보였고 바람에 흔들리는 나뭇잎에도 슬픈 역사의 흔적이 배어 있을 것 같아 애련한 마음이 전해졌다. 숲 속 같은 마을을 비추던 달빛은 교교하기만 한데 밤새도록 지저귀던 까마귀 소리는 왜 그리 청승맞고 처량하던지, 서인도제도에 끌려간 아일랜드 사람들의 울음 같은 묘한 느낌을 주던 곳이기도 하다.

벨파스트는 95년도에 북아일랜드의 갈등을 다룬 시를 통해 노벨 문학상을 탄 시인 '시머스 하니'의 고향이고 내가 가끔 아침 산책을 나갔던 '보타니' 공원에 인접해 있는 퀸즈 대학은 시머스 하니가 다녔던 대학이라고 한다. 그리고 초년에 이 대학에서 강사 생활을 했다는 것을 뒤늦게 알게 된 것도 그곳에 갔을 때 접했던 새로운 감동이었다.

내가 가고팠던 여행지는 문학의 고향이었는데 모처럼의 여행이 분단의 아픔을 안고 있는 벨파스트 땅을 밟게 되어 아일랜드의 역사와 문학을 알게 되는 계기가 되었으니 내 생애 절대 잊지 못할 뜻 깊은 여행이 되었다.

– ≪수필과비평≫, 2007년 9/10월호

매미를 닮은 여자

김 병 규

매미들의 노랫소리에 새벽이 열리는 여름이 왔다. 우리 집의 8월은 매미들의 합창 속에 푹 잠긴다. 그 우렁찬 합창 소리는 앞뜰 두충나무 군락에서 들리고, 뒤란의 감나무에서도 들린다. 새벽에 시작하여 저녁까지 들리고, 여름이 떠날 때까지 쉬지 않고 들린다.

우리 집은 매미들의 합창으로 여름을 맞고, 그 합창을 끝으로 여름을 보낸다. 여름에만 잠시 동안 살다가 섭섭하게 떠나는 매미들은, 짧은 생명이 서러워서 날마다 그렇게 슬피 우는 걸까, 아니면 짧은 생명을 마음껏 즐기려고 그렇게 신명나게 노래를 하는 걸까? 도대체 판단할 수가 없다. 사람들은 매미들의 소리를 매미가 '운다.'라고 흔히 말하지만 나는 매미들이 '노래한다.'라고 말하고 싶다.

매미들의 일생을 생각하면 애잔하다. 매미가 되어 10일에서 20일의 짧은 일생을 살려고, 짧게 4년에서 길게는 17년이나 유충으로 땅속에서 인고의 세월을 참고 견딘다. 그러기에 매미들은 그 짧은 생명을, 때로는 즐겁고 신명나는 노래로, 때로는 짧은 생명이 서러워서 그렇게 쉬지 않고 슬픈 노래를 부르나 보다. 여름만 짧게 살다 가는 매미들은 노래만을 부르려고 세상에 태어나는 것 같다.

내 주변에는 매미를 닮은 여자가 있다. 매미처럼 쉬지 않고 노래를 부르는 여자다. 혼자 있을 때나 일터에서도 흥얼흥얼하다가 때가 되면 신바람나게 노래를 부른다. 그녀도 한동안은 행복한 사람이었다. 예측할 수 없는 인생길인지라 어느 날 예고 없이 불행이 그녀를 찾아왔다. 불행으로 얼룩진 지난날의 슬픈 사연을 가슴으로 삼키며 그녀의 가는 길은 노래와의 동행이었다.

그녀는 내가 군대에 가던 날 태어났다. 사내를 원하던 집안에서, 딸 세 자매의 셋째로 태어난 그녀는 귀염을 받지 못했다. 큰딸이나 둘째보다 차별을 받으며 자랐다. 똑같은 환경에서 태어났는데도 차별받는 모습이 보기에 안타까웠다.

칠남매 중에서 괄시받고 자란 그녀지만 부모에 대한 효성은 제일 지극정성이었다. 공무원의 아내로 쪼들리는 신혼 시절에 친정아버지의 의치를 해 드리는가 하면 자주 찾아뵙는 등 지극히 효성스러워 보였다. 그녀가 건실한 공무원과 단란하고 행복한 신혼을 맞은 때는 23년 전이었다.

자식 남매를 두어 행복하게 살던 그녀에게 결혼 6년 만에 불행이 닥쳤다. 불치의 희귀병에 걸린 남편이 10년 세월을 병상에서 반신불수로 보냈다. 남편을 회복시키려는 그녀의 노력은 헌신적이었으나, 그녀의 정성어린 간병도 외면한 채 돌아오지 못할 곳으로 떠나고 말았다. 40대 초반에 청상靑孀이 된 그녀 앞에는 어린 자식 남매만 있었다. 한숨과 눈물로 얼룩진 청상 앞에는 온통 절망뿐이었다. 어린 자식 남매의 눈동자를 바라보며 상처받은 마음을 치료하는 시간은 길고도 길었다. 남매를 반듯하게 기르며 굳세게 살려고 마음을 다진 것은 남편을 잃은 훨씬 뒤였다.

슬픔을 이기는 길은, 슬픔을 기쁨으로 돌리는 노력이라 믿었다. 답답한 마음을 풀어가는 방법은 신명나게 노래를 부르는 일이라는 것을 그녀는 깨달았다. 그때부터 그녀는 노래하는 매미가 된 것이다. 마음이 서러울 때 노래를 부르고, 심란하고 고달플 때 노래를 불렀다. 그녀의 하루는 노래로 시작하여 노래로 끝났다.

그녀의 불행은 그것으로 끝이 아니었다. 남편이 떠난 뒤 5년도 못 되어 구김 없이 자라던 고등학생인 아들이 남편과 똑같은 희귀병을 앓게 되었다. 마른하늘에 날벼락이었다. 연장되는 불행의 고통을 이기려고 그녀는 매미보다 더 큰 목소리로 노래를 불러야 했다. 고통으로 얼룩진 남편의 병수발에 이어 자식의 간병이 시작되었다. 남편과 자식의 고달픈 간병으로 그녀는 간병사가 되었고 반 의사가 되었다. 절망과 고통의 세월을 살면서 가슴이 미어지는 슬픔이 밀려올 때 울음을 접어두고 노래를 부르는 그녀였다.

살아갈 길이 막막한 그녀는 노인사랑건강센터 치매요양원에서 유급 생활복지사로 근무하고 있다. 격일제 2교대의 고달픈 근무를 하면서도 그녀는 웃음을 잃지 않고 노래도 계속 부른다. 환자인 아들의 간병에는 불 속으로라도 뛰어들 마음으로 최선을 다하고 있다. 아무리 서둘러도 회복의 희망이 보이지 않는 자식의 병수발과 고달픈 생활 속에서도 노래로 마음을 달래며 밝게 사는 그녀의 모습이 곱고 아름다워 보인다.

지난해 친정아버지가 세상을 떠날 때 제일 슬피 울던 사람이 그녀였다. 인정과 사랑만을 갖고 사는 그녀의 눈물은 폭포수같이 흘렀다. 그녀는 사랑하는 남편을 보내고, 친정아버지와 이별하면서 몹시도 서러웠던 것 같았다. 그녀는 자신의 사랑을 치매노인들에게 돌려드리고 싶다고 한다. 치매노인들의 간병은 만만한 일이 아니라 했다. 배설하는 오물을 온몸에 바르기도 하고 벽에 도배도 한다는 것이다. 정상으로 돌아왔다가도 갑자기 이성을 잃고 행동하는 경우가 제일 힘들다고 했다. 그때마다 돌아가신 친정아버지가 생각나서 더욱 열심히 그들을 사랑할 힘이 솟는다고 했다. 친정아버지처럼 면장을 오래 지내신 분이 멀리 경상도에서 오셔서 정과 사랑으로 모신다고 했다. 그분이 그녀의 노래를 제일 좋아한다고 했다. 투정을 심히 부리다가도 그녀가 노래를 불러주면 손뼉을 치고 몸동작도 하며 즐거운 시간을 갖는다고 했다.

그녀의 유일한 희망은 대학생인 딸에게 있다. 딸은 재능이 뛰어나 교비校費 지원으로 미국유학생에 선발되었다고 한다. 그녀에게는 가뭄에 단비 같은 감격스러운 일이다. 누구에게나 슬픈 일이 있으면 기쁜 일도 있다. 슬프고 괴로운 일도 기쁘고 즐거운 일로 돌리려는 그녀의 노력은 숭고하다.

치매노인들을 보살피는 일은 진실한 사랑과 아름다운 천사의 성품이 아니고서는 감당하기 어렵다. 그들을 정과 사랑으로 모시는 생활지도사야말로 천사라 할 수 있다. 퍼내고 또 퍼내도 마르지 않는 샘물 같은 사랑이 아니고서는 치매노인들을 어떻게 즐겁게 모시겠는가? 오늘도 그녀와 그녀의 동료들은 한없는 정과 사랑으로 치매노인들을 정성껏 모시리라.

나는 그녀의 아들이 하루빨리 훌훌 털고 건강한 모습으로 일어나기를 빌고, 그녀의 가슴속에 샘물 같은 사랑이 영원하기를 바란다.

몹시 덥던 8월 어느 날 그녀가 나를 찾아왔다. 한 손에는 선물꾸러미가 들려 있었고, 다른 손에는 함지박보다 더 큰 수박이 들려 있었다.

"작은아버지! 저 왔어요."

돌아가신 친정아버지의 목소리와 작은아버지의 목소리가 똑같다며 자주 전화를 걸어온 그녀였다. 무거운 수박을 내려놓고 공손히 인사하는 그녀의 얼굴을 물끄러미 바라보는 내 눈가엔 핑그르르 이슬이 맺혔다. 그녀의 밝고 고운 얼굴에 화사한 미소가 담겨 있어, 나는 얼른 눈물을 감추고 활짝 웃었다.

– ≪수필과비평≫, 2007년 9/10월호

꽃비린내 난다

김 용 옥

보라, 어느새 꽃비린내 나는 여자를 보라.

인생길 한중턱에 느닷없이 끼어들어 빛이 되어준 사랑, 사랑은 어느 순간에 성큼 다가왔다. 사랑에선 꽃비린내가 났다.

사랑은 뭔가 시적인 것을 담고 있다. 봄비가 내리는 저녁이나, 오동잎이 떨켜에서 뚝 떨어져 스걱스걱 스쳐 구르는 가을 해거름에, 간잔조롬하게 눈을 내려뜨고 그의 숨결과 내음을 살며시 들이쉬게 한다. 사랑은 깊은 우물물처럼 상당히 고전적이면서도 어린애의 살과 같아서 어느새 부드럽고 아름다워지는 여자를 보라.

어른이 되어갈수록 복잡해지며 복잡하게 사는 것을 쉽게 하는 어른. 그래서 어른이 될수록 단순하기가 어렵고 그만큼 사랑에 빠져 솔직하게 몰입하기가 힘든다. 그러나 인간으로 하여 죽을 만치 절망하고 외로워 보라. 그리고 비로소 사람을 바라보라. 그때에 상처를 이긴 사람에겐 잃어버린 눈물 같은 사랑이 보인다.

처녀 시절의 사랑은 뿌리 없이 꺾어다 꽂은, 꽃 만발한 꽃가지 같은 것. 환하고 예쁘고 호사스러우나 뿌리 깊지 못하다. 젊을 땐 잘생기고 육체적인 사람이란 흔하다. 대신 인생에 대해서 표피적이고 어리석다. 꼭지만 틀면 쏟아지는 수돗물인 양 오래 참지 못하고 사랑의 완성인 그리움을 모른다.

그러나 삶의 환상과 좌절과 고뇌의 다리를 터덜터덜 건너 본 후 여전히 지성과 열정을 간직한다면, 그리고 마음의 작고 섬세한 부분에도 감동받을 수 있는 능력을 가진다면, 마음속 자석이 사랑의 쇳가루를 저절로 끌어당긴다. 힘들게 살아본 사람의 느낌, 좀 살아 봐서 한눈에 전체를 알아보는 눈을 가진 힘, 그 신비로운 힘으로 사랑의 문을 연다. 사랑의 문이란 얼른 알 수 있도록 삐그덕 소리나게 열리는 문이다.

그녀는 꿈이나 이상을 창고의 가장 깊숙한 데다 처박아두고 살았다. 지루하고 무표정하게 굳어버린, 허드렛일에 절어버린 안면의 근육과 살색이었다. 그런 그녀의 표정에 화색이 너울거리고 몸짓은 진달래 꽃내음을 풍기며 연약해진다. 향내를 날리며 그 사람의 어깨에 왼손을 얹고 오른손을 그의 두툼한 손바닥에 대고 블루스를 춘다. 어떤 기교가 아니라 사랑이라는 율법으로 율동하는 그녀의 몸은 그 남자의 심금에 가장 섹시한 음악이 된다. 너무 오래되어 자기도 잊어버린 자신을 되찾게 하는 사랑. 너에게 내가 되라고 강요하지 않으며, 내가 너일 필요 없으며, 너도 나도 아닌 새로운 존재이게 하는 사랑. 하루 24시간을 일 년 8,760시간처럼 살게 하는 사랑. 보라, 어느새 무르익는 여자를 보라.

자기에게 있는 것에서 가장 정결한 것을 드리고 제 모습에서 가장 지순한 것을 바치는 사랑. 지나가는 그의 몇 마디로도 그의 인생을 단번에 이해하는 사랑. 오래전부터 서로를 향해 다가오고 있은 것처럼 느껴지는 사랑. 생활의 갈피마다 문득 끼어들며, 떠올리면 언제나 처음 마음문 열던 그 모습 그대로 거기 그렇게 있는 사랑. 그리워하지 않아도 그리운 사랑.

그녀의 사랑은 조용했다. 고집 없이 쓸쓸한 목소리, 도톰한 살의 느낌, 부드러이 움직이는 동작, 목덜미에 감미롭게 흘러드는 입김만으로도 존 레논의 음악처럼 생활의 가락을 변하게 하는 힘이 있었다. 살 것도 없고 넋 놓고 음미할 것도 없는데 지나다녀야 하는 시장통 같은 일상에 사랑이 곁에 오자, 아무리 바빠도 사랑할 시간은 충분해졌다.

그녀는 그와 함께, 둘이서, 시간을 흘려보냈다. 아니, 혼신 다해 그 시간을 살았다. 낮은 산자락에 에둘린, 텅 빈 호숫가에서. 단내를 품으며 익어가는, 벼이삭을 숙인 풍요의 들판에서. 조명이 저녁어스름마냥 부드러이 조는 조그만 카페에 정물로 앉아, 피로에 지친 정신에게 안식을 주느라고 내려진 속눈썹을 하염없이 바라보며. 그 시간들은 신비한 향기를 마시는 종교의식 같았다.

어느 땐가, 이슬비가 실실이 내리는 오후, 외딴 찻집에 앉아 창밖을 바라보니 앞산이 생활의 슬픔처럼 온통 젖고 있었다.

"저 숲의 초록이 깊어지네요. 고개 깊이 숙이고 들여다본 우물 속의 물색처럼 아득해져요…… Blue blue my love is blue…… 쓸쓸한 노래 한 가락이 들려오는군요."

그 말은, '사랑은 사람을 조금 쓸쓸하게 해요. 제 손을 잡아 주시어요.'라고 말하는 것이다. 내용이 긴 인생이라는 다리를 건너는 얘기를 하지만 수다스럽지 않게 짤막하게 말하며, 서로가 같은 방향을 보고 서 있지만 서로의 눈빛과 그 흔들림을 읽고 있듯이 듣는 것이다. 그러면 아무 말도 필요 없이 손과 손이 닿았다. 손끝의 체온이 따뜻한 전류가 되어 온몸에 흘렀다. 그것은 긴 소설을 읽다가 아주 멋진 부분을 다시 읽는 기분이거나, 모든 것을 함축해 드러내는 주요한 어휘에 밑줄을 긋는 일 같았다.

"당신 안에는 너무 많은 것이 들어 있어서, 모두 끌어낼 수도 없고 내가 들어설 수도 없어요. 그래서 당신을 송두리째 내 안에 품어버렸어요."

그녀는 열중해 읽던 소설의 끝을 접어 가슴에 그 책을 안듯이 덥석 사랑을 이해했다. 사랑은, 아주 작고 단단한 몇 톨의 설탕가루가 그의 손과 입술로 솜사탕으로 변화되는 일이다. 보라, 어느새 꽃구름이 되는 여자를 보라.

대부분 생활은 냉혹한 것. 생활은 그녀에게 꿈과 사랑을 낡은 가방 속에 집어넣고 자물쇠를 덜컥 잠가 구석지에 밀쳐두라 했다. 다시는 어떤 사랑이나 이상을 꿈꿀 수 없는 그때가 오리니, 그 아무것도 할 수 없는 그때에 사랑의 유령을 찾아 제사 드릴 때 쓸 위패처럼. 생계수단과 뭇사람과의 동류성과 물질의 혜택이 결코 사랑을 주진 않는다. 생활을 계산적으로 영악하게 잘하는 성인들은 결코 사랑의 향기에 젖을 수 없다. 생활은 사랑을 아귀처럼 먹어 삼켜버리니까. 저 윈저 공은 신비한 감성과 자유로운 영혼을 가졌기에 대영제국의 금빛 찬란한 권좌를 던지고 심슨 부인을 선택하여 사랑을 이루었다. 폭풍우 지나고 더욱 단단해진 땅에 디딘 제 발등을 내려다보며 그녀는 생각했다, 그녀의 감성과 열정이 사장되고 말았는가를.

사랑은 진정 삶의 발화점이다. 사랑은 더위로 땀이 흐르는 몸의 냄새도 괘념치 않으며 남보기에 우아하거나 고상하지 않아도 괜찮다. 사랑은 이미 상당히 저속하게 아름다운 것이므로. 유치찬란하지만 진지한 진실이므로. 사랑은 풀 비린내인 듯 군기난향이나 백련향을 길어 올린다. 그렇다 해도 이승의 사랑은 결코 천상의 복음이나 4차원의 형이상학 놀이가 아니다. 세상을 건너온 만큼 사랑을 잃어버리긴 쉽고, 사랑을 감지하는 천진성의 더듬이는 잘려나가 버린다. 그 무덤 같은 삶과의 결별이 사랑의 힘이다.

복잡하고 요란뻑적지근한 헤비메탈과 자동화기계 돌듯 단조로운 랩 음악이 우리의 진정한 음악과 사랑스런 춤을 빼앗아가는 시대. 컴퓨터와 이메일에서 홍수 지고 사태 나는 싸구려 정보들이 인간의 정신을 쥐고 흔들고 가두는 시대. 사랑이란 말의 범람에 사랑이 떠내려가고, 화면 앞에 널려진 사랑의 유희를 구경하느라고 자기 영육의 자유롭고 감정적인 실현의 사랑을 포기하는 시대. 이 시대엔 사랑을 얘기하고 사랑할 사람이 참으로 많지 않다. 사람다운 사랑을 만날 시간조차 많지 않다. 현대는 인류역사상 최고의 지성으로 과학신과 경제신을 양산했지만 그것으로 사람 냄새 나는 사랑을, 고전적인 사랑을 생산할 수는 없다. 더 이상 괴테도 없을 것이며 도스토옙스키도 다시는 없을 것이다. 사랑다운 사랑이 없을 것이다.

그런데 그녀의 사랑은 고전적이고 느리고 자연적이어서 사랑에 알맞았다. 천박하지 않게 속되고 거드름을 피우지 않고도 품위있게 사랑했다. 박수 소리 없이도 갈채를 보냈다. 옛 동네 대장간에서 담금질과 연단으로 거듭난 무쇠칼처럼 둔탁해 보이면서도 벼려진 칼날만치 예리하다. 그녀의 등에 팔을 감은 손으로 그녀의 볼을 어르는 감촉은 세월 여일하게 현실이다. 보슬비 부슬거리는 저녁 창가에선 연인의 시름에 겨운 어느 날을 돌이키며 여전히 애틋해 한다. 달빛만이 홍건히 몸을 어루만져주는 밤, 오래된 영화 〈보니 앤 클라이드〉를 레드 와인 한 잔과 교감하며 감상할 때도 그 사랑은 여지없이 세월의 강을 거슬러 그녀의 가슴에 흐른다. 보라, 어느새 깊어지는 여자를 보라.

우아하고 거만한 야수처럼 그녀를 점령한 사랑. 사랑은 늘 정신적 차원의 문제이다. 늙어가면서도 사랑이라는 단어에 대해 생각하는 것이 진부하고 덧없기 한량없다 하겠지만, 사랑만이 인간을 존엄하게 하는 법이다.

커다란 누에마냥 풀밭에 엎드려 쉴 때, 바람에 쓸린 풀잎이 목언저리를 간질이는 바람에도 사랑이……사랑의 느낌이…… 또 다가온다. 사랑한 그 사람이여, 사랑인 그 사람이여. 그녀는 오래된 유적지의, 낡은, 깨어져 조각난 쪼가리 물건들을 어루며 찬탄하는 것일……까…… 괜찮다. 지금도 그녀에겐 현실이고 진실이니까. 사랑이니까. 화면 속 책 속의 환상이 아니고 사이보그도 아니니까. 그의 생활을 삶의 한 방편으로 만들고, 깜깜하게 그냥 살아지는 그녀를 환하게 살게 했다.

보라, 어느새 꽃비린내 머금은 여자를 보라.

– 수필집 ≪생각 한잔 드시지요≫

메시지 전달과 자아정화

문학의 기능을 크게 두 가지로 나눈다. 교시적 기능과 쾌락적 기능이 그것이다. 인간에게 무엇인가 가르쳐 주고 깨닫게 하는 기능이 있기 때문에 문학이 존립할 가치가 있다는 것이다. 만약 아무 가르침도 주지 못한다면 심심할 때 하는 오락과 무엇이 다르겠느냐는 것이다. 반면에 문학은 언어라는 매체를 통하여 인간에게 즐거움을 주는 기능을 갖고 있다는 것이다. 글을 통하여 향수하는 즐거움이 없다면 일상에서 만나는 그 흔한 글과 문학은 무엇이 다르겠느냐는 것이다.

문학의 역사를 보면 이 두 기능의 어느 한쪽이 보다 강조되어 나타난 경우를 본다. 가르침보다는 쾌락에 치우친 문학은 쓸모없는 문학이라고 매도된 때가 있었는가 하면 가르침이 지나치게 강조된 문학은 차라리 도덕 교과서를 읽는 것이 더 좋을지 모른다고 주장한 문인들도 있다. 문예사조 상으로 보면 계몽주의啓蒙主義 문학이 전자의 주장을 대변했다고 할 수 있고, 유미주의唯美主義 문학은 후자를 대변했다고 할 수 있다. 한국문학도 초창기에 있어서 이광수와 김동인이 이 두 기능의 문학을 실천적으로 대변한 문학인이었다.

지금도 문인의 성향에 따라 두 기능 중 어느 한쪽을 은근히 선호하면서 문학에 임하는 경우를 본다. 세간의 윤리나 도덕을 아랑곳하지 않고 인간의 본능적 즐거움을 추구하는 문학인이 있는가 하면, 언어가 이루어내는 심미적 자산에 오로지 몰두하는 문학인이 있다. 반면에 문학을 통하여 세간의 왜곡된 진실을 밝혀내겠다는 문학인이 있는가 하면 인간의 심성 속에 깊이 잠재해 있는 감성을 깨우쳐 보겠다는 문학인도 있다. 이 또한 두 다른 성향이라고 할 수 있다. 그러나 이 다른 성향 모두 언어라는 매체를 통하여 이루어내어야 하기 때문에 문학은 언어의 예술이라는 점을 망각하고 어떠한 문학도 이루어낼 수는 없는 것이다.

그 때문에 교시적 기능을 선호하든 쾌락적 기능을 선호하든 우선 문학작품으로서의 가치를 인정받아야 할 것이다. 따라서 모든 훌륭한 작품은 정도의 차이는 있지만 이 두 기능을 동시에 수행하고 있다고 보아야 한다. 빅토르 위고의 작품 ≪레미제라블≫은 당시의 사회제도의 모순을 고발하고 인간의 궁극적 가치가 무엇인가를 가르쳐 주고 있다. 보들레르의 많은 시는 매우 부도덕하고 당시의 사회적 질서를 어지럽히는 듯이 보였다. 그러나 그때까지 미처 생각하지 못했던 인간 감성의 새로운 영역을 깨우쳐 주었다. 문학적 기능을 보다 명료하게 이해하기 위하여 이 두 기능을 구분하지만, 위대한 작품은 대체로 두 기능을 동시에 구유하고 있다. 그래서 이미 수천 년 전에 문학은 "달콤하고 유용한(dulce et util)" 것이라고 말했던 것이다.

다시 수필에 범위를 좁혀서 생각해 보자. 수필을 쓰는 사람에게 "당신은 왜 수필을 씁니까?"라고 묻는다면 어떤 대답이 나올까? 개인마다 생각이 달라서 여러 가지 대답을 들을 수 있을 것이다. "나는 수필을 쓰면서 내 삶의 의미를 찾았소."라고 말하는 사람, "나는 많은 것을 보고 들었소. 그리고 많은 책을 읽었소. 그것을 다른 사람에게 전해 주고 싶소."라고 말하는 사람, "세상 사람들의 하는 일이 모두 잘못투성이야. 나는 글로 그들을 깨우쳐주고 싶소."라고 말하는 사람, "문학을 보다 깊이 이해하기 위하여 나 자신이 직접 써 보는 것이 좋을 것 같아 글을 쓰는 것이오."라고 말하는 사람, 혹은 "세상 사람들이 문사라고 하면 그래도 대접하지 않소. 그 대접받는 것이 좋아서 글쓰기가 비교적 쉬운 수필을 쓰는 것이오."라고 말하는 사람도 있을지 모른다. 맨 나중의 것은 가장 혐오스러운 대답이지만, 실제로 그런 사람도 있기 때문에 한 예로 들어 보았다.

그러나 그 많은 이유들을 두 가지 종류로 간추릴 수 있다. 내가 가지고 있는 메시지를 여러 사람에게 전달하기 위하여 쓰는 사람과 내 마음을 정화淨化하기 위해서 쓰는 사람이 그것이다. 물론 이것도 두 가지 이유로 명백하게 구분되는 것은 아니다. 전자인 것 같으면서 후자일 수도 있고, 후자 같으면서도 전자인 경우도 있다. 사실 글을 쓰다 보면 자신도 전자인지 후자인지 구분하기가 애매한 경우가 많다. 단지 어느 성향이 더 강하냐 하는 것은 글을 보면서 짚어 볼 수 있다. ≪수필과비평≫에 실리는 대부분의 작품은 후자 쪽에 더 무게가 실려 있는 것을 볼 수 있다. 사실 좋은 수필의 작품은 대체로 후자 쪽에서 많이 발견된다. 이런 사실을 염두에 두고 재독을 추천한 위의 작품들을 살펴보자.

≪수필과비평≫ 91호는 하계세미나 특집으로 '문화와 예술의 도시 청주'라는 주제로 15명의 수필가의 작품이 발표되어 있다. 하계세미나는 2007년 8월 25일 속리산에서 개최되었던 것으로 수필과비평작가회원들이 다음날까지 거의 24시간 같이 행동한 셈이다. 수필과비평작가회의에 참가하고 저녁에는 캠프파이어를 하고 재미있는 여흥을 즐겼으며, 다음날은 주변 명승지와 박물관을 관광했던 것이다. 같은 시간, 같은 장소에 머물면서 같은 소재를 보고 각기 어떻게 형상화하였을까 자못 궁금한 바도 없지 않다. 일정 전체를 개관하면서 눈에 띄는 대로 이것저것 다 언급하면서 글을 쓴 작가도 있고, 어느 특정한 시간, 특정한 인물에 초점을 맞추어

글을 쓴 작가도 있다. 주로 캠프파이어를 하면서 즐겼던 그날 저녁의 일을 눈여겨보고 글을 쓰고 있다. 이런 종류의 글은 메시지 전달에 무게가 실려 있는 것은 어쩔 수 없는 일이다. 모두 그만그만한 수준이라 우열을 가리기가 어렵지만 그 중에서 김이경의 〈끼〉라는 작품이 필자의 주목을 끌었다. 소재를 다루는 솜씨가 빼어났을 뿐 아니라, 문장력도 예사롭지 않다.

> 달무리 진 열사흘 달은 바림한 한 폭의 그림이었다.
>
> 불티는 나무로 서 있던 그 높이까지 올라가 영화목營火木이 뜨겁게 타오르며 어둠을 밝히는 것을 확인하고 안도하듯 사그라졌다. 우리는 둥글게 돌아갔다. 손에 손을 잡고 모였다 흩어지고 다시 모이고. 그렇게 맞잡은 손은 가슴으로 이어졌다. 모두가 한 점 불꽃이었다. 활활 타오르는 영화목을 둘러싼 원무圓舞. 그 또한 바림한 한 점의 불꽃이었다. 2007년 여름밤, 산사에서 달빛을 밟는 수필 작가들의 여울마당은 그렇게 무르익어갔다.

캠프파이어를 둘러싸고 회원들이 원무를 하고 있는 정경을 그리고 있다. 지역별 장기 자랑에서 내보인 회원들의 노래와 춤 솜씨에 감탄하면서 작가도 같이 참가하고 있는 것을 매우 즐거워한다. 특히 한 여인의 예사롭지 않은 '끼' 있는 몸놀림에 탄복하고 있다. 필자도 그 자리에 있었지만 그녀의 '끼' 있는 춤 솜씨를 보고 평소 친숙하게 알고 있던 Y가 아닌 다른 사람, 아니 그 방면의 전문인이 아닌가 착각했던 것이다. 이날 밤을 소재로 글을 쓴 대부분의 작가들이 Y의 현란한 춤 솜씨에 입을 다물지 못하고 있다.

'끼' 라는 말은 'style'과 마찬가지로 부정적인 의미에서 점차 긍정적인 의미로 바뀌어온 듯이 보인다. 이전에는 끼를 가졌다면 천박해 보이고, 적어도 선비가 가져서는 안 되는 것으로 되어 있었다. 군자불기君子不器라는 말도 그래서 나온 말이다. 그러나 오늘날에 있어서는 어느 방면의 예술에 있어서든지 끼가 없으면 대성할 수 없는 것으로 되어 있다. 음악에 있어서건, 미술에 있어서건, 무용에 있어서건 끼가 없으면 대단한 수준에 이를 수 없다고 보는 것이 정설이다. 글도 마찬가지다. 시나 소설이나 수필이나 끼가 나타나지 않으면 그저 그만한 정도의 작품밖에 생산하지 못한다. 끼를 좀 더 긍정적인 말로 표현하자면 천부적인 재능이다.

작자는 Y의 끼가 넘치는 춤 솜씨를 보고 문인들의 자기 안에 넘실거리는 끼를 생각한다.

> 그러나 껍질을 벗는 것이 어디 쉬운 일이던가. 비록 타오르는 가슴을 지니고 있어도 그것을 속되거나 천박하다고 생각하는 마음도 함께 지니고 있다. 벗고 싶은 감성의 욕망과 벗을 수 없는 이성의 차가움이 혼재하는 것이다. 이 자리에 모인 사람 누구인들 제 안에 넘치는 "끼"를 지니지 않은 사람이 없을 것이다. 이 중에 나처럼 지천명을 넘기거나 혹은 이순을 지나 글 마당에 들어온 사람들도 있다. 무엇이 우리들을 불러들인 것일까. 끝끝내 숨죽이지 못하

> 고 안에서 살아 몸부림하는 그것, 그것을 발산하지 못하고는 죽어도 눈조차 감을 수 없는 "끼"가 아니었을까.

늦게 문단에 발을 들여놓았지만 그래도 글을 쓸 수밖에 없는 수필문학회원들의 분명한 이유를 여기서 찾을 수 있다. 존재의 의미를 묻는, 아니 자기 정화(catharsis)를 하지 않으면 삶의 의미를 상실할 수밖에 없는 그 절실한 이유를 '끼'를 통해서 보고 있는 것이다.

이정현의 〈벨파스트 일기〉는 메시지 전달에 무게가 실려 있는 작품이다.

> 아일랜드 땅을 밟게 되었다.
>
> 내가 간 곳은 북아일랜드의 수도 벨파스트였지만, 그곳에서도 아일랜드의 정치와 문화, 그리고 정서를 모두 느낄 수 있었다. 아일랜드의 자연은 그지 고즈넉하기 그지없는 전원풍경이다. 벨파스트도 그와 같아서 딸네가 살고 있는 동네 주위만 돌아다녀도 아늑한 전원과 같은 목가적 풍경을 볼 수 있는 것 같았다.

벨파스트의 풍광을 보여주는 대목은 서두의 이 대목뿐이다. 이 작품은 아일랜드의 역사와 문화에 초점이 맞추어 있다. 이 정도의 지식이라면 백과사전을 찾거나 인터넷을 검색하면 알 수 있을 것으로 생각된다. 그러나 작자의 눈과 생각을 통하여 표현했다는 것이 이 글을 수필 작품이 되게 한 것이다. 사실 한국인으로서는 벨파스트가 쉽게 가지는 곳은 아니다. 그리고 그 땅이 아일랜드의 역사와 문화에 밀접하게 연관되어 있다는 생각을 못하고 있다. 이 작품을 통하여 아일랜드의 아픈 역사를 뒤돌아보는 계기를 갖게 된다. 그리고 노벨상 수상자가 열 명이나 나왔다는 것, 그 중에서 문학상의 수상자가 네 명이나 된다는 것을 필자도 처음 알았다. 세계 문학사상에서 한 획을 그어놓을 수 있는 버클리, 스위프트, 오스카 와일드, 제임스 조이스 등의 작가를 배출했다는 사실을 이 작품을 통하여 새삼스럽게 되새겨 본다.

〈벨파스트 일기〉는 메시지 전달에 무게가 실려 있지만 전달력이 정확하다. 유별난 일을 목격했거나 유별난 표현이 없음에도 불구하고 독자의 눈을 끝까지 끌고 간다. 메시지 전달에 무게가 실려 있는 작품은 사물을 보는 태도가 담담할수록 그 효과는 더 크다.

김병규의 〈매미를 닮은 여자〉 역시 메시지 전달에 무게가 실려 있다.

> 우리 집은 매미들의 합창으로 여름을 맞고, 그 합창을 끝으로 여름을 보낸다. 여름에만 잠시 동안 살다가 섭섭하게 떠나는 매미들은, 짧은 생명이 서러워서 날마다 그렇게 우는 걸까, 아니면 짧

> 은 생명을 마음껏 즐기려고 그렇게 신명나게 노래를 하는 걸까? 도대체 판단할 수가 없다. 사람들은 매미들의 소리를 '매미가 운다'고 흔히 말하지만 나는 매미들이 노래한다고 말하고 싶다.

매미가 우는 것을 들으면서 문득 연상되는 여인이 있었다. 그의 조카였다. 그녀는 아들을 선호하는 당시의 농촌 실정에서 태어날 때부터 괄시를 받고 자랐다는 것이다. 그러나 그녀의 효성은 지극했다. 결혼을 한 뒤에는 더한 고난이 그녀를 기다리고 있었다. 공무원이었던 남편이 희귀병을 앓아 10년의 "병상에서 반신불수"로 보낸 것을 비롯해서 청상이 된 이후 애지중지 키우던 아들마저 같은 병으로 앓아눕게 된 것, 이후 치매요양원에서 남을 돌보며 생활을 꾸려 간다. 그 어려운 생활 속에서도 노래를 잃지 않았다는 것이다. 그녀의 꿋꿋하게 살아가는 갸륵한 정신에 감복하면서 이 글을 쓴 것이다.

전달에 무게가 실려 있는 이런 작품과는 달리 김용옥의 〈꽃비린내 난다〉는 자아 정화에 무게가 실려 있다.

> 그녀는 꿈이나 이상을 창고의 가장 깊숙한 데다 처박아두고 살았다. 지루하고 무표정하게 굳어버린, 허드렛일에 절어버린 안면의 근육과 살색이었다. 그런 그녀의 표정에 화색이 너울거리고 몸짓은 진달래 꽃내음을 풍기며 연약해진다. 향내를 날리며 그 사람의 어깨에 왼손을 얹고 오른손을 그의 두툼한 손바닥에 대고 블루

> 스를 춘다. 어떤 기교가 아니라 사랑이라는 율법으로 율동하는 그녀의 몸은 그 남자의 심금에 가장 섹시한 음악이 된다. 너무 오래되어 자기도 잊어버린 자신을 되찾게 하는 사랑, 나에게 내가 되라고 강요하지 않으며, 내가 너일 필요 없으며, 너도 나도 아닌 새로운 존재에게 하는 사랑. 하루 24시간을 일 년 8,760시간처럼 살게 하는 사랑. 보라, 어느새 무르익는 여자를 보라.

이 작품은 삼인칭으로 기술되고 있다. '내'가 아니라, '그녀'가 보고 느끼고 생각하는 것을 기술하고 있는 것이다. 삼인칭으로 서술하는 것은 대개 사물을 객관적으로 보기 위해 쓴다. 그러나 이 작품에서는 '나'의 심정을 '그녀'를 통해서 기술했을 뿐이다. 이 작품의 주제는 말할 필요도 없이 '사랑'이다. 중년의 여인이 지니고 있는 사랑에 대한 타령이라고나 할까. 아니, 간직하고 싶은 사랑에 대한 연가戀歌라고 할 수 있다. 왜냐하면 실제로 그런 사랑을 하지 못하고 있으니까. 사랑을 저만치 올려 두고 온갖 찬사를 퍼부으며 노래를 부르고 있는 것이다. 작자는 생활에 묻혀서 사랑의 감각마저 잃어버릴까 두려워하고 있다. 사랑을 잃어버리면 삶 자체가 무의미하다고 생각하고 있는 것이다.

그렇다고 작자는 사랑을 손에 잡을 수도 없는 고상한 어떤 것이라고 생각하지 않는다. "더위로 땀이 흐르는 몸의 냄새도 괘념치 않"는 사랑이며, "저속하게 아름다운 것이므로, 유치찬란하지만 진지한 진실이므로, 사랑은 풀 비린내인 듯 군기난향이나 백련 향을 길어 올린다."는 것이다. 또 "사랑은 결코 천상의 복음이나 사차원의 형이상학 놀이가 아니다."라고 말한다. 그렇지만 "세상을 건너온 만큼 사랑을 잃어버리기는 쉽고, 사랑을 감지하는 천진성의 더듬이는 잘려나가 버린다. 그 무덤 같은 삶과의 결별이 사랑의 힘이다."라고 말한다.

이 작품은 '사랑'에 대하여 덧없는 하소연이기 때문에 여느 수필처럼 조리정연하게 전개된 글은 아니다. 시를 산문화한 것이라고나 할까. 그러고 보니 작자의 본업은 시라고 할 수 있다. "우아하고 거만한 야수처럼 그녀를 점령한 사랑"이라고 하면서 금방 "사랑은 정신적 차원의 문제"라고 한다. "늙어가면서도 사랑이라는 단어에 대해 생각하는 것이 진부하고 덧없기 한량없다 하겠지만, 사랑만이 인간을 존엄하게 하는 법이다."라고 단언한다.

이 글 속에는 우리에게 건져올릴 메시지는 거의 없다. 설사 사랑에 대한 어떤 메시지가 있다 하더라도 작자는 그것을 금방 지워버린다. 작자는 마음속에 앙금처럼 고여 있는 사랑에 대한 감정을 카타르시스하고 있는 것이다.

우리는 동물이나 곤충이 내는 소리를 '운다.'라고 말한다. 매미도 울고, 새도 운다. 벌레도 울고, 청개구리도 운다. 이것은 아마도 우리 민족의 슬픈 역사와도 관계있는지 모른다. 우는지, 노래를 하는지 곤충에게 물어볼 수 없으니 알 수 없지만, 듣는 우리들이 그렇게 느끼고 생각하는 것이다. 그 소리를 듣고 느끼고 생각하는 것은 우리들 인간이다. 까치의 소리는 우리에게 기쁜 소식을 전해 주는 메시지를 담고 있지만, 매미는 저 자신을 위해서 우는지, 노래하는지 소리를 내고 있다. 크게 보면 인간도 같은지 모르겠다. 메시지를 전달하기 위하여 글을 쓰는 경우도 있고, 자아를 정화하기 위하여 글을 쓰는 경우도 있을 것이다. 결과적으로는 그것이 정제精製되면 문학의 각기 다른 양상이 될 것이다. 무게의 중심이 어느 쪽에 있는가를 가늠하는 것은 그리 중요하지 않다. 다만 언어라는 매체를 통하여 조화와 균형 속에서 어떻게 문학으로 형상화하느냐가 중요한 것이다.

어화둥둥 내 사랑아

신 정 호

그대가 환한 웃음지으며
내게로 오던 날
이 순간만큼은 아이처럼
팔짝팔짝 뛰고 싶습니다.

…… 중략 ……

설렘 타듯 스며드는 가슴을
은빛 주전자에 담아
고운 언어를 끓여서
사랑이 찰랑거리는 찻잔에

행복한 마음으로 드립니다.

— 김승희님의 〈사랑하고 사랑받는 행복〉에서

새해 아침, 내가 존경하는 수필반 김 교수님께서 이렇게 아름다운 사랑의 시를 인터넷 카페에 올리셨습니다. 어떻게 내가 요즘 이런 사랑에 빠졌는지 아셨을까요. 그렇습니다. '사랑이 찰랑거리는 찻잔'에 내 행복을 담았거든요.

일 년 전 어느 겨울날. 홀연히 그가 내 앞에 나타났습니다. 반짝거리는 두 눈동자가 너무 맑아 그 속에 빠져버리고 말았지요. 그가 은근한 눈빛으로 바라보며 웃음지으면 나는 온몸이 녹아든답니다. 그의 몸짓, 그의 표정, 그의 체취에 흠뻑 젖어 내 시간을 송두리째 빼앗기게 되었습니다. 이런 사랑은 내 생애 처음인가 봐요. 그를 만나는 순간이면 그는 조용히 미소지으며 무척 기다렸다는 듯이 나를 꼬옥 안아 줍니다. 나를 이처럼 온몸으로 좋아하는 이가 세상에 또 있을까요. 헤어져 돌아오려 하면 애틋한 눈빛으로 내 발길을 붙잡는 그는 영락없이 응석받이입니다. 시간이 흐를수록 그를 만나면 오래도록 같이 있고 싶어 여행을 계획했습니다. 지난봄 일본 아키타 온천으로의 여행은 꿀맛이었습니다. 모처럼 이국에서 오붓이 보내는 그와의 시간은 새로운 풍경과 기이한 음식을 맛보는 꿈 같은 사흘이었죠. 깊은 산속, 넓은 들판에 하얗게 피어 있는 시계꽃을 따서 그의 팔목에 예물인 양 매주었더니 그는 내 머리 위에 하얀 꽃을 뿌려주고 싶어했습니다. 얼마나 로맨틱한 사람인지! 한 번 맛들인 여행인지라 여름휴가 때는 해운대에서 지냈습니다. 우릴 아는 사람이 아무도 없는 바닷가 모래사장을 자유로이 거닐기도 하고, 아쿠아리움에서 신비한 빛깔을 뽐내며 유연한 몸매로 헤엄치는 물고기들을 보며 깊은 유리벽을 통해 우리만의 눈짓을 교환하고, 살아 있는 빨간 불가사리를 손으로 만져보며 즐거운 시간을 보냈습니다. 그와 함께하는 시간은 왜 그리 빨리 가는지 모르겠어요. 그와 헤어져 혼자서 서울로 돌아오는데 까닭 없이 눈물이 나와 나중엔 엉엉 소리까지 내어 울었답니다. 덕분에 이정표를 놓쳐 길을 찾아 헤매기도 했구요. 아마 언젠가는 나를 잊어버릴지도 모른다는 예감 때문인지도 몰라요.

그런데 요즘 그가 이상합니다. 나는 점점 그에게 빠져들어 가는데 그는 나에게 머물던 눈빛을 다른 사람에게로도 돌리더라구요. 나는 그의 환심을 사기 위해 빨강옷도 입어보고 평소에 그가 좋아하며 만지작거렸던 액세서리를 해보았지만 본체만체했습니다. 예쁘고 젊은 아가씨를 보면 나를 처음 만났을 때처럼 수줍게 웃으며 그윽한 눈빛으로 바라보는데, 질투가 나서 견딜 수 없습니다. 그는 오로지 '나만의 그'여야 하는데 말입니다. 때론 봄이 고달프고 짜증이 날 때도 있습니다. 나의 규칙적인 생활에 그의 일상이 플러스되었으니까요. 갑자기 그가 몸이 아파 병원에 가야 하거나 먼 길을 드라이브하고 싶어할 때면 나의 스케줄은 자동으로 취소돼버리고 말아, 언젠가 '조영남 콘서트' 티켓이 있는데도 못 가버렸죠. 그래도 그와 함께하는 시간이 더 소중해서 아무 미련이 없더라구요. 그런데 그가 나에게서 눈길을 돌리다니 말이 되나요? 궁여지책으로 그와 함께 제주도로 여행을 또 가려고 합니다. 나와의 만남을 아름답고 소중한 기억으로 남기고 싶어서요. 다 늙어 가면서 주책이라구요? 누구라도 이런 상황이 되면 어쩔 수 없을 걸요.

어쩌면……, 그래요. 우리 인연은 나의 영원한 짝사랑으로 끝날지도 모르겠지요. 나는 오늘도 그가 너무 보고 싶어 전화를 걸었습니다. 오늘은 그의 목소리를 들을 수 있기를 기대하며.

"여보세요."

"아바바바."

아휴, 언제쯤에나 "예쁜 함미." 하는 음성을 들을 수 있을까요.

– ≪수필과비평≫, 2008년 3/4월호

길에서

김 형 진

길을 간다. 어제 걷던 길을 오늘 또 걷는다.

지금 내가 걷는 길은 아득히 뚫린 아스팔트길 옆 인도이다. 회색 차도에는 각종 자동차가 씽씽 달리고 있다. 인도에 깔린 보도블록은 흡사 꿰매지 않은 누더기와 같다. 깨진 블록, 불룩 튀어나온 블록, 비틀어진 블록, 심지어는 자리만 남긴 것도 있다. 인도에는 사람이 별로 없다. 자동차가 일으키는 소음과 자동차가 토하는 매캐한 냄새와 그리고 새우깡 봉지와 담배꽁초가 뒤섞여 있다. 간혹 흙 묻은 신발 자국도 눈에 띈다.

지금은 이 길을 걸어 공납금을 내러 은행엘 간다. 어제는 지인知人을 만나러 음식점엘 갔고, 그제는 찬거리를 사러 시장엘 갔었다.

이 길은 너저분하고 삭막한 내 일상의 길이다. 때때로 일탈의 충동을 느끼면서도 관성처럼 오고가는 내 생활의 궤도이다. 이따금 전봇대가 앞을 막고 더러는 인도를 침범한 염치없는 자동차를 만나 미간을 찌푸리기도 하지만 그저 그렇게 지나치며 가야 하는 길이다.

그런데 요즈음에 와서 가끔 걸으면서 길을 잃은 나를 발견하고 막막해질 때가 있다. 무엇을 하러 어디를 향해 가고 있는지를 놓쳐버린 채 기계처럼 걷고 있는 나를 발견하는 것이다. 그것은 막막함이라기보다 두려움이었는지도 모른다. 밤새 내린 큰 눈이 삭풍에 떠밀려 둑과 고랑을 분간할 수 없이 된 새벽길 앞에 섰을 때의 두려움 같은 것이었는지도 모른다.

그러나 어떤 상황에서도 길은 사람을 길바닥에 세워 두지 않는다. 흐르는 것은 강물만이 아니다. 강이 물과 토사와 부유물을 쓸어안고 흐른다면 길은 온갖 잡것과 냄새와 발자국을 쓸어안고 흐른다. 원래 사람이 지나간 자리엔 잡것과 냄새와 발자국이 남아 있을 뿐 아니던가. 어쩜 막막함이나 두려움은 냄새에 지나지 않는 것일는지도 모른다.

동공에 힘을 주어 두려움을 털어내며 걷는다. 아파트 단지 담을 끼고 완만히 경사진 길을 허든허든 걷는다. 아파트 단지 지루한 담이 골목을 끼고 오른쪽으로 꼬부라들면 바로 상가가 이어진다. 화려한 진열창 안에 날아갈 듯 산뜻한 옷을 입은 마네킹의 얼굴이 화사하다. 슬쩍 보고 지나친다. 길에서 만나는 것들 중에는 보아야 할 것이 있고, 보지 말아야 할 것이 있다. 또 관여해야 할 것이 있고, 모른 척해야 할 것이 있다. 보지 말아야 할 것이나 모른 척해야 할 것이 눈길을 끌면 슬쩍 훔치고 지나치는 게 상책이다.

상가를 지나면 교차로. 교차로에 묶여 길게 들어선 자동차가 신경을 곤두세우고 빨간 신호등을 노려보고 있다. 그 앞을 불안한 걸음으로 건넌다. 건너편 길바닥엔 인도와 차도 사이 난간에 기대어 채소, 과일, 곡식, 생선 등을 벌여 놓은 좌판이 있다. 비닐 방석과 차림이 꾀죄죄한 여인과 먹을거리 냄새와 역겨운 생계生繼가 먼지 낀 행인들의 발자국 옆에서 너절하다. 그래서 내 길이 더디다. 먹을거리는 그것이 날것이든 익힌 것이든 언제 어디서나 사람의 발길을 더디게 한다.

요즘 세상의 길은 막막하고 불안하고 더디다. 원래 길은 강이었으리라. 광활한 벌판을 가로질러 구불구불 뱀 몸짓으로 흐르는 강, 험한 협곡을 무서운 기세로 고함치며 흐르는 강. 강은 흐름의 섭리다. 흐름은 나아감이다. 흐름 속에서는 온갖 것들이 나서 자라고 늙어서 죽는다. 어느 하나도 원래대로 놓아두지 않는다. 길에도 그런 심리가 작용한다. 그런대도 사람들이 착각하고 있을 뿐이다. 길은 되돌아올 수 있는 것이라고.

저만큼 앞에 은행 간판이 보인다. 낡은 삼 층 건물 일층의 작은 지점支店이다. 그런데도 은행 문 안에 들어서면 딴 세상이다. 시원한 에어컨 바람이 그렇고, 유난히 밝은 조명이 그렇고, 어딘가 절제된 듯한 분위기가 그렇다. 함부로 소리를 지를 수도, 터벅터벅 걸을 수도 없는 그런 곳으로 느껴진다. 먼저 온 사람들은 그들의 생계가 저장된 통장이나 카드를 들고 태연한 척 앉아 있다.

현금카드를 꺼내들고 공납금납부기 앞으로 간다. 카드를 넣은 다음 비밀번호를 입력하고 기계가 지시하는 대로 공납금 통지서를 투입한다. 먼저 투입된 것이 수도 사용료 고지서다. 기계는 지지직 지지직 소리를 내더니 다음 고지서 투입을 재촉한다. 가스 사용료 고지서, 전기 사용료 고지서, 전화 사용료 고지서를 연이어 투입한다. 한참 그러고 나니 성화에 쫓겨 숨 가쁘게 잰걸음을 친 느낌이다. 팍팍한 다리를 두드리며 지내온 한 달 동안의 생계가 이 얄궂은 기계 앞에 적나라하게 드러난다. 기계에서 나온 카드와 영수증을 받아 든다. 역시 사람은 끊임없이 걷는 존재임을 실감한다.

기계에서 돌아서자 머쓱한 느낌이 엄습한다. 은행 안쪽 벽에 걸린 전광시계의 붉은 숫자가 깜박깜박 시간을 잠식하고 있다. 카드와 영수증을 저고리 주머니에 간수하고 은행을 나선다. 훅 더운 기운이 달려든다. 그래, 길은 덥다가도 시원하고 시원하다가도 추운 게 정상이지.

왔던 길을 되짚어 걷는다. 되돌아가는 길은 아니다. 지금 저고리 주머니에는 올 적에 지녔던 고지서 넉 장 대신 작고 얇은 영수증 한 장이 들어 있지 않은가. 살아 움직이는 존재에게 되돌아가는 길은 없다. 올 때보다 열도를 더한 햇볕이 오르막길을 걷는 목덜미를 따끈따끈 데운다.

등짝을 적시는 땀에 마음의 길은 방향을 잃었다.

– ≪수필과비평≫, 2008년 3/4월호

평범平凡이 비범非凡

서 숙

혼기가 찬 자녀를 둔 부모들의 생각은 대개 엇비슷하다.

"크게 욕심내는 것도 없어요. 그저 웬만하기만 하면 되겠다 싶은데 그게 쉽지 않네요."

그런데 자녀의 배우자감에 대해 부모들이 품는 소박한 희망사항인 '웬만하다.'는 것이 사실은 그리 웬만한 것이 아니다. 인물이나 인품, 학벌이나 집안이 각자의 형편에 견주어 두루 웬만한 대상이 어쩌면 그렇게도 귀한지.

이와 관련하여 옛날이야기 한 토막이 생각난다.

착하게 사는 백성들을 내려다보시곤 상금을 내려주고 싶은 마음이 들어서 신령님이 한 고을에 나타나셨다. 그래서 마을 장정들을 모두 모이게 하고 소원 한 가지씩을 들어주겠노라 했다.

첫 번째 사람이 아뢰었다.

"저는 최고의 권력자가 되고 싶습니다."

"그리 어렵지 않지."

신령님은 선선히 그의 청을 들어주었다. 두 번째 사람이 앞으로 나섰다.

"저는 한 번 큰 부자가 되어 보고 싶습니다."

그 부탁도 흔쾌하게 들어주었다.

유명한 사람이 되어 그의 이름을 청사에 길이 남기고 싶은 사람이나 천하를 호령하는 장수가 되고 싶은 사람, 또는 아름다운 여인을 아내로 맞고 싶은 사람 모두가 그들의 희망을 이룰 수 있었다.

마을 사람들이 다 소원을 말하였는데 다만 한 사람만이 저 뒤에서 선뜻 나서지 않고 우물거리고 있었다. 신령님이 이상하게 생각하여 그를 불러 세웠다.

"너는 이루고자 하는 것이 없느냐?"

"아, 네. 저는 그다지 큰 욕심은 없습니다요. 그저 곳간에다 곡식 섬이나 쌓아놓고, 울타리가 되어 줄 건강한 아들형제 네다섯 슬하에 두고, 무병장수하여 부부해로하고 싶을 뿐입니다."

이때 갑자기 신령님이 불같이 화를 내는 것이었다.

"이런 고얀 놈 같으니. 내가 이제껏 너처럼 욕심 사나운 놈은 본 적이 없다. 이놈아, 그런 복은 나도 못 누린다."

물론 옛날에야 밥술이나 뜨고 수를 누리는 일이 그다지 쉬운 일은 아니었을 테지만 어쨌거나 수수하게 살면서 오복을 누리기란 그리 녹록한 일은 아니었기에 이런 우스갯소리도 생겨났을 것이다. 반면에 이 이야기의 배면에는, 한 세상 살면서 크게 한 번 두각을 나타낼 기회도 없이 필부필부匹夫匹婦로 살다가 스러져가는 우리네 대다수의 삶에 대해, 그만큼 무난하게 살아내는 일도 기실은 대견한 일이 아니겠느냐는 위안의 의미도 있을 것이다.

민주화운동 덕분인지 정보화 시대의 도래 덕분인지 사회가 비교적 투명해지면서, 예전 같으면 별일도 아닐 일에 모모한 저명인사들이 하루아침에 망신살이 뻗쳐 낭패를 당하는 광경이 심심치 않다. 어느 전직 대학총장님은 번역서에 불과한 것을 자신의 저술로 둔갑시킨 일이 뒤늦게 밝혀져서 입각 직전에 낙마하였고, 어떤 연극배우 출신 장관은 해외공연 중에 위로금으로 받은 약간의 돈을 임의로 유용하였다가 구설수에 휘말려 며칠 만에 장관직을 사퇴하였다. 또한 여러 명의 잘 나가던 인사들이 정관계에 발을 들여놓으려다가 부동산 투기라든가 군 미필, 이중국적 등의 이유로 신문지상에 오명만을 남기고 사라져 갔나.

한 시절 전에만 해도 군 면제나 미국 시민권의 취득, 부동산 투자에 의한 재산증식은 특권층이면 누구나 누릴 만한 당연한 혜택으로 치부되는 한편, 많은 이들에게는 부러움의 대상이었다. 이들 관행의 수혜자들은 대체로 자기 분야에서 특출한 사람들로 인정받는 것에 더불어 인품과 덕망을 갖춘 지식인의 위상까지도 누리던 사람들이었다. 이러한 승자독식의 사회 분위기에서는 일단 그것을 향유하는 사람들 편에 서고 보면 옳고 그른 것에 대한 상황판단이 마비되는 것이 탈이다. 그들은 그러므로 잘못된 관행의 부당함을 자각하기는커녕 오히려 비교적 바르고 곧게 부끄럼 없이 살아왔다고 스스로에 대해 자부심이 강했다.

그런데 세상이 바뀌어 선망의 대상이었던 똑같은 행동이 이제 와서는 지탄의 대상이 되어 정신적 몰매를 맞게 되자 그들은 이런 사태에 심정적으로 납득이 안 되어 어리둥절한 모습이다. 나아가 자신들의 과거 행적에 대한 반성보다는 억울하게 부당한 매도를 당한다는 분한 마음을 더 드러낸다. 자기들이 무엇을 잘못했는지 무식하고 가진 것 없는 백성들도 다 잘 아는 것을 소위 똑똑하다는 당사자들은 정작 깨닫지 못하니 일면 그들이 밉살스러우면서도 딱해 보인다.

사회적으로 이런 현상은 공과 사의 구분이 확실해지고 원리원칙이 정립되는, 그리하여 편법과 정실이 통하지 않는 투명하고 밝은 사회, 가치관이 제대로 자리를 잡아가는 선진국을 향한 과정에 겪는 과도기의 홍역쯤으로 바람직하게 여겼다. 그런데 서슬 퍼렇게 엄격한 잣대로 재단하고 단죄하던 언론재판성의 청문회 분위기는 이즈음에는 많이 누그러지고 퇴색한 느낌이다. 시대변화에 몸살을 앓던 과도기를 극복해 가는 긍정적 징후로 해석 가능하다. 단선적이고 경직된 흑백논리로부터 탈피하여 사고가 다양하고 유연해지고 있는 것이다. 그런데 개인의 입장에서 똑같은 사안에 대해 어떤 사람은 혹독하게 당하고 어떤 사람은 슬렁슬렁 넘어가는가, 그 이유를 사주로 풀어 설명하기도 한다.

사주四柱는 말 그대로 우리의 운명을 떠받치는 네 개의 기둥이다. 그런데 타고난 사주에 비해 복이 너무 과하면 이 기둥이 기우뚱한다고 한다. 넘치는 운을 감당하기 버거워지기 때문이다. 이럴 때 망신살이 든다고 한다. 이런 해석을 꿰어 맞추면 그네들이 누릴 뻔했던 입신양명의 복이 그들의 사주가 감당하기에는 너무 무거웠다는 것이 된다. 굳이 사주팔자를 믿어서가 아니라, 이런 이야기는 삶을 좀 더 겸허한 자세로 받아들이라는 교훈으로 한 번쯤 되새겨 볼 만하다.

기둥이 흔들릴지도 모르니, 혹시 청와대에서 "수고스럽지만 나라를 위해 봉사해 달라."고 전화라도 오면 정중히 거절하라고 나는 남편에게 싱거운 농담을 하곤 한다. 물론 우리야 우스개로 하는 소리지만 이런 말이 장난이 아닌 거물인사들도 털어 먼지 날 건더기가 조금이라도 있다면 아예 몸을 사리는 게 신상에 이로울 것이다. 고도성장시대를 살아오면서 이것저것 누리고 살려면 꼬장꼬장해 가지고는 어림없었다. 두루뭉수리로 좋은 게 좋은 거로 치부하고 시류에 편승하고 지연 학연 인맥 동원하면서 더러 막후교섭능의 요령도 피우며, 기득권에 편입할 기회 포착에 재능을 발휘한 대부분의 소위 잘 나가는 사람들은 그만그만한 하자는 대충 다 지니고 있을 것이다. 그런대로 세간에 드러나지 않으면 웬만한 흉허물은 따라 묻힐 게 아닌가.

우리 소시민들은 이왕 한 번 사는 인생이 이렇듯 시시한 것을 다소 아쉬워하기는 해도, 굴러들어온 말馬로 횡재를 했다가 아들이 절름발이가 되는 횡액을 당한 저 변방의 노인의 경우[塞翁之馬]를 생각하는 소심함 속에, 더도 말고 덜도 말고 이만하기만을 바라는데 이런 도전의식이 결여된 안일한 현실안주를 패배자 정서의 감상주의라고 할지 고상하게 안분지족의 지혜라고 부를 것인지.

– ≪수필과비평≫, 2008년 3/4월호

모성母性

박 옥 근

우리 집에서 장산 중턱 약수터로 올라가는 길은 세 갈래다. 나무 그늘이 있는 오솔길, 아래쪽 약수터에서 정상으로 이어지는 완만한 길, 그리고 내가 즐겨 찾는 가파른 돌계단 길이다.

가끔 널캉거리는 돌계단을 밟을 때가 있다. 돌이 사람을 끔뻑 놀라게 한다. 금방이라도 돌과 함께 와르르 굴러 떨어질 것만 같아, 머리끝이 쭈뼛해지고 식은땀이 쫙 솟는다.

숨이 차면 잠시 발을 멈추고 앉을 곳을 찾는다. 그런 때는 너럭바위가 반갑다. 배낭을 내려놓고 엉덩이를 붙이고 앉는다. 같은 돌이라도 너럭바위는 사람을 편하게 한다. 문득 나도 너럭바위처럼 넓디넓은 가슴을 멍석처럼 깔아놓고 누구나 편히 쉬어갈 수 있는 그런 바위이고 싶다는 생각을 해본다.

옛 풍류객들이 이 바위에 앉아 멀리 광안리 앞바다를 굽어보면서 시조 한 가락 낭랑하게 읊었을까. 세상 이야기로 심금을 푸는 일도 있었을 것이다. 아니면 신선처럼 바둑이나 장기를 두는 꿈에 젖었을지도 모른다.

약수터 쪽에서 내려오던 사십대 초반으로 보이는 여인이 배낭을 내려놓고 내 곁에 앉는다. 앉자마자 긴 한숨을 토해낸다. 얼핏 보니 얼굴에 수심이 가득하다. 세상 고통과 번뇌는 혼자 다 뒤집어쓴 얼굴이다. 무슨 말 못할 사연을 품고 있기에 저토록 어둠에 절었을까. 공연히 궁금해진다. 내가 먼저 말문을 연다.

"어디 속상한 일이라도 있는지요. 얼굴빛이……."

여인은 눈빛만 더 깊어질 뿐 아무 말이 없다. 다시 말을 붙여본다.

"참 일찍 나왔나 보네요. 벌써 물을 받아 내려오는 것을 보니……."

여인은 잠깐 엷은 웃음을 지어 보일 뿐 여전히 말이 없다. 그냥 일어서려다 한 번 더 말을 붙여본다.

"혹시 아이들이 걱정이라도 끼쳐 드렸나요? 저도 사실은 어젯밤에 대학 다니는 딸아이가 통화도 안 되고 애를 태우더니만, 새벽녘에 술이 취해서 들어와 제 방에 쓰러져 자대요. 가슴이 답답해서 날이 밝자 바로 약수터로 올라왔습니다."

여인은 나를 한참 보더니 그제야 말문을 연다.

"큰딸이 중3이지요. 불량서클 아이들과 어울려 수업도 빠뜨리고 놀기만 하는 것입니다. 교장실로 불려가 서약문을 쓰고, 교장선생과 담임선생 앞에 무릎 꿇고 앉아 퇴학만은 말아달라고 애원하기를 몇 번인지 모르지요. 그 굴욕을 어찌 말로 다 표현할 수 있겠습니까. 어젯밤에도 두 시가 넘어서 들어온 딸을 남편이 알세라 노심초사 재워놓고 새벽 어스름에 약수터로 올라왔지요."

긴 한숨을 토해내는 여인의 입술은 바짝 말라 있고 퀭한 눈에는 눈물이 그득 고여 있다. 숱한 밤, 이 악물고 삼킨 속울음들이 여인의 가슴에 아픈 강줄기를 이루어내었는가. 어둔 밤에도 잠들지 못하는 강줄기는 여인의 가슴을 할퀴고 또 할퀴어서 검붉은 강물로 뒤집어씌웠나 보다.

돌계단을 밟고 내려가는 저 여인은 지금 어떤 마음일까. 덜컹거리는 돌을 밟는 심정일까. 그렇게 아슬아슬한 세상을 살고 있지 않은가.

엉덩이를 툴툴 털고 일어나 너럭바위를 내려다본다. 오랜 세월 제 살점 비바람에 내어주고, 캄캄한 밤 천둥벼락에 모난 귀퉁이 이 악물고 깎아내었는가. 천년만년 지닌 사연 얼마나 많았을까. 사람이 사는 일을 너럭바위가 하나하나 다 적었다면 도서관을 꽉 채우고도 남을 책이 되었지 싶다.

돌계단을 딛고 올라서자 촘촘히 깔아놓은 돌길이 시야에 들어온다. 돌길 끝닿은 곳에 약수터 물이 쉼 없이 좔좔 흘러내린다. 저 물줄기는 어디를 거쳐서 여기까지 흘러왔는가. 우리네 인생처럼 굽이굽이 몇 굽이를 지나 비좁은 돌 틈새를 빠져나왔을까. 행여 비석조차 사라져버린 이름 모를 백골의 한 맺힌 늑골 사이를 지나왔을까. 돌 틈 사이로 파고들어간 저 물줄기는 또 어디론가 흘러갈 것이다.

슈퍼에 들러 북어 한 마리를 샀다. 딸아이의 술국을 끓인다는 것은 상상도 못해 본 나다. 마늘을 찧는 절구공이로 북어를 두들겨 패자 만감이 교차하는 웃음소리가 내 목구멍을 비시시 비집고 나와 절구공이에 으깨진다.

딸아이를 깨운다. 김이 솔솔 올라오는 해장국을 본 딸아이가 와락 내 목을 껴안으며 귓속말로 속삭댄다. "엄마 미안해요. 사물놀이 공연 끝내고 뒤풀이를 하는데……, 동아리 대표가 빠질 수 없잖아요."라고. 밤새 끓인 속내는 어디로 갔을까. 해장국을 훌훌 마시는 딸이 귀엽다.

자식 걱정으로 가슴을 짓누르는 바윗돌 하나. 그 지독한 아픔과 고통. 어머니가 되는 길이 어디 공짜로 오던가. 딸을 키우는 나는 때론 가파르고 아슬아슬한 돌계단을 밟는다. 너럭바위에 편히 앉아 푸른 하늘에 눈을 주는 때도 있다. 딸이 나에게 어머니가 되는 길을 가르치고 있지 않은가. 어머니가 되어간다는 것은 가슴을 짓누르는 바윗돌 하나를 밖으로 내치는 것이 아니라 안으로 품어 안고서 너럭바위로 만들어가는 것이 아닐까.

– ≪글의 씨앗≫, 수필과비평사, 2008년

사랑의 변주곡들

일상에서 너무나 흔해빠진 말이 '사랑'이라는 말이다. 모르긴 해도 사람들이 애창하는 노랫말의 팔구 할은 사랑으로 엮어져 있으리라. '사랑'이란 말에 신물을 낼 만도 한데 사람들은 그래도 '사랑'을 좋아한다. 사랑은 보이지도 않고, 값도 매길 수 없고, 있는지 없는지도 알기 어렵다. 그럼에도 불구하고 사랑에 목을 매고 주고받기를 좋아한다. 왜냐하면 사랑이 없는 세상은 너무나 삭막하기 때뮤이다. 아니, 이 세상에서 살아야 할 가치를 잃어버리기 때문이다.

다른 어떤 죄는 용서될 수 있어도 사랑이 없는 행위는 용서될 수 없다고 선언한 분이 있었다. 그만큼 기독교의 교리 중에 으뜸으로 치는 것이 사랑이라는 말이다. "네 이웃을 네 몸과 같이 사랑하라."는 말이 십계명 중에 가장 으뜸이라고 말하지 않았던가. 어디 기독교뿐이겠는가. 세상의 어떤 종교도 '사랑'을 강조하지 않는 종교는 없다. 그것이 사이비 종교가 아니라면. 이 세상 사람 모두에 끝없는 '자비慈悲'를 베풀어야 한다고 설파한 불교도, 인륜의 도리로서 가장 으뜸의 자리에 놓이는 것이 '인仁'이라고 가르치는 유교도, 말이 다르지 '사랑'의 원리를 역설한 것은 같지 않은가.

철학자들은 사랑을 대체로 세 가지로 구분한다. 남녀 간의 애틋한 사랑, 즉 에로스(eros)적인 사랑, 신이 인간에게 내리는 대가 없는 사랑, 즉 아가페(agape)적인 사랑, 형제 혹은 친구 간에 주고받는 두터운 사랑, 즉 필리아(philia)적인 사랑으로 말이다. 폴 틸리히에 의하면 에로스적인 사랑은 희랍의 철학자 플라톤이 강조한 사랑이라는 것이다. 나의 모자란 부분을 채우기 위하여 갈망하는 사랑, 상대에 의하여 동기 유발을 받은 사랑이라는 것이다. 이에 비하여 아가페적인 사랑은 자발적인 사랑, 신이 우리를 굽어보면서 하는 사랑이라고 했다. 사도 바울이 제창한 사랑의 이념이라고 했다. 앞의 사랑은 '……때문에(because of)' 하는 사랑이지만, 뒤엣것은 '……에도 불구하고(in spite of)' 하는 사랑이라는 것이다. "그 사람의 아름다움 때문에", "그 사람의 뛰어난 재능 때문에", "그 사람의 고매한 인격 때문에" 사랑하는 것이 전자의 예라면, 후자는 "그의 무능에도 불구하고", "그의 못남에도 불구하고," "쓸모없는 인간임에도 불구하고" 사랑하는 것이 후자의 예라는 것이다. 대상에 끌려 나 안에 그의 어떤 것을 채워 넣고 싶어지는 사랑이 에로스적 사랑이라면, 나의 가진 것을 저쪽에 채우고 싶은 대상이 있을 때 아가

폐적인 사랑을 한다는 것이다. 필리아적인 사랑은 나와 그가 호상互相의 관계에 있을 때 하는 사랑이다. 저쪽에 내가 채워주기도 하고 그쪽에서 나의 모자람을 채워주기도 하는 사랑이다. 서양은 에로스와 아가페가 지배하는 사랑이었다면 동양은 차라리 필리아적 사랑이 더 존중받는 문화였다고 할 수 있다. 동양 사람들의 우정友情을 이해할 수 없노라고 나에게 토로한 서양인 친구가 있었다. 사실 따지고 보면 이런 사랑의 구분도 무의미해질 때가 많다. 자기가 사랑하고 있는 것이 과연 어떤 형태의 사랑인지 자신도 분간이 가지 않을 때가 많기 때문이다.

그것이 어떤 형태의 사랑이든지 우리들을 이 세상에 살고 싶도록 하는 것이 바로 사랑의 힘이다. 혹은 그녀를 사랑하기 때문에 괴롭기도 하고 행복하기도 하지만, 나의 손길을 애타게 기다리는 사람들을 위해서 사랑을 베풀면서 행복해지기도 한다. 심지어 돈을 사랑하는 사람도 그 사랑 때문에 허무한 세상을 절망하지 않고 살 수 있다. 거듭 말하지만 사랑은 이 세상을 우리들에게 살아갈 수 있는 힘을 주는 것이다. 수필을 쓰는 것도, 남의 수필을 재미있게 읽는 것도 이 세상을 살아가게 하는 사랑의 한 형태라고 나는 생각한다. 사랑의 관점에서 몇 작품 살펴보기로 하자.

신정호의 〈어화둥둥 내 사랑아〉는 전형적인 사랑 타령이다. 옛날에는 친구들이 잔치 끝나고 신랑을 다루면서 신부를 업게 하고는 이 노래를 부르게 했다. 얼굴도 보지 않고 결혼했던 그 시절 신랑과 신부가 가능한 빠르게 서로 애정을 나눌 수 있는 방법으로 이런 신랑 다루기 놀이가 생겼던 것 같다. 물론 자식의 사랑이 너무나 깊어 자식을 안고는 이렇게 노래를 부르기도 했다. 자식을 사랑하는 것을 아가페라고 할지 에로스라고 할지 나는 잘 모르겠다. 아마 두 가지 사랑이 겹쳐진 것이 자식에 대한 사랑이 아닐까 하는 생각이 든다. 〈어화둥둥 내 사랑아〉를 읽으면, 처음 그 대상이 밝혀지지 않아 매우 궁금해진다. 강렬한 에로스가 그 속에 도사리고 있기 때문이다. 그것은 또한 아가페적인 사랑이기도 하다.

> 일 년 전 어느 겨울날, 홀연히 그가 내 앞에 나타났습니다. 반짝거리는 눈동자가 너무 맑아 그 속에 빠져버리고 말았지요. 그가 은근한 눈빛으로 바라보며 웃음지으면 나는 온몸이 녹아든답니다. 그의 몸짓, 그의 표정, 그의 체취에 흠뻑 젖어 내 시간을 송두리째 빼앗기게 되었습니다. 이런 사랑은 내 생애 처음인가 봐요. 그를 만나는 순간이면 그는 조용히 미소지으며 무척 기다렸다는 듯이 나를 꼬옥 안아 줍니다.

그러나 읽어가는 가운데 차츰 그 대상이 밝혀진다. 연인이 아니라, 사랑하는 손자(혹은 손녀)라는 사실이. 흔한 농담으로 손자 손녀 자랑하는 사람은 돈을 내놓고 한다는 말이 있다. 내놓을 줄 알면서도 손자 자랑을 한다. 참을 수 없을 정도로 사랑하기 때문이다. 실제로 수필반의 수강생 중에 손자 손녀의 이야기를 하다가 점심을 산 사람이 여럿 있다. 앞서도 말한 바 있지만, 사랑은 여러 형태가 있다. 그 중에 에로스적인 사랑이 가장 강렬하다고 틸리히도 말한 바 있다. 그러나 대개는 여러 가지 섞인 형태로 우리들은 사랑을 주고받는다. 어느 쪽이 우세하느냐에 따라 그 사랑을 구분 지을 수는 있을 것이다. 신정호의 〈어화둥둥 내 사랑아〉도 어느 사랑이라고 꼭 단정짓기는 어려운지도 모른다. 그러나 틸리히의 말처럼 에로스가 가장 강렬한 사랑이니까 에로스의 형태로 말했을 뿐이다. 마치 옛날 임금에게 바치는 사랑을 연인에게 주는 사랑에 비유해서 노래한 것과 같이. 정철의 〈속 사미인곡〉이 바로 그런 것이다.

김형진의 〈길에서〉는 그 사랑의 대상이 '길'이 되고 있다.

> 지금은 이 길을 걸어 공납금을 내러 은행엘 간다. 어제는 지인知人을 만나러 음식점엘 갔고, 그제는 찬거리를 사러 시장엘 갔다. 이 길은 너저분하고 삭막한 내 일상의 길이다. 때때로 일탈의 충동을 느끼면서도 관성처럼 오고가는 내 생활의 궤도이다. 이따금 전봇대가 앞을 막고 더러는 인도를 침범한 염치없는 자동차를 만나 미간을 찌푸리기도 하지만 그저 그렇게 지나치며 가야 하는 길이다.

이렇게 지저분하고 좁은 골목길이지만 필자는 그 길을 사랑하고 있음에 틀림없다. 왜냐하면 거기에는 한국 사람이 살고 있는 애증愛憎의 문화가 숨 쉬고 있기 때문이다.

일본을 다녀온 사람이면 한국의 골목길에 들어설 때마다 분통을 터뜨린다. 일본에 비하여 너무나 지저분한 길을 갖고 있기 때문이다. 이것이 일본과 문화 수준의 차이가 아닌가 생각된다. 곳곳에 버려진 쓰레기와 담배꽁초가 널려 있다. 아 그렇다. 한국에서는 담배를 피우는 사람이 아무데서나 피우던 담배를 비벼 끄면서 그 꽁초를 버리고 있는 것을 목격할 수 있다. 처음에는 문화 수준을 여지없이 드러내는 것으로 거의 절망감에 빠진다. 그러나 일본의 식당에서 식사를 하고 난 뒤에 다시 생각해 보니 수준의 차이라기보다 문화의 차이라는 생각이 들었다. 한국 식당에서 식사할 때는 얼마나 푸짐한 인심으로 대접받는가. 일본의 식당에서 음식을 시키면 시킨 음식 달랑 그 하나만이다. 우리처럼 "김치 더 주세요." 했다간 미친 사람으로 취급받기 십상이다. 지저분하지만 넉넉한 인심이 한국의 문화라면, 깔끔하지만 냉정하기 짝이 없는 것이 일본 문화의 특성인 것이다.

이 작품은 집에서 출발해서 공납금을 내기 위해 은행에 들렀다 오는 길에서 보고 느낀 것을 적은 글이다. 아주 특별한 일을 목도한 것도 아니고, 또 신기한 생각을 한 것도 아니다. 그저 일상으로 보고 느낀 것을 담담한 심경으로 적고 있다. 그러나 지저분한 골목길을 걸을 때는 아직도 넉넉한 심정이 되어 있지만, 공납금을 내기 위해서 기계 앞에 서고부터는 "머쓱한 기분이 엄습"하는 것을 느낀다. 작자는 지저분한 골목길을 걸으며 한국적 정서에 강한 애정이 가 있는 것을 볼 수 있다. 하찮게 보아 넘길 소재를 가지고 이렇게 깔끔한 작품을 이루어내는 것도 작자의 범상치 않은 글 솜씨 때문일 것이다.

서숙의 〈평범이 비범〉이라는 작품은 평범하게 살면서 인생을 사랑하는 방법이 무엇인가 되새겨보는 글이다. 혼기에 찬 자녀를 둔 부모는 웬만한 혼처만 있으면 결혼시키겠다는 말을 자주 한다는 것이다. 그러나 그 "웬만하다."는 조건이 구체적인 상황이 되면 여간해서 만족시킬 수 없다. 그와 연관해서 '신령님'의 얘기를 소개하고 있다. 권력을 갖고 싶은 사람, 부자가 되고 싶은 사람, 유명인이 되고 싶은 사람, 아름다운 여인을 아내로 맞고 싶은 사람, 등등 온갖 소원을 다 들어줄 수 있지만, 슬하에 자식 네댓 두고 넉넉히게 살면서 근심 걱정 없이 사는 것이 소원이라고 말한 사람에게는 불같이 화를 내었다는 것이다. 그것이야말로 신령님 자신도 원하는 가장 만들어 주기 어려운 조건이기 때문이다. 즉 행복한 평범인이 되는 일은 가장 어려운 일이라는 뜻이다. 사람들은 대부분 권력과 부를 가진 유명인이 되는 것을 소원하고 있다. 그것은 비범한 삶을 원하는 것이다. 피나는 노력을 해서 거의 원하는 대로 되어

가는 듯했다.

그런데 세상이 바뀌어 선망의 대상이 되었던 똑같은 행동이 이제 와서는 지탄의 대상이 되어 정신적 몰매를 맞게 되자 그들은 이런 사태에 심정적으로 납득이 안 되어 어리둥절한 모습이다. 나아가 자신들의 과거 행적에 대한 반성보다는 억울하게 부당한 매도를 당한다는 분한 마음을 더 드러낸다. 자기들이 무엇을 잘못했는지 가진 것 없는 백성들도 다 잘 아는 것을 소위 똑똑하다는 당사자들은 정작 깨닫지 못하니 일면 그들이 밉살스러우면서도 딱해 보인다.

삶을 사랑하는 방법이 틀려서 그렇다는 것이다. 그것이 얼마나 바보 같은 생각이냐고 되묻는 얘기다.

사주四柱는 말 그대로 우리의 운명을 떠받치는 네 개의 기둥이다. 그런데 타고난 사주에 비해 복이 너무 과하면 이 기둥이 기우뚱한다고 한다. 넘치는 운을 감당하기 버거워지기 때문이다. 이럴 때 망신살이 든다고 한다. 이런 해석을 꿰어 맞추면 그네들이 누릴 뻔했던 입신양명의 복이 그들의 사주가 감당하기에는 너무 무거웠다는 것이 된다. 굳이 사주팔자를 믿어서가 아니라, 이런 이야기는 삶을 좀 더 겸허한 자세로 받아들이라는 교훈으로 한 번쯤 되새겨 볼 만하다.

이 세상을 산다는 것은 단순히 호흡하면서 먹고 배설하는 생존이 아니다. 다른 사람과 유대를 가지면서 사회생활을 하는 것이다. 그런데 거기에 필수불가결의 요소가 사랑이다. 이 세상 사람들을 사랑해야 하고, 우리를 에워싸고 있는 자연을 사랑해야 한다. 이 사랑의 조건은 평범한 시민임을 스스로 의식할 때 생기는 것이다. 비범하기 위하여 시민의식을 포기하면 그때부터 파탄이 생긴다.

박옥근의 수필 〈모성〉은 전형적인 아가페의 사랑을 토로한 작품이다. 작자는 약수터를 다녀오다 너럭바위 근처에서 "얼굴에 수심이 가득"한 사십대의 여인을 만난다. 무슨 딱한 사정이 있는지 궁금해서 계속 말을 붙인다. 여인은 도무지 입을 열지 않다가 작자의 딸이 어제 저녁 늦게 술에 취해 들어와 매우 속이 상하다는 말을 듣고서야 입을 연다. 여인은 딸이 중3인데, "불량서클 아이들과 어울려 수업도 빠뜨리고 놀기만" 해서 담임선생님에게 불려가 제발 퇴학만 면하게 해 달라고 빌고 왔다는 것이다. 딸 때문에 속을 썩고 있는 동병상련同病相憐의 처지에 있다. 자식에게 주는 사랑은 아무 대가 없이 주는 사랑이다. 자식이 잘나거나 못나거나 아무 상관없이 아니, 못나면 못날수록 더욱 퍼부어 주는 사랑이다. 특히 어머니의 사랑은 아버지의 사랑에 비할 바가 못 된다.

작자는 만취 상태로 밤늦게 귀가한 딸에게 술국을 끓여서 속을 다스리게 한다. 속이 상하지만 딸을 위해 어쩔 수 없는 일이다.

이전 같으면 어림도 없는 일이다. 그러나 어머니가 자식에게 주는 사랑은 루터가 말했다는, 어떤 이유로도 멈추지 않는 변함없이 "샘솟는 사랑"이다. 그 시대의 사회적 규범에 따라 표현할 수 있기도 하고 표현할 수 없기도 한 것이다.

작자는 작품의 말미를 이렇게 맺고 있다.

> 자식 걱정으로 가슴을 짓누르는 바윗돌 하나. 그 지독한 아픔과 고통. 어머니가 되는 길이 어디 공짜로 오던가. 딸을 키우는 나는 때론 가파르고 아슬아슬한 돌계단을 밟는다. 너럭바위에 편히 앉아 푸른 하늘에 눈을 주던 때도 있다. 딸이 나에게 어머니가 되는 길을 가르치고 있지 않은가. 어머니가 되어간다는 것은 가슴을 짓누르는 바윗돌 하나를 밖으로 내치는 것이 아니라 안으로 품어 안고서 너럭바위로 만들어가는 것이 아닐까.

이 수필이 수록되어 있는 수필집 ≪글의 씨앗≫에는 매 작품마다 '창작노트'가 부기되어 있다. 원래의 제목은 〈너럭바위〉로 하려던 것이 〈모성母性〉으로 바뀌었다고 한다. 필자의 의견으로는 '모성'이라는 추상적 제목보다는 '너럭바위'라는 구체적인 제목이 더 마음에 든다. "엉덩이를 툴툴 털고 일어나 너럭바위를 내려다본다. 오랜 세월 제 살점 내어주고, 캄캄한 밤 천둥벼락에 모난 귀퉁이 이 악물고 깎아내었는가."라는 구절이 있기 때문이다. '너럭바위'로 상징되고 있는 것이 바로 아가페의 사랑이 아닌가.

벌초

오 승 휴

팔뚝에 찬 기운이 느껴진다. 입추가 지나고 처서處暑도 넘어서니, 용광로를 달구듯 하던 찜통더위가 사그라졌다. 들풀을 덮고 자는 풀벌레가 흐느끼며 뒤척이는지 밤마다 별 그림자가 창가로 몰려온다. 여름이 떠나가고 가을이 내려앉고 있다. 노랗게 익어가는 곡식과 과일의 향기가 추석이 내일 모레임을 알린다. 추수를 기다리는 농부들에겐 얼마나 값진 땀의 결실인가.

봄날에 씨앗을 뿌린 수고가 여름을 보내며 풍성하게 자라 알차게 영글고 있다. 계절 따라 삶의 굴곡을 되돌아보는 동안 누구나 겸손해지게 마련인가 싶다. 이 가을볕에 나를 온전히 드러내 영일寧日을 누리고 있으니 조상님이 고마울 따름이다.

음력 팔월 초하룻날을 전후하여 선조의 묘소에 벌초가 시작된다. 풀을 베면 더 자라지 않은 이때가 적기다. 집안 온 가족이 동참한다. 조상의 묘를 찾아 한라산 자락을 누비는 인파로 산야가 출렁인다. 제주의 독특한 벌초풍속이다.

우리 집안도 오늘은 벌초하는 날이다. 아침 일찍 아들네와 고향 종갓집에 와 보니 친족들이 거의 다 모였다. 미국에서 6촌 동생만이 전화로 '참석 못해 죄송하다.'고 알려왔을 뿐이다. 벌초 때마다 보람을 느낀다는 종손인 조카가 반긴다. 아버지를 어릴 적에 여의고 아직은 총각인데도 마음 씀씀이가 대견하고 기특하다. 고조할아버지의 손인 팔촌 이내의 친족들이 모이는 가족벌초다. 일꾼으로 나설 젊은이들이 여럿이어서 마음이 가뿐하다.

예초기와 낫 등을 확인하고 성묘 음식을 챙긴다. 현장에 나설 차량지원 팀과 점심을 준비할 팀도 따로 정하여 역할을 분담한다. '벌초는 무엇보다 정성'이라며 팔십을 바라보는 형수兄嫂까지 거든다. 이른 새벽부터 종갓집은 분주하다.

오늘 함께 모여 하는 가족벌초 묘가 13자리나 된다. 옛적엔 일부다처제가 통용되었을까. 윗대 할머니 묘가 여럿이다. 더구나 당시는 상황에 따라 명당자리를 찾아 묘를 썼는지 묘소가 여기저기 분산되어 있다. 하지만 먼 한라산 자락이 아닌, 마을 근거리에 있어 다행이다. 자손이 귀하리라 예견해서 그랬나 보다.

예전에는 한 기基의 묘소에 벌초하는 자손 숫자를 보고 집안의 세勢를 짐작하기도 했다. 후손이 적은 집안에선 여러 날에 걸쳐 하기도 한다. 어린 시절, 우리 집안에서 벌초할 때의 일을 생각하면 서러워 눈물이 앞선다.

여름 매미 소리가 잦아들면서 음력 팔월이 가까워지면 어머니와 누나들은 긴 한숨을 내쉬었다. 다른 집안은 장정들이 많아 위세도 당당하게 벌초를 하는데, 우리는 멀리서나마 찾아오는 친족 한두 분이 고작이라 어머니와 누나들도 함께 비지땀을 흘려야만 했다. 그 시절엔 차량도 귀하고 예초기도 없었기에 자손이 적은 집안에선 벌초가 큰일이었다.

학교에서도 벌초방학까지 했다. 추석 때까지 못 끝내면 마을에서 손가락질 받기 십상이었다. 자손들이 불효하거나 대代가 끊긴 집안으로 보기 때문이다. 더구나 남의 손을 빌려 벌초하는 건 가문家門의 수치로 여겼다. 어머니는 누나들과 이를 악물고 며칠이고 벌초를 했다. 근족近族이 없다시피 한 집안의 약한 세를 한탄하며 외로움에 몸부림쳤던 것이다.

사실 고조부는 아들 하나를 낳았으나, 독자인 증조부는 아들이 다섯이었다. 하지만 그 아들 중에 세 분 할아버지는 후손이 끊어지거나 종적이 없었다. 그래서 둘째인 우리 조부님이 종손을 이었는데 아버지가 독자로 그 자리를 물려받았다. 헌데 막내 할아버지는 고향을 떠나 후손이 멀리에 살았다. 아버지까지 먼저 세상을 뜨시고 아들들은 어렸으니 어머니의 외로움이 어떠했으랴. 지금처럼 교통이 좋았어도 문제가 아니었을 테지만.

"어미가 죽어 한 줌의 흙이 된 후에라도, 조상의 이름을 욕되게 하지 마라."

세상을 떠나시며 남긴 말씀이다. 당부하시던 그 모습이 눈에 선하다. 육신은 흙에 묻혔어도 영혼은 후손을 염려하며 먼 곳에서 지금도 굽어 살피고 있으리라.

산소를 찾으니 조상님이 무척 반기는 느낌이다. 벌초를 하는 손놀림이 바쁘다. '산담' 위엔 예전 뒤덮였던 칡이랑 잡풀들도 거의 없다. 봄 벌초까지 하는 후손들의 정성을 알아보는 걸까. 묘를 감싸고 있는 산담은 사각형으로 쌓은 돌담이다. 제주 분묘의 모습은 그래서 예로부터 유별나다. 말이나 소를 방목하기에 마소의 분묘 훼손도 막고, 가끔 발생하는 방화放火의 접근을 미리 피하기 위함에서였다.

묘마다 사연도 다르다. 직계손直系孫이 없는 선조의 산소에 이르면 마음이 아리다. 넷째 할아버지 묘 앞에 서면 제주 4·3사건으로 아들을 잃어 대代가 끊겨버린, 갈기갈기 찢긴 그 아픔이 흐른다. 한 분 할머니 묘에는 남편과 아들을 기다리다 간 여인의 켜켜이 쌓인 한恨이 고스란히 남아 있는 듯하다. 이 세상에선 힘든 삶이었지만, 저 세상에서만은 평안을 누리시길 기원하며 옷깃을 여민다.

정성스레 다듬어진 봉분이 깔끔하다. 목욕을 시켜 새 옷을 입혀드린 것처럼 산뜻하다. 자손들은 성묘를 하며 조상님께 감사를 드린다. 풍요로운 가을을 기다려온 농부처럼 흐뭇해할 것 같다. 묘비에 새겨진 뜻을 읽어주고, 음복飮福을 하며 집안 내력을 전하는 것은 어른들의 몫이다.

제주의 벌초문화는 후손에게 그 뿌리를 알리고 숭조사상을 지키며 키워왔다 할 것이다. 정성어린 벌초야말로 선조들이 물려준 미풍양속을 몸소 실천할 기회가 아닌가. 조상의 묘 앞에 서면 자신을 다시 돌아보게 된다. 친족들이 한데 모이니 또한 반갑다. 흩어져 사는 가족 친지들과 못다 한 얘기도 나누게 되니 혈육의 정을 더 느끼게 마련이다. 옛 선인들의 지혜로운 뜻이 여기 있는 건 아닐까.

벌초를 끝내니 몸과 마음이 뿌듯하다. 며칠 지나면 한가위 보름달에 실려 환한 미소로 조상님이 고향집을 찾아오시려나. 나이가 들수록 마음은 어려진다는 게 맞는가 보다. 설렘과 기다림에 하루가 즐겁다.

- ≪수필과비평≫, 2008년 11/12월호

스윗 스토리

윤 용 흠

나긋나긋이 갸름갸름한 이슬기 양의 손가락이 25현 가야금의 현을 사뿐사뿐 더듬어 갔다. 슬기롭고 잽싸게 현판鉉板을 종횡으로 춤추며 화음을 튕겨내는 모습이 흡사 신기神氣를 탄 듯했다.

지난 초복날(7월 19일), 한나절 더위에 시달리다가 심심풀이로 KBS TV를 켰다. 마침 '국악 한마당'의 라스트 레퍼토리로 KBS 국악관현악단이 〈스윗 스토리(sweet story)〉를 연주하고 있었다. 순간 나는 가야금을 연주하는 이슬기 양의 모습에 고스란히 마음을 뺏겨 오롯이 도취되어 버렸다. 매혹적인 '얼짱'은 아니었으나 나무랄 데 없이 결곡한 인상이 그저 맘에 들었고, 멜로디를 타고 흐르는 그녀의 표정 변화가 시선을 끌었다. 평화와 안식, 희열과 애련愛戀

의 정서를 방금 피워낸 듯한 그녀의 표정은 실로 우아하였다. 더구나 자유롭다기보다 고즈넉하면서도 날렵하게 움직이는 그 몸놀림, 그것은 선율과 분위기와 사연(스토리)을 한데 융합시키는 삼박자의 어울림이었다. 선 자세로 팔, 다리, 몸짓이 상호 유기적으로 리드미컬하게 움직이는 제스처는 결코 연습으로 이루어진 기능이 아닌, 음악의 심오한 경지에서만 나타나는 자연적 율동인 성싶다. 불과 10분 남짓한 짧은 동안의 연주, 드디어 오금이 저려옴을 느끼면서 나는 연주가 끝난 줄도 모르고 오랫동안 무아지경을 헤맸다.

〈스윗 스토리〉. 그 사연이 무지하게 궁금했지만 가사가 전해지지 않아서 연주되는 음악 자체를 통해서 상상할 수밖에 없었다. 예술이란 진실을 까발리기보다 넌지시 여운을 남겨서 감상자의 상상을 유도하는 것이 훨씬 멋지고 효과적인 법이다. 이 이야기도 남녀의 만남과 사랑, 갈등과 위기, 위기의 탈출과 창조적 재결합 등으로 이어지는 흥미로운 이야기일 성싶었다. 누구나 하나쯤 가슴 깊이 숨겨두고 있을 법한 스토리, 누구나 한 번쯤 경험해 보고 싶은 그런 사연이었을 것으로 상상됐다.

칩칩 행로난行路難인 삶 중에도 잊을 수 없는 달콤한 한때, 또는 스위트한 에피소드가 삶 전체를 핑크빛으로 물들이는 아름다운 추억은 누구에게나 있게 마련이다. 〈스윗 스토리〉는 그 표제만으로도 사람들 가슴을 설레게 하는데, 더구나 추억을 먹고 산다는 노년老年들에겐 새삼 옛 추억을 더듬게 하는 멋진 제목이 될 것이다. 하나의 곡曲이 행로난의 인생을 정서적으로나마 핑크빛 인생으로 변용變容시킬 수 있다면 그것은 참으로 위대한 능력이라 아니할 수 없다.

"태초에 말씀이 계셨고 그 말씀이 우주 만물을 창조하셨다(〈창세기〉)."는 것이다. 말은 뜻과 음성으로 이루어진다. 뜻은 진리이고 음성은 표현수단이다. 소리(음성과 자연의 소리인 음향)는 우주 창조의 진리였던 '말씀'의 한 구성요소이다. 우주론에서 말하는 '빅뱅'도 대폭발의 굉음轟音으로 시작되지 않았던가.

소리는 원초와 함께 왔고 종말과 같이 사라진다. 세상은 소리의 바다요 음향의 대륙이다. 존재하는 모든 것은 소리와 함께 숨쉬며 소리와 더불어 움직인다. 밤하늘에 빛나는 별빛에도 속삭임이 있고, 설악산에 솟아 있는 귀면암鬼面岩(귀신처럼 괴이하게 생긴 높은 바위)에도 풍화風化하는 숨결이 있다. 분자와 원자의 움직임에 왜 소리가 없겠는가? 꽃 피는 소리, 잎 돋는 소리도 들을 수 있어야 하고, 지리산 연하천烟霞泉(지리산의 한 골짜기)의 조잘대는 물소리에서 우람한 대지의 호흡도 들을 수 있어야 한다.

눈 덮인 달밤, 주위는 죽은 듯이 고요한데 멀리에서 개 짖는 소리 들려오면 사람들은 대체로 죽음을 떠올리며 허무에 잠기게 된다. 이럴 때 어디선가 들려오는 음성, '그대는 어디서 왔다가 어디로 가는가.'라는 엄숙한 말씀을 당신께서는 들은 적이 있는가. 가슴속에 도사리고 있던 당신 스스로의 그 '물음', 당신께서는 들은 적이 있는가. 사랑에 겨워 아양 넘치는 연인들의 간드러진 웃음소리는 가끔 듣는 일이지만, 대양大洋의 심층 바다 밑 수천 m의 그 캄캄한 침묵, 당신께서는 그 무서운 침묵의 소리를 상상해 본 적이 있는가. 이렇듯 유성 무성으로 들려오는 소리의 존재양태存在樣態

또한 얼마나 다양한가?

음성과 음향을 고·저·장·단과 강·약·완·속强弱緩速으로 절묘하게 조화시켜(작곡) 인간의 사상과 희로애락의 정서를 감동적으로 표현하는 예술을 음악이라고 한다. 음악은 직접적으로, 강력하게 그리고 동시에 다중多衆에게 작용하는 원초적 예술이다. 음악은 만인이 만인으로 통하는 매체이며 대중을 하나로 묶어세우는 유도력誘導力으로 작용한다. 음악은 사람뿐만 아니라 동식물의 성장과 결실에도 20~30% 이상 효과적으로 작용한다고 한다. 최근에는 음악치료법의 효과가 인정되어 종합병원 등에서는 이미 그 치료법이 시행되고 있다고 하니, 머지않아 음악은 만능의 예술로 전세계 각 분야의 왕자로 군림할 성싶다.

음악이 그 색채를 더욱 선명하게, 그 흥취를 더욱 멋스러이 자아내기 위해서는 가락曲과 스토리(사연)가 잘 어우러져야 한다. 홍난파 곡, 〈봄처녀〉가 낭만적 그리움과 설레는 춘정을 잘 드러내고 있는 것은 '~ 꽃다발 가슴에 안고 뉘를 찾아 오시는가~', '~미안코 어리석은 양 나가 맞아 볼까나.' 등 가사(스토리)와 잘 어우러져 있기 때문이다. 봄을 맞는 젊음의 춘정이 임을 기다리는 처녀의 순정과 아련히 어우러져 있다. 게다가 약간 느린 템포로 흐르는 운율이 그리움과 낭만과 순정을 머금은 채 가벼이 춤추고 있다. 더 이상 무슨 앙상블이 필요하겠는가?

이도령과 성춘향의 스토리와 어울림으로써 판소리 〈춘향가〉는 명곡이 되었고, 마르티니 곡 〈사랑의 기쁨〉은 사랑에 실패한 젊은 연인의 비통한 심정(스토리)을 무스끄리의 침통하고 허스키한 음성으로 절절히 담아낼 때 기어이 우리들의 오열을 자아내게 한다. 스토리는 삶 자체이지만 흔히들 삶의 극적 단면을 가리키기도 한다. 스토리가 '천기天機의 울림'이라고 할 수도 있는 음악과 어울릴 때 극적 클라이맥스를 이루게 되는 법이다.

누구나 하나쯤은 추억의 뒤안길에 숨겨두고 있을 법한 그 '스윗 스토리'.

내가 지금의 내 처와 진주(처가)에서 처음 만난, 두어 달 후인 1956년 7월 하순 어느 날 밤, 그녀와 나는 촉석루 뒤편 옛 진주성 터를 거닐다가 송림 아늑한 곳에 자리잡게 되었다. 가끔 스쳐가는 산들바람이 7월의 무더위를 식혀주었고, 남강은 잔잔히 흐르면서 겨레의 슬기를 고즈넉이 읊조리고 있었다. 우리들의 정담은 샘물처럼 강물처럼 이어지며 끊이지 않았다. 시간은 우리를 위하여 흐름을 멈추었고 공간은 우리를 위하여 나래를 아늑히 펼치고 있는 것만 같았다. 우리들의 이야기는 격을 높여가며 온기를 더하고 열기를 돋우었다. 둘은 서로의 연정에 이끌려 스스로 도취되었다. 산과 들과 숲들이 온통 둘을 위해서 존재하는 양 착각하게 되었다. 이야기는 급기야 데카르트와 니체를 들먹이며 인생을 논했고, 마침내 희망 자녀 수와 재테크의 방법을 의논하면서 장래를 설계하기에 이르렀다. 그런 둘에게 통행금지 사이렌이 들릴 리 없었고, 소나기처럼 쏟아지는 찬란한 별빛이 보일 리 없었다. 그러나 둘이 서로의 신체적 매무새를 흐트리지 않은 것은 대단한 절제였다고 나는 지금도 그리 회상한다.

"당신들 누구요!" 순찰순경 두 명이 나에게 다가서며 "통행금지 위반으로 연행하겠소." 하며 마치 부랑배浮浪輩를 대하듯 그리 호통을 쳤다. 머리칼이 쭈뼛 곤두서면서 나는 단꿈에서 깨어났다. 나는 부산 D고교 교사신분증을 제시하면서 자초지종을 설명했지만 그들은 끄떡도 하지 않았다. 나는 거듭 용서를 애원하였다. 별 반응이 없었다. 할 수 없이 "나는 따라갈 터이니 저 여자는 용서해 주세요."라고 하자, 그녀가 선뜻 나서며 "우리는 사랑하는 사이입니다. 저도 따라가겠습니다."라고 했다. 그제서야 둘의 얼굴을 살피던 순경이 신뢰가 되는 듯, "알겠소. 통금해지 사이렌이 울리거든 돌아가세요."라면서 가버렸다. 나는 안도의 가슴을 쓸어내리며 힐끗 하늘을 우러렀다. 찬란한 별빛이 살아 숨 쉬듯 유난히 빛나고 있었다.

그 후 우리는 모종의 '오해'로 결별의 위기를 맞기도 했으나 슬기롭게 이를 극복하였다. 2년간 100여 통의 서신을 주고받으며 이해를 넓히고 신뢰를 굳혀 드디어 결혼.

우리는 지난 6월 1일에 결혼 50주년을 맞았다. 인생행로난의 어려움 속에서도 나는 아직 할멈(처)의 신뢰를 잃지는 않았으니 그만하면 박복한 사내라고는 할 수 없지 않을까 싶다.

별빛 찬란했던 그날 밤의 '스윗 스토리?'를 나는 영원히 간직하고 싶다.

– ≪수필과비평≫, 2008년 11/12월호

물 한 병

김 옥 춘

캄보디아로 여행을 떠나기 전에, 먼저 다녀온 후배로부터 그곳은 자세를 낮추고 마음으로 여행을 해야 한다는 말을 들었을 때는 그 뜻을 잘 알지 못했다. 동남아여행은 처음이었기 때문이다.

그곳에서 하루 이틀 지나면서 후배가 한 말의 의미를 알 것 같았다. 가는 곳마다 구걸하는 아이들이 있었다. 아이들의 장래를 위해서 돈을 주지 말라는 가이드의 말이 있었지만, 그 말을 따르는 것이 옳은 것인지, 당장 불쌍한 아이들에게 한 푼이라도 더 쥐어 주는 것이 옳은 것인지 판단이 서지 않았다.

마지막 일정인 톤레샵 호수에서 배를 탔다. 배에는 실제 나이는 몇 살인지 몰라도 우리나라 아이들과 비교한다면 예닐곱 살쯤 되어 보이지만 아주 작은 아이 둘이 복잡한 호수 입구를 빠져나갈 때, 옆에 지나가는 배와 부딪치지 않게 하기 위해 막대기를 이용해서 배의 앞머리를 조종하는 일을 하고 있었다. 그 아이들은 돈을 벌기 위해 스스로 일을 한다는 것이었다. 구걸하는 아이들을 볼 때는 가난은 나라도 구제하지 못한다는데 이 아이들은 언제까지 이렇게 살아야 하나 하는 생각에 가슴이 답답했지만, 자진해서 일하는 아이들을 보면서 그래도 희망이 있구나 하고 생각했다. 구걸하는 아이들과 일하는 아이들의 모습은 대조적이었다. 먼저 본 아이들은 자신감이라고는 찾아볼 수 없고 안쓰러우면서도 약간 비굴하게 보였지만, 일하는 아이들의 눈은 빛이 났다. 웃음이 담겨 있어 인상이 선했고 가냘프지만 어깨에는 힘이 있고 자신감이 있어 보였다.

목적지가 가까워오자 배도 아닌 나무판자나 대야 같은 것을 타고 바나나 몇 송이씩 들고 몰려오는 아이들과 여자들을 보았다. 가이드는 한 사람 것을 사기 위해 돈을 꺼내면 순식간에 백 명쯤 모여든다면서 조심하라고 일렀다. 그러나 일행 중에는 슬쩍슬쩍 돈을 쥐어주거나 바나나를 사주기도 했다. 끝이 보이지 않는 호수는 온통 흙탕물이었다. 그 물은 미네랄이 풍부하기 때문에 엄청난 물고기가 살고 있어 물 반 고기 반이라고 한다. 드문드문 수상가옥이 있었고 수상가옥에 사는 사람들은 그 호수에서 고기를 잡고 흙탕물을 가라앉혀서 식수로도 사용하지만 그곳 사람들 체질은 길들여져서 배탈이 나지 않고 별 문제가 없단다.

호수 중간쯤의 수상상점에 잠깐 머물렀다가 돌아오면서 우리나라 선교회에서 학교와 체육관을 크게 지어놓은 것을 볼 수 있었다. 수상가옥과 호수 주변에 사는 아이들이 혜택을 받는 것 같아서 다소나마 위안이 되기도 했다. 선착장에 도착하여 가방 속에 넣고 다니면서 손을 내미는 아이들에게 나누어 주다 남은 사탕을 배에서 일하는 두 아이에게 다 꺼내어주고 출렁거리는 외나무다리를 건넜다. 대기하고 있는 버스에 오르려고 하는데 문 앞에 서 있던 한 아이가 "물!" 하는 것이 아닌가. 그 아이가 우리말로 물이라고 하는데 반갑기보다는 의외라서 멈칫했다. 다른 아이들처럼 달러를 달라는 것이 아니고 물을 달라고 하는 것도 의외였다. 나는 "아줌마 물 없는데." 하며 빈손을 보였다. 아이가 손으로 가리키는 버스 안에는 얼음이 다 녹은 통에 우리에게 나누어 주다 남은 물병 두 개가 있었다. 기사를 바라보니까 그는 운전대에 얼굴을 대고 나를 빤히 보고 있었다. 나는 찔끔해서 "저 물 내 거 아니야."라고 한 마디 하고는 더위를 피해서 얼른 냉방이 된 차에 올라타고 말았다.

나는 아주 짧은 순간에 여러 가지 생각을 했다. 그동안 우리나라 관광객들이 생수를 주면서 물이라는 우리말을 가르쳤구나. 내가 생수 한 병 준다고 이 아이가 얼마 동안 마실 수 있을까. 어차피 호수의 흙탕물을 가라앉혀서 마시면서 살아야 하지 않는가. 관광객들이 책임질 것도 아니면서 입맛만 버려 놓는 것이 아닌가. 그러면서 나는 미안한 마음이 들어서 그 아이와 눈이라도 마주칠까 봐 버스 입구의 반대편 창밖을 내다보고 있었다.

그날 귀국을 했다. 돌아와서 물을 주지 못한 그 아이가 자꾸만 생각이 났다. 물을 달라고 할 때는 목이 말라서 그랬을 터인데 물을 주지 못한 것은 내게 인정미人情味가 없었기 때문이 아닌가 하는 생각이 들었다.

몇 해 전 퓰리처상을 수상한 보도사진 중에, 식량을 배급받으러 가던 수단의 한 소녀가 있었다. 가다가 지쳐서 주저앉고 마는 소녀의 뒤에는 독수리 한 마리가 있다. 독수리는 소녀가 어서 죽음을 맞기를 기다리고, 소녀는 결국 죽었다고 한다. 상을 받고 이 사진이 세상에 알려진 후, 사진을 찍은 기자는 촬영하기 전에 먼저 소녀를 구했어야 했다는 비난을 받아야만 했다. 비난이 쏟아지자 사진기자는 33세의 나이로 자살했다는 기사를 읽은 적이 있다. 자꾸만 그 사진기자 생각이 났다.

여행에서 돌아온 뒤에 뒤풀이 겸 모임이 있던 날 일행 중 한 명에게 속에 담아둔 말을 했다. 그는 염려 말라면서 자기 앞에서 누군가 마시다가 남은 물병을 아이에게 주는 것을 보았다고 한다. 그 말을 듣자 다소 마음이 진정이 되었지만 그것도 잠깐이었고, 그렇다면 더구나 그 사람은 주었는데 나는 왜 주지 못했는가 하고 자문하지 않을 수 없었다. 내 가방에는 없었지만 차 안에는 두 개의 생수병이 남아 있었다. 나는 차에 있는 물의 값을 치르고라도 아이에게 주어야 하지 않았을까. 평상시에 불우이웃을 돕고자 한다는 내가 위선이었던가.

사람들은, 마음은 굴뚝 같은데……, 또는 생각은 굴뚝 같은데……, 라는 말을 한다. 마음은 자꾸만 하라고 하는데 행동으로 옮기지 못한 경우에 하는 말이다. 깡마르고 배고파 보이는 그 아이를 보면서 분명히 가엾다는 생각을 했는데 나는 아무것도 주지 못했다. 그럴 마음의 여유가 없었던 것은 지독한 땡볕 때문이었다고 스스로 변명을 해보았지만 개운치가 않다. 그 일 이후 자꾸만 내 자신을 돌아보게 된다.

– ≪수필과비평≫, 2008년 11/12월호

아름다운 유혹

최 원 현

아침이란 말은 신비롭고 싱그럽다. 그냥 두어도 밝고 환하기 그지없는 아기 얼굴을 세수까지 시킨 것처럼 아침은 싱그럽다 못해 눈이 부시다. 그런 아침을 맞는 모두의 가슴에는 어제와는 다른 오늘에의 희망과 꿈이 새로운 기대감으로 찬란한 무지개처럼 일어난다.

사람의 특징은 나쁜 것에 대한 불안보다는 좋은 것에 대한 기대가 늘 더 크다. 그래서 큰 아픔이나 절망에서도 이내 더 좋은 것이 오리라는 기대와 희망으로 주저앉지 않고 다시 일어설 수 있는 것이다.

요즘엔 하나같이 힘들다고들 말한다. 그러나 힘든 사람들처럼 살진 않는 것 같다. 이미 좋은 맛을 알아버린 때문일 수도 있겠지만 이 고비만 넘기면 다시 좋아지리라는 희망과 기대가 더 크기 때문이다. 힘들어진 만큼 줄이기도 해야 하련만 잠깐이면 될 텐데 구태여 위축되어 살 필요가 있느냐고 생각하나 보다. 줄이는 것도 방법이지만 희망으로 이겨내는 것도 방법일 것이다.

밤이 지나면 어김없이 아침이 온다. 그 아침에 대한 믿음과 기대가 있기에 잘들 참고 견딘다. 아침의 아름다운 유혹이다. '그래, 될 거야, 좋아질 수 있어.' 그런 아침의 유혹이 사람들을 살아가게 한다. 이 유혹 앞에서 사람들은 이겨내는 힘과 용기와 삶에의 의지를 가꾸며 보다 크고 좋은 것에 욕심을 낸다.

하나님께서 인간에게 주신 가장 귀한 선물인 희망을 품고 사는 존재, 실날 같은 빛 가닥으로도 어둠을 몰아내듯 짙은 어둠 속에서도 아침은 오고 말 것이라는 믿음과 소망은 사람을 사람이게 해주는 가장 큰 힘이다.

밤내 잠들었다 눈이 떠졌을 때 어둠은 간곳없고 찬란한 광명의 아침이 새 세상을 열고 있는 것을 보면서 사람들은 또 한 번 살아볼 만한 세상이라고 마음을 다진다. 찬란한 아침의 유혹을 절실하게 더 많이 느낀다는 것은 그만큼 진한 생명의 욕구일 것이다. 다들 힘들다고 하지만 밤이 지나면 아침이 온다는 믿음은 아침 향기, 밝음의 맛에 대한 유혹으로 우리에게 충분히 살아갈 힘이 되고도 남는다.

– ≪행복의 강≫, 북나비

와자송蛙子頌

김 종 길

자그만 웅덩이에 와자들이 우글거린다. '우물 안 개구리'의 뜻을 모를 사람은 없을 일이다. 그러나 와자를 아는 이는 많지 않을 터. 우리말로 올챙이 하면 그걸 왜 몰라, 와자蛙子가 바로 올챙이다. 요즘엔 가까운 시골에서조차 와자 구경이 쉽지 않다.

어느 찌는 여름날 오후에 와자옹翁이 슬그머니 들어왔다. 이상하게도 그가 오는 날이면 내 진료실이 조용하다. 잊힐 만하면 한 번씩 찾아와 즐거운 너스레를 떨다 돌아가는 정 많은 친구, 와자옹은 내가 부르는 이름이요 그는 스스로 와자라고 한다. 그와의 화제는 언제나 평범치 않은 주제들이다. '어제 내가 보낸 멜을 봤소?' '아니요.' '거참 이상하네.' 다음날 아침에 확인하니 스팸으로 들어와 있다. 편지를 열었더니 난데없이 생명론이다. 생명의 오묘한 순간, 우주의 섭리를 그림으로 그렸다고 말했는데, 그 그림이 열린다. 와우, 멋진 심상화心象畵를 그렸네. 와자웅은 보통내기 화백이 아니다. 언젠가 칭하이 스님의 선도禪道 그림전을 본 일이 있었는데, 그보다 높다.

그의 편지를 음미해 본다.

> "조금 시원한 바람이 스치고, 이름 모를 새들이 이 이른 아침에 노래하네요. 분명 그 무슨 사연인지? ……탄생이란 화제를 앞에 놓고, 생명이란 균형과 조화와 질서 위에 사랑의 섭리로 탄생한다는 것을 표현해 보려 하였으나, 안계관념眼界觀念의 한계限界를 벗어나지 못한 유치한 맹자盲者의 황荒칠이 되고 말았습니다."

보통 사람의 눈에 그는 좀 괴짜임에 틀림없다. 원래 공학도인데 잘 나가던 회사를 접더니 화가로 변신하였다. 물론 나이도 은퇴에 이르렀으나 절대 은퇴를 모르는 생활이다. 돈을 탐하는 그림은 분명 아니다. 물감의 화학적 특성과 번짐의 아름다움을 이용하여 묘한 분위기를 살리는 수채화를 그린다. 선친께서도 유사한 풍의 수채화를 그리셨는데 국내보다도 외국에서 더 인정받는 작가였다. 얼마 전에는 유명을 달리한 고명한 아버지 화백과 화업을 이은 이들 간의 부자전父子展에도 초대받은 정도이니, 기반을 확고히 잡은 화가임에 틀림없다. 그의 온라인 갤러리에 들어가면 경지에 이른 선화들이 선을 보이고 있다. 그는 컴퓨터에도 일가견이 있어서 일상생활에서 착안한 아이디어를 이용하여 의학기구를 발명하였다. 홍채 안을 보는 진찰기, 홍채경을 발명하였다. 제1호기를 내가 구입하였는데 임상에 이용은 못하고 있으나 유용하게 이용될 날이 올 것이다.

그와의 교류가 삼십 년이 되는데 그의 나이를 안 것은 십 년이 안 된다. 나이를 듣고서 깜짝 놀랐으니 갑장인 줄 알았는데 십 년이나 연상이었던 것이다. 그동안의 결례가 너무나 송구스러웠으나 그는 개의치 않았고 예나 지금이나 한결같다.

와자옹 왈, "당신, 올챙인 거 알아요?" 느닷없이 던지는 질문, 얼핏 생각하면 기분 나쁜데 원래 범상치 않은 질문을 잘 던지니까 무슨 뜻이 있겠거니 미소로 답하자 그가 설명을 붙인다. 그 질문은 사실 자신에게 던지는 질문이었다. 와자라고 호를 붙인 이유이기도 하다. 뭘 안다고 생각하는 사람들, 사실은 우물 안 개구리들이라는 이야기이다. 자기도 한계 안의 세상을 벗어나지 못하고 살고 있으니 와자가 아니겠느냐는 반문적 사뭇 회화적 조롱이다.

그의 말에 세계적 석학인 지인이 던진 질문이 떠오른다. 차기 국제유기물리학회 의장이기도 한 그의 말은 장난기가 넘친다. '지구 노는 소리를 들어본 적 있나요?' '개미가 걸어가는 소리를 들어본 적 있나요?' 물론 함께 술을 마시던 좌중은 모두가 벙어리가 되었다. 생각이 기발한 사람들은 엉뚱한 상상력을 동원한다. 박사 호號를 가진 나라고 별수 없다. 개미가 걸어가는 소리라니, 상상도 못했으니 다만 탄복을 하며 들었을 뿐이다. 어떤 분이 불가에서 외는 기도 소리 '옴메니반메흠~'에서 '옴'이 바로 지구가 도는 소리를 표현하는 것이라고 했다.

지구 도는 소리도, 개미 걷는 소리도 듣지 못하는 우매한 세상 사람들은 보이고 들리는 것에만 집착한다. 실제로는 보이지도 않고 들리지도 않는 현상이 세계를 지배하는 데 말이다.

환자는 아프다고 하고 검사결과는 이상이 없을 때, 의사들은 데이터에 집착하고 눈에 안 보이는 정신세계를 외면하는 현실이다. 알아도 해 줄 게 없기 때문이다. '신경 쓰지 마세요.' 환자가 그걸 몰라서? 그냥 '힘들겠네요.' 공감만 해 줘도 될 일이건만……. 모르는 건 모르는 대로 말이다.

세상에는 모르는 게 많다. 밝혀진 게 많아도 아직 보이는 것의 한계 밖이다. 게다가 세상의 흐름이 하도 빠르니 그 변화에 따르기 힘들다. 스스로 '와자'라는 호를 붙인 의도가 충분히 공감된다. 어찌 그와 나만의 문제일 뿐이랴.

'당신, 올챙이인 거 알아요?'

– ≪에세이문학≫, 가을호

수필과 모티프

글을 쓰려고 노력하는 사람에게는 어느 순간 섬광과도 같은 생각이 떠오를 때가 있다. 그 순간을 영감靈感이 떠올랐다고 말한다. 영감이야말로 훌륭한 작품을 쓰게 되는 단초가 된다. 일찍이 로마의 철학자 시세로는 "성스러운 영감靈感의 입김을 받지 않고 위대하게 된 사람은 하나도 없다."라고 했다. 인간에게는 신비한 힘이 솟구쳐 오를 때가 있다. 영감도 그 중의 하나인지 모른다. 불현듯 솟아오른 생각의 단편, 그것으로부터 위대한 대작도 싹트는 것이라고 볼 수 있다.

영어의 'inspiration'을 우리말로 '영감'이라고 번역한 것인데, "정신이나 정서의 고양된 수준으로의 자극"이라는 의미다. 동사 'inspire'는 "신의 영향으로 감동을 주거나 인도하거나 감흥을 준다."는 뜻이다. 우리말의 '영감靈感'도 신령스럽게 느낀다는 뜻이다.

어쨌든 평상시의 느낌이 아닌 보다 고차적인 힘에 의하여 느낄 수 있는 순간을 말한다.

영감은 시인이나 작가에게 글을 쓰도록 자극하는 충동이나 그런 충동을 일으키게 하는 어떤 힘이다. 고래로부터 영감을 일으키게 하는 데는 두 가지 다른 견해가 전해오고 있다. 그 하나는 시인(근대 이전에는 시가 문학을 대표해왔으므로 시인이 문학인의 대표다.) 외부에서 온다는 견해와 다른 하나는 시인 내부에서 온다는 견해다. 근대 이전에는 전자가 지배적인 견해였지만, 근대 이후에는 후자에 초점이 맞추어져 있다. 전자는 대체로 신이나 초자연적인 어떤 힘으로부터 받는다고 생각한 반면에 후자는 인간의 심리적인 현상으로 생각하는 것이다.

서양의 고대 철학자들, 예를 들면 소크라테스, 플라톤, 아리스토텔레스, 시세로, 롱기누스 등은 대체로 시인이 노래를 짓고, 노래하는 것은 시인 외부에 존재하는 어떤 힘이 시인의 마음에 들어가 있기 때문이라고 생각했다. 희랍인은 뮤즈(The Muse)가 시인의 마음속에 들어가 시를 짓고 노래한다고 생각했다. 그러니까 뮤즈가 마음속에 없을 때는 보통 사람과 같지만 일단 사람의 마음속에 들어가면 훌륭한 시인으로 변신된다고 생각한 것이다. 이러한 견해는 신에 대한 개념이 조금씩 다를 뿐 19세기까지 지배적인 사상으로 서양을 지배해왔다. 서구의 낭만파 시인들은 영감에 의존해서 시를 쓴다고 주장했다.

영감에 의하여 착상된 것을 모티프(motive)라고도 한다. 그러니까 영감이 구체화되어 그 글을 끌고 갈 힘이 되면 모티프가 된다. 우리말로는 동기動機라고 번역하지만 강조하는 측면이 조금 다르다. 동기動機라고 하면 글을 쓰게 된 자의적이고 합리적인 측면이 강조되어 있지만, 모티프는 타의적이면서 예술적인 측면이 강조되어 있다. 모티프는 음악 같은 데서 흔히 쓰는 말로 시작에서부터 끝날 때까지 그 음악의 주된 흐름의 리듬이라고 할 수 있다. 글에서도 모티프는 그 글을 끌고 가는 힘이 될 것이다. 이것은 주제와는 엄연히 구분된다.

글을 쓸 때 분명한 이유가 있고 전달할 내용이 있어서 쓸 경우도 있지만 그렇지 못한 경우도 있다. 우연한 기회로 어떤 사물을 보고 느끼고 생각한 점을 표현하고 싶어서 쓰는 경우도 있고, 자기 흥취에 취해서 쓰는 경우도 있다. 대체로 전자의 경우는 논설문의 형태를 취하고, 후자는 문예문의 형태를 취한다. 영감이 크게 작용하는 것은 대체로 후자의 경우다.

오승휴의 〈벌초〉는 제목 그대로가 모티프가 되어 쓴 작품이다. 온 집안 사람이 날을 정해서 모여 조상의 묘에 벌초하러 가는 일이 모티프가 된 것이다. 작자가 묘사하고 있는 벌초의 광경을 보면 육지에서는 보기 드문 제주도 특유의 것으로 보인다. 필자가 알기로는 조상 묘의 벌초에 온 집안 식구나 문중이 동원되는 경우는 드물고 종손이나 그에 준하는 사람이 대개 조상 묘에 제사 지내러 가기 며칠 전에 하거나 명절이나 추석 전에 한다. 그렇지 못할 경우에는 묘소 근처에 있는 사람에게 적당한 보수를 주고 대리벌초를 시키는 경우가 흔했다. 제주도의 이런 풍속은 수필의 소재로서 충분히 가치가 있다. 필자가 어렸을 때 부친을 따라 할아버지 묘소에 참배하러 가면 꼭 벌초한 사람을 찾아 수고한 대가를 전하고 오는 것을 보았다.

이 수필에서 정교한 언어의 손맛이나 뭉클한 감동 같은 것을 기대하기는 어렵다. 처음부터 끝까지 벌초하게 된 동기, 벌초하는 광경, 벌초의 풍속 등이 꼼꼼하게 묘사되어 있다.

> 오늘 함께 모여 하는 가족벌초 묘가 13자리나 된다. 옛적엔 일부다처제가 통용되었을까. 윗대 할머니 묘가 여럿이다. 더구나 당시는 상황에 따라 명당자리를 찾아 묘를 썼는지 묘소가 여기저기 분산되어 있다. 하지만 한라산 자락이 아닌, 마을 근거리에 있어 다행이다. 자손이 귀하리라 예견해서 그랬나 보다.
>
> 예전에는 한 기基의 묘소에 벌초하는 자손의 숫자를 보고 집안의 세勢를 짐작하기도 했다. 후손이 적은 집안에선 여러 날에 걸쳐 하기도 한다. 어린 시절, 우리 집안에서 벌초할 때의 일을 생각하면 서러워 눈물이 앞선다.
>
> 여름 매미 소리가 잦아들면서 음력 팔월이 가까워지면 어머니와 누나들은 긴 한숨을 내쉬었다. 다른 집안들은 장정들이 많아 위세도 당당하게 벌초를 하는데, 우리는 멀리서나마 친족 한두 분이

> 고작이라 어머니와 누나들도 함께 비지땀을 흘려야만 했다. 그 시절엔 차량도 귀하고 예초기도 없었기에 자손이 적은 집안에선 벌초가 큰일이었다.

하지만 제주도의 이 벌초문화도 아마 점점 사라져 가고 있을 것이다. 우선 출산율이 떨어지고 있는 것은 전국적인 현상이니 제주라고 예외는 아닐 것이다. 자손이 적으니 모이는 친족들이 적어질 수밖에 없다. 게다가 젊은 세대들은 벌초 따위엔 별로 관심도 없다. 조상의 제사는 물론이고, 부모의 제사조차 지내지 않으려는 경향마저 있다. "정성어린 벌초야말로 선조들이 물려준 미풍양속을 몸소 실천할 기회가 아닌가. 조상의 묘 앞에 서면 자신을 동시에 돌아보게 된다."고 작자는 역설하고 있지만, 머지않아 벌초하는 광경조차 박물관에서 찾아야 할지 모를 일이다.

윤용흠의 〈스윗 스토리〉는 이슬기 양의 가야금 연주가 모티프가 되어 있다.

> 순간 나는 가야금을 연주하는 이슬기 양의 모습에 고스란히 마음을 빼겨 오롯이 도취되어 버렸다. 매혹적인 '얼짱'은 아니었으나 나무랄 데 없이 결곡한 인상이 그저 마음에 들었고, 멜로디를 타고 흐르는 그녀의 표정변화가 시선을 끌었다. 평화와 안식, 희열과 애련哀憐의 정서를 방금 피워낸 듯한 그녀의 표정은 실로 우아하였

다. 더구나 자유롭다기보다 고즈넉하면서도 날렵하게 움직이는 그 몸놀림, 그것은 선율과 분위기와 사연(스토리)을 한데 융합시키는 삼박자의 어울림이었다.

가야금의 아름다운 선율을 들으며 작자는 '소리'에 대한 온갖 상상을 하고 있다. "남녀의 만남과 사랑, 갈등과 위기, 위기의 탈출과 창조적 재결합"을 상상하는가 하면, '태초에 말씀이 있었다.'는 그 성경 말씀의 소리가 우주 창조의 소리로 상상되기도 하고, 다양한 존재 양태의 소리를 듣기도 하고, 〈춘향가〉, 〈사랑의 기쁨〉이 소리와 사연이 어울려서 이루어진 걸작임을 깨닫기도 한다. 마침내 작자는 결혼하기 전 부인과 촉석루 뒤에서 만나 밤새워 정담을 나누었던 추억까지 회상한다.

이 작품은 썩 잘된 작품이라고 말하기는 어렵지만, 어떤 모티프가 이 작품의 근간을 이루고 있는지, 그 선율의 모티프가 부인과 처음 만나 아름다운 결실을 맺게 되었는지 분명하게 보여주는 좋은 예가 된다.

김옥춘의 〈물 한 병〉은 캄보디아 여행을 하면서 본 도처에서 구걸하고 있는 아이들이 모티프가 되어 있다. 비단 캄보디아뿐 아니라, 구걸하고 있는 사람을 보면 우리는 갈등을 느낀다. 가령 전철에서 구걸하는 맹인을 흔하게 보게 되는데, 그때마다 몇 푼의 돈을 던져 주어야 할지 말지 갈등을 겪는 것이 사실이다. 그 정황이 불쌍하니까 얼마라도 보태주는 것이 옳은 것 같기도 하지만, 그렇게 돈을 얼마 준다고 그 사람의 사정이 달라지는 것도 아닌데, 전철 속에서 언제까지나 딱한 정경을 보면서 기분을 상해야 하는가, 외국인들에게 한국의 나쁜 이미지만 심어주는 것은 아닌지, 정부는 이런 사람에 대하여 왜 근본적인 대책은 세우고 있지 않는지, 여하튼 이런 사람이 지나갈 때 갈등을 겪지 않은 사람은 없을 듯하다. 가난한 나라 캄보디아를 여행하면서 이런 갈등을 겪지 않을 수 없을 것이다. 특히 어른의 보호를 받고 학교에 있어야 할 이들이 여행자들에게 구걸하고 있는 광경을 보면 동정심에 돈 몇 푼을 던져주어야 할지 말지 갈등을 겪지 않을 수 없다. 이들 중 누구에게 돈을 주면 당장 구름같이 애들이 몰려와 여행도 못할 판이다.

선착장에 도착하여 가방 속에 넣고 다니면서 손을 내미는 아이들에게 나누어 주다 남은 사탕을 배에서 일하는 두 아이에게 다 꺼내어주고 출렁거리는 외나무다리를 건넜다. 대기하고 있는 버스에 오르려고 하는데 문 앞에 서 있던 한 아이가 "물!" 하는 것이 아닌가. 그 아이가 우리말로 물이라고 하는데 반갑기보다는 의외라서 놀랐다. 나는 "아줌마 물 없는데." 하며 빈손을 보였다. 아이가 손으로 가리키는 버스 안에는 얼음이 다 녹은 통에 우리에게 나누어 주다 남은 물병 두 개가 있었다. 기사를 바라보니까 그는 운전대에 얼굴을 대고 나를 빤히 보고 있었다. 나는 찔끔해서 "저

물 내 거 아니야."라고 한 마디 하고는 더위를 피해서 얼른 냉방이 된 차에 올라타고 말았다.

작자는 그 물을 아이에게 주지 못한 것이 여행에서 돌아온 뒤에도 내내 마음에 걸렸다. 모티프를 좀더 구체적으로 좁힌다면 이 글의 제목과 같은 그 아이에게 주지 못한 '물 한 병'이 될 것이다. 작자의 가방 속에는 없었지만 버스 안에 남아 있던 두 개의 생수가 눈에 어른거리는 것이다. "값을 치르고라도 아이에게 주어야 하지 않았을까. 평상시 불우이웃을 돕고자 한다는 내가 위선이었던가." 하고 작자는 후회하고 있는 것이다. 캄보디아라면 엄청나게 많은 문화 유적이 있는 나라다. 그 곳의 유적에 대해서는 한 마디 언급도 없이 물 한 병 달라는 아이에게 주지 못한 것이 이 글을 쓰는 모티프가 되어 있다. 모티프가 바로 글을 쓰는 시발점이라는 것을 말해 주는 증거라고 할 수 있다.

최원현의 〈아름다운 유혹〉의 모티프는 '아침'이다. 잠에서 깨어 환한 아침을 맞으면서 문득 찾아오는 삶에 대한 긍정적인 느낌을 독자에게 전달하고 싶은 생각이 든 것이다.

아침이란 말은 신비롭고 싱그럽다. 그냥 두어도 밝고 환하기 그지없는 아기 얼굴을 세수까지 시킨 것처럼 아침은 싱그럽다 못해 눈이 부시다. 그런 아침을 맞는 모두의 가슴에는 어제와는 다른 오늘에의 희망과 꿈이 새로운 기대감으로 찬란한 무지개처럼 일어난다.

최근에 간행된 수필집 중에는 그림이나 사진을 곁들여 수필 작품만으로 읽는 재미를 배가한 것이 더러 눈에 띈다. 이 작품은 〈행복의 강〉이란 이름으로 매 작품마다 보기 좋은 사진들이 글의 배면에 깔려 있는 수필집에서 선택한 글이다. 이런 수필집은 꼭 거기에 실린 글만으로서 아니라 글과 그림이 함께 어우러져 이루어낸, 말하자면 글을 시각적으로 입체화한 작품집이다. 이런 책은 애완하는 장난감처럼 읽기도 하겠지만 가지고 다니면서 책 자체의 소지를 즐기는 경우도 있다. 나이 든 사람보다 젊은 층이 그러한 경향을 더 즐긴다고 할 수 있다. 사실 나 같은 늙은이는 보기는 좋지만 사진에 덮여 글을 읽기가 쉽지 않다. 하지만 일일이 알맞은 사진을 골라 작품 배면에 까는 수고가 보통이 아니라는 생각이 든다.

이 작품집 속의 글에서 우리는 '아름다움', '사랑', '행복', '삶' 등의 어휘들을 흔하게 만나게 된다. 그만큼 작자는 삶을 긍정적으로 보고 있다는 뜻이다. 이 글 속에서도 "사람의 특징은 나쁜 것에 대한 불안보다는 좋은 것에 대한 기대가 더 크다."라고 했는데, 사람의 특징이 아니라, 작자의 특징이라고 보는 것이 옳다. 우리 주위에는 삶을 부정적으로 보는 사람이 얼마나 많은가. 서양 철학자 대부분이 삶을 비극적으로 보는 것이라든지, 희극보다는 비극이 더 큰 감동을 몰고 오는 이유도 같은 이유다. 한국 고전 작품에 비극이 없는 것은 생활이 아예 비극적이라 전부 해피엔딩으로 끝난다고 말하는 학자도 있다.

아무리 고난을 겪고 그 체험을 수필로 쓴 글이라도 수필은 구조상으로 비극적일 수 없다. 왜냐하면 대개는 간난艱難을 극복하고 쓴 글이기 때문이다. 그런 의미에서 다른 어떤 글보다 수필을 읽게 되면 긍정적인 삶의 태도를 얻게 된다. 때로는 너무 이실직고하는 태도가 눈에 거슬리기도 하지만.

작자는 "밤이 지나면 어김없이 아침이 온다."라고 기술하고 있다. 그 아침을 '아름다운 유혹'이라고 말한다. 그러니까 작자는 매일매일을 아침 햇살의 유혹을 받으며 살고 있는 것이다. 이런 삶에 대한 긍정적인 태도는 비단 이 작품뿐 아니라, 수필집 전체의 배음으로 흐르고 있는 듯이 보인다.

김종길의 〈와자송蛙子頌〉의 모티프는 와자蛙子라는 호를 가진 친구가 찾아온 것에서부터 시작된다. 친구를 많이 가진 사람을 우리는 존경한다. 인품이 넉넉하기 때문이기도 하지만 많은 친구를 가진 사람은 어려운 일도 친구 덕분에 쉽게 해결할 수 있기 때문이다. 그러나 많은 친구를 가진 사람은 한 사람의 지친한 친구도 없다는 말이 있다. 그것은 불행이다. 친구를 둘로 나눈다면 필요에 의해서 어쩔 수 없이 만나는 친구가 있는가 하면, 그저 만나기만 해도 즐거운 친구가 있다. '와자'라고 스스로 일컫는 작자의 이 친구는 후자에 속한다.

> 보통 사람의 눈에 그는 좀 괴짜임에 틀림없다. 원래 공학도인데 잘 나가던 회사를 접더니 화가로 변신하였다. 물론 나이도 은퇴에 이르렀으나 절대 은퇴를 모르는 생활이다. 돈을 탐하는 그림은 아니다. 물감의 화학적 특성과 번짐의 아름다움을 이용하여 묘한 분위기를 살리는 수채화를 그린다. …… 중략 ……
>
> 그와의 교류가 삼십 년이 되는데 그의 나이를 안 것은 십 년이 안 된다. 나이를 듣고서 깜짝 놀랐으니 갑장인 줄 알았는데 십 년이나 연상이었던 것이다. 그동안의 결례가 너무나 송구스러웠으나 그는 개의치 않았고 예나 지금이나 한결같다.

'와자'라고 호를 붙인 이유는 스스로 우물 안의 개구리라는 뜻으로 썼다. 친구는 작자에게도 "당신 올챙이인 거 알아요?" 하고 느닷없는 질문을 던지기도 한다. 비단 친구뿐 아니라 세상 사람들도 마찬가지라는 것이다. 이 친구의 질문에 연상되어 세계적인 석학이 던진 질문이 생각난다. "지구 도는 소리를 들어본 적 있나요?" "개미가 걸어가는 소리를 들어본 적 있나요?" 하고 질문을 던져 좌중을 웃겼던 일이다. 그래서 작자는 "세상에는 모르는 게 많다. 밝혀진 게 많아도 아직 보이는 것의 한계 밖이다."라고 단정한다. 이 작품의 모티프는 친구가 던진 질문에서 출발했지만, 주제는 그것이 아니다. 따라서 수필은 주제부터 먼저 생각해서 쓰는 것이 아니라, 어떤 일이 계기가 되어 영감이 떠오르고 그것이 모티프가 되어 작품을 쓰는 것이다. 그것이 논설문과 다른 것이다. 논설문도 수필 장르에 들어가는 것이지만 문예적인 수필과 다른 점이 바로 그 때문이다.

이장

김 광 영

할머니는 탑골 밭 끝자락에 묻혀 있었다. 젊은 날 돌아가신 할아버지 곁을 한사코 마다하고 그곳에 묻어 달라 하셨다. 그건 청상을 만들고 가신 할아버지에 대한 원망과 오기였겠지만 한편 애잔한 유언이기도 했다. 왜냐면 건너편 산자락에 조부의 유택이 빤히 보여서 기분이 풀리는 날은 손짓이라도 할 것 같은 거리였기 때문이다. 처음 한동안 뗏장이 살지 않아 민둥하던 봉분도 이젠 파란 잔디를 입은 지 오래고, 외로운 무덤을 달래기 위해 심어둔 배롱나무도 여름이면 붉은 꽃을 환장하게 뿜어내곤 한다. 더더구나 대지가 축축이 비에 젖는 날이면 지하에 묻힌 할머니 때문에 안절부절못하던 나도 근래에는 무심해졌는데, 측량이 잘못되어 산소를 옮긴

다니 마음이 심산했다.

새벽부터 가을비가 부슬부슬 내렸지만 개장은 서둘러졌다. 천막 아래로 평토제상이 차려지고 백발의 아버지를 따라 치마 주름이 닳도록 업어 키운 손자들이 서열대로 절을 올렸다. 긴 세월 동안 땅 밑에 묻힌 조모의 유해를 만나려는 심정은 다급했다. 장정 몇 명이 삽질을 시작하자 할머니를 꾹꾹 누르고 있던 다져진 흙들이 훌훌 던져졌다. 나는 사람이 죽으면 수십 리 땅 밑에 묻히는 줄 알았다. 구만 리나 멀리 계시는 줄 알았더니 무덤에 엎드려 목청껏 '할매'를 부르면 들릴 것 같은 깊이에 계셨다.

무덤이 속을 다 드러낼쯤에 아버지가 동생들에게 삽을 받아들라 하셨다. 혈육의 손으로 옮겨진 삽이 조심조심 흙을 걷어내자 20여 년간 묻혔던 목곽이 언뜻 드러났고, 암갈색으로 썩어가는 곽은 아직도 원형을 지키고 있었다. 조모의 하관을 지켜보다 목이 쉬도록 울며 놓지 않으려던 곽을 오늘 다시 만날 줄이야! 아침부터 두근거리던 심장은 널을 뛰듯 펄떡거렸고 다리마저 후들후들 떨려댔다. 하지만 나는 온몸의 촉각을 곧추세워 오랜 수면에 빠진 할머니의 잔상을 기대하며 다가섰는데, 저쯤만치 떨어져 있는 젊은 올케들은 비 맞은 병아리처럼 바들바들 떨고 있었다.

혹여 하던 기대는 한순간에 무너졌다. 곽을 드는 순간 추르르 흘러내리는 물이 울먹거리던 울음을 기어코 터져 나오게 했고, 목청껏 울어도 슬픔은 좀체 가라앉지 않았다. 남의 땅이라서 썩은 물을 버리지 못했을까? 꿈에라도 묘소를 옮겨 달라 하시지, 영혼이 그렇게도 힘이 없느냐고 되레 원망까지 합세해서 쏟아져 나왔다.

할머니는 젖먹이 때 엄마를 잃은 나를 온몸으로 키워주신 분이다. 산 밑 외딴집에 겨울이 오면 문풍지는 왜 그리 청승스레 떨어대던지. 대숲에 깃들던 부엉이와 올빼미의 야성은 또 얼마나 으스스하던지. 그런 밤이면 할머니는 반드시 창호지 문에 헌 담요로 휘장을 치고는 실타래같이 엉킨 고전얘기를 풀어내셨다. 역적으로 몰려 달아나는 아슬아슬한 얘기며, 서출이란 이유로 출셋길을 접고 그늘에서 살아가는 답답한 얘기들을 윙윙 물레를 돌리며 입담 좋게 들려주시곤 했다. 내 유년의 기억 속엔 할머니가 전부였다. 뜸부기 소리가 울려 퍼지던 어느 봄날, 할머니는 생선 마리라도 사러 가신다고 장에 가셨고, 마음 붙일 곳 없던 나는 울타리에 널린 할머니의 빨래 냄새를 맡으며 간절히 기다렸다. 학교를 파하고 돌아오면 할머니가 계시는 산골짝 밭으로 달려가 땀내라도 맡아야만 마음이 놓였다. 그러던 조모를 앙상한 유골로 만나야 한다는 게 서러워 펑펑 울었다.

곽 뚜껑을 열자 거미줄같이 삭은 수의가 유해를 휘휘 덮고 있었다. 세상에 태어나서 모진 외로움만 겪다가 옷 한 벌 입고 가셨다는 표적인 그 수의는 조모께서 시집올 때 입으신 다홍치마 유록저고리이다. 비만 오면 푸르렀던 신혼의 추억을 건져 올리시는지, 반닫이 농에서 갑사 혼수를 꺼내 하릴없이 만져보고는 나프탈렌을 바꿔 넣곤 하셨다. 그리곤 혼잣말로 "내 죽음의 옷인데 좀 치까 싶어 살핀다." 하셨다.

빗줄은 무서웠다. 동생들이 는개처럼 곱게 내리는 비를 온몸으로 막으며 거뭇거뭇한 유골을 수건으로 닦기 시작했다. 누에 치고 길쌈하고 콩밭 매던 손가락마디까지 가지런히 맞추어 석곽에 고이 모셨다. 기왕 지하에서 벗어난 김에 쨍하게 내리쬐는 가을볕에 바싹 말려드렸으면 좋으련만 날씨마저 짓궂게 도와주지 않았다. 이제 곽을 닫으면 언제 다시 가실바람을 만나며 높디높은 가을하늘 아래 드러나시려는가.

하지만 손자들의 손길로 닦여진 조모의 유골에선 흐뭇한 기운이 번지는 듯했다. 무매독자이신 아버지가 대동아전쟁터에 나가셔서 불귀의 객이 될 뻔했기에 할머니에겐 하마터면 후손이 없을 뻔도 했는데 손자들의 손길로 극진한 대접을 받고 계셔서이다. 아마도 조모는 부처님 앞에 엎드려 무릎이 해지도록 빈 탓에 후사를 본 것이리라. 히로시마에 폭탄이 떨어졌을 때 이미 아버지의 전사통지는 면으로 날아왔고, 그 참담한 비보를 전할 수 없었던 면장은 이웃에 소문만 조심조심 흘리셨단다. 온 집안사람이 웅성거리며 할머니의 동태를 보러 대문 앞을 삐꿈거리자 눈치 빠른 할머니는 차마 무서운 말을 묻지 못하고 울화가 터져 낭자머리를 삭둑 잘라 버렸단다. 그러면서도 절대 그럴 리가 없다는 최면을 걸고 아궁이에서 재를 퍼 담아 이고는 밭으로 향했는데 밭두렁이 바다처럼 출렁대더라 하셨다. 낭떠러지에서 뛰어내리고 싶었지만 집에서 떨고 있는 며느리가 가련해서 밥이라도 해 먹이려고 마음을 돌렸단다. 정신이 나간 채 안친 밥은 물을 붓지 않아 화근 내가 등천을 하더라고 아픈 과거사를 펼쳐 놓곤 하셨다.

일본의 방공호에서 저승을 오락가락하던 아버지는 시체를 치우는 일본인의 발에 밟혀 꿈틀거려서 병원으로 이송되셨다. 망자에서 생존자로 바뀌었고 몹쓸 놈의 일본 땅에서 벗어나 귀국하셨다. 생사를 몰라 가슴 졸이던 조모는 뜬금없이 대문 안에 들어선 아버지를 보고 맨발로 달려가 목을 끌어안고는 깍지 낀 손을 풀지 않았고, 꿈인지 생신지 살을 꼬집어 보니 아프더라고 했다. 죽었다는 아들이 돌아왔을 때 부챗살처럼 활짝 펴졌을 할머니의 얼굴이 그려진다. 지금도 비록 냄새나는 유골로 드러났지만 찡그리지 않고 닦아드리는 손자들이 있어 그날처럼 웃을 것만 같다.

할머니는 이제 폭신한 우리 밭에서 정갈하게 몸을 닦고 누워 계신다. 오늘 밤 꿈엔 풀기 빳빳한 광목치마저고리를 입고 머리에 단정하게 비녀를 꽂은 할머니가 보일 것만 같다.

– ≪수필과비평≫, 2009년 3/4월호

은수저

김 양 희

태산목 같은 어금니가 빠져나가는 날, 간밤 꿈에는 낯선 치과의 무지막지한 기구가 보이기도 했다. 한편으론 마음을 다그친다. 그래, 부딪혀 보는 거다. 입 안에는 그 사람의 인생이 담겨 있다. 쓰러지고 아파하며 살아온 인생이 오롯이 숨어 있다. 두려움에, 창피함에, 게으름에, 때로는 현실의 벽이 높아 미처 손대지 못한 채 참아왔던 인생이 입 안 곳곳에서 파노라마처럼 펼쳐진다.

다부지게 깔끔 떨지 못한 습관의 편린들이 고스란히 남아 얼개를 이뤄 무너지고 스러질진대 등한시해 온 치아 관리의 주범 또한 나이다. 때늦은 자성과 유아기적 조급증에 비해 치과에서의 시술은 그야말로 싱겁게 끝이 났다. 잇몸을 찌르는 마취용 주사바늘이 따끔한가 했는데 '쩍' 하는 소리와 함께 끝났다는 것이다. 그렇게 당산나무가 뽑히는 데 걸린 시간은 오 분도 채 되지 않았다. 나는 비스듬히 누운 채 옆으로 고개를 돌린다. 혈흔이 삐죽이 묻은 낡고 뭉그러진 저 원수덩어리 하나.

이래서 '앓는 이가 빠진 듯하다.'는 말이 있는 거구나. 시리고 아려서 잠 못 들게 하던 풍치의 원흉이 나가자 치열의 세계에 다시 예전 고요가 돌아왔다. 하기는 정해년 갑년, 기별 온 곳이 치과가 처음은 아니었다. 연초에 맨 먼저 접수된 과목은 정형외과였다. 멀쩡하던 왼쪽 팔이 반기를 들고 나선 것이다. 어깨를 찌르는 통증과 함께 팔이 돌아가지 않아 뒷단추를 잠글 수도, 머리를 감을 수도 없으니 사지四肢의 일부분일 뿐인 팔뚝은 그냥 제기능을 잃고 흔들리고만 있었다. 우산도 없이 폭우 속에 서고서야 맑은 날의 소중함이 다가왔다. 고마움 모르고 함부로 써 온 사용자의 무심이 견책을 당하는 시점이다.

근막통증후군, 속칭 오십견이라 했다. 딴에는 수영과 운동으로 무장했답시고 그런 것쯤이야 비켜 가리라 자만했던 오만이 스르르 백기를 들고 만다. 희연 가리개가 드리운 지하 물리치료실을 전전하는 나날이 계속됐다. 소염제와 찜질로 다스리고 나면 순해지는 듯하다가는 예리한 송곳으로 찌르는 것 같은 어깨 통증은 더욱 심해졌다. 어깨를 빙 두르는 주사바늘도 별무효험이다. 병이 하나면 의사는 백이다. 경험자의 귀띔으로 한의원을 찾아 '오행선침'과도 대면해 본다. 그러나 해결점을 찾은 건 '통증클리닉'에서였다.

수십 년 써 온 팔뚝 근육과 어깨뼈가 유착돼서 잘 움직여지지

앓음인데 지름길 두고 외진 길을 둘러 온 셈이었다. 치료에 의존하기보다 시일을 두고 스스로 팔 근육을 강화하는 운동법을 권유했다. 물론 병변 부위에 투여되는 신경영양제 주사도 함께였다. 하세월 후에야 스스로 브래지어 끈도 여밀 수 있게 됐다. 사는 동안 남 하는 이력은 다하고 넘어가는 것, 이것이 바로 인간의 굴레인가. 저 건너편의 기별도 이렇듯 정확하겠거늘, 병고와 장송곡은 그저 남의 일인 양 잊고 살 뿐이다.

그러나 넘어가는 굴렁쇠는 거기까지가 아니었다. 피돌기의 인체 수레바퀴가 삐걱대기 시작하니 기다렸다는 듯 한꺼번에 신호를 보내온다. 이번엔 콜레스테롤이었다. 건강검진 결과, 위험수치를 훨씬 웃돌아 약물치료가 시작됐다. 하루 한 번, 알약 삼키기는 그나마 아무것도 아니었다. 혈중 콜레스테롤 수치가 높아도 일상생활에는 아무런 지장이 없다는데 그게 문제라고 했다. 급작스런 심혈관질환이나 심장의 이상은 모두 이놈이 주범이라고 보험공단에선 협박하듯 홍보책자를 띄운다.

피천득 선생님이 유년 시절에 양지쪽에서 곰방대를 문 갓 쓴 노인네들을 바라보며 "세상에 노인이란 종류의 사람은 따로 있는 줄 알았다."던 수필이 생각났다. 나 또한 그러하지 않았던가. 여기저기 반란을 일으키는 생리 사이클이 인생의 나이테를 가늠하게 하는 계절, 심해 저편에서 황량한 돌개바람이 일었다.

"아무래도 안 되겠어 / 올 풀린 근육 사이로 / 우우 황소바람 일고/

내딛는 발걸음보다 / 앞서 주저앉는 뼈마디.”

— 오세희

눈길 머무는 곳은 시인과의 동류의식이었다. 나이, 그거 정말 거저먹는 것 아니었구나.

언니가 은수저 두 벌을 보내온 것은 그 즈음이었다. 청홍의 수복을 새긴 둔중한 수저와 은은한 갈색 토우 문양이 그려진 반상기세트와 함께였다. 대과大過없이 건네온 생의 발자국을 기념하자는 뜻인 듯했다. 콧등이 시큰해졌다. 돌아보니 언니에게 한 것이 아무것도 없었기 때문이었다. 어금니 빠지듯 양친을 보낸 지 오래인 내게 언니는 바로 저울추같이 든든하게 삶을 지탱해주는 버팀목이었다. 동기간이었지만 부모였고 먼 길 함께 가는 동반자요 선배였다. 그날 메일에다 “가신 형부와 함께 언니를 그리워합니다.”라고 적었다. 그 말에 언니도 함께 눈물졌다.

각박했던가. 앞뒤 돌아봄 없이 걸었으나 생존이 있되 생활은 없는 세월들이었다. 되짚어 보면 소실점으로 좁혀지는 점선 어디엔가 아지랑이처럼 아늑한 날들이야 바이 없었겠냐만 스스로 자족함을 몰랐던 외줄타기의 시간들이었다. 그렇다고 은가루가 뿌려지는 별세계를 부러워한 적 또한 없었다.

서양 속담에 태생부터 유족裕足하게 혜택받은 환경에서 태어난 이를 ‘은수저 물고 태어났다.’고 했다. 에스파냐전쟁을 승리로 이끈 로마의 카이사르가 그랬고 명장 스키피오가 그랬다. 그러나 ‘브루터스, 너마저도!’ 하며 비참하게 숨져간 카이사르나, 한니발과 맞서 싸워 용맹을 떨친 스키피오 역시 정적들의 음모로 탄핵을 받았으니 보장받은 생의 출발이 그 끝자락마저 영예로운 건 아니었다. 천국의 나날은 바로 지상의 평범한 하루들이라고 했다. 필부匹婦의 언저리에서 장삼이사張三李四로 살아온 내게 언니의 선물은 그래서 더욱 의미로운지도 몰랐다.

매끄럽게 구르던 애마가 연식이 다해 정비소에서 한꺼번에 나사를 조이듯 어제는 또 빈뇨증으로 내과를 다녀왔다. 자, 이젠 또 무엇이 올 테냐. 방어 자세로 글러브를 단단히 조이지만 링 위의 선수는 아무래도 세월이란 장사 앞에 고개를 수그린 태세다. 정해년 시월의 바람, 계절도 가을이요 날도 석양이다. 들판에는 익은 과일이 떨어지고 주방에선 밥물이 스르르 지고 있다. 모두가 자연이다.

- ≪수필과비평≫, 2009년 3/4월호

사랑의 기쁨

박 하

1997년 7월, 장마철이었다.

그는 습관대로 금요일에 대구 집에 왔다. 토요일 저녁에 델타마트에서 시장을 이것저것 보고, 딸아이 옷도 사고……. 승용차 대신에 기름 값이 싼 1톤 트럭을 타고 우리 세 식구는 시골집에 갔다. 그는 집안에 들어오지 않고 사슴우리로 곧바로 갔다. 사슴우리에 모기 떼가 많다며 농약을 살포하는데, 갑자기 모기 떼가 우르르 몰려들기에 고개를 돌리며 피하려다가 그만 땅바닥에 넘어졌다고 한다.

그가 정신을 잃고 있는 동안, 나는 아무것도 모르고 여느 때처럼 주방에서 저녁반찬을 만들고, 고등학교 1학년인 딸은 〈사랑의 인사〉를 틀어 놓고 제 방을 정리정돈하고 있었다.

한참 후에, 그는 머리를 짚으며 거실에 들어오더니 골이 아프다며 집 근처 시골병원에 간다기에 나도 따라나섰다. 의사는 대수롭지 않게 과로라고 하며 링거 병에 든 영양제 주사를 꽂아주었다. 집에 와서 그는 두세 번 구토 증세를 보였다. 아둔한 나는 점심에 먹은 칼국수가 체한 줄 알았다.

다음날 아침, 주일이라서 교회에 갔다. 교회에서 그는 구토를 조금했다. 시숙은 구토는 뇌와 관계되니 얼른 병원에 가라고 권유했다. 우리는 주일을 성수하고 월요일에 가겠다고 말씀드렸다. 월요일 오후에 아직도 병원에 가지 않았느냐는 시숙님의 다그치는 전화를 받고서야 대구 P병원에 갔다. CT촬영한 결과 뇌에 동맥과 정맥이 붙어 계란 크기만큼 부어 있다며 서울의 큰 병원으로 가라고 했다. 청천벽력이었다.

그 다음날 서울 S 병원에 입원했다.

병명은 뇌혈관질환이었다. 의사는 수술하면 괜찮다고 했다. 그는 17일 동안 정상인처럼 생활했다. 식사 잘하고, 신문 보고, 전화 받고, 병문안 온 사람들과 얘기 나누고, TV의 기독교 방송채널과 상영해주는 명화도 감상하고 산책도 했다. 환자로 입원해 있다기보다 처형(나의 언니)의 말처럼 좋은 휴양지에 와서 쉬는 사람 같았다. 잘 적에는 꼭 아내의 배에 손을 얹으면서 고향에 온 것처럼 편안하다며 잠이 들었다. 의사가 환자의 상처를 금방 수술하지 않는 것은 계란 크기의 상처 부분을 최대한 작게 해서 '간마나이프'로 수술하니 걱정하지 말라고 했다.

그때가 마침 여름휴가철이었다.

의사들이 휴가 가는 시기였다. 담당의가 그에게 지금 상태가 양호하니 일단 퇴원하셔서 한 보름간 시골집에 가서 쉬시다가 병원에서 연락하면 다시 입원하라며 퇴원하기를 종용했다. 환자는 의사의 말을 듣는 게 당연하다. 완쾌해서 퇴원하고 싶었건만, 의사의 간곡한 부탁이라 퇴원하지 않을 수 없었다. 그러나 이 무슨 운명의 장난이란 말인가. 퇴원한 그날 밤에 그는 여동생 집에서 먹은 음식을 폭포수처럼 토해내었다. 황급히 119에 실려 도로 S병원으로 갔다. 휴가 간 의사가 연락을 받고 급히 뛰어왔다. 그는 수술실로 들어갔다. 본래 하려고 하던 수술도 아닌 뇌에 피 제거하는 수술을 하는 데 무려 4시간 40분이나 소요했다.

나는 담당의를 붙들고 어떻게 이처럼 심각한 환자를 퇴원시켰느냐고 울부짖으며 항의했다. 어이없게도 의사는 "뇌가 하는 일은 의사도 잘 모른다."라고 했다. 기가 막혔다. 이틀 후, 중환자실에 있는 그를 면회해도 좋다고 하는 허락이 떨어졌다. 가엾게도 그는 초췌한 모습으로 침대에 누워 있었다. 입과 기도로 연결한 호스 때문에 말 한 마디 하지 못하고 슬픈 눈빛으로 나를 바라보았다. 말하고 싶을 텐데……. 얼마나 답답할까. 그는 대신 자신의 마음을 눈빛으로 전하고 있었다. 이미 몸의 반쪽은 나무토막처럼 굳어 있었다. 그저께까지만 해도 몸과 정신이 자유로웠고 나보고 토마토보다 귤이 맛있다고 사다 달라던 사람이……. 면회시간이 다 되었다는 간호사의 말에 그를 두고 돌아서려는데, 힘없는 손이 나뭇잎처럼 내 팔을 잡으며 흐느껴 울었다. 나도 왈칵 눈물이 솟구쳤지만, 그에게 힘이 되어주어야 할 보호자이기에, 애써 눈물을 삼키며 곧 낫는다고 위로해주었다. 담당의가 와서 남편에게 김정호 씨, 부인에게 하고 싶은 얘기 많겠지만 조금만 참으면 퇴원하실 테니 그때 마음껏 얘기하시라고 했다. 환자가 흥분하면 안 좋으니 마음을 평온하게 해주라고 부탁하기에, 나는 웃음 띤 표정을 지었다.

상처를 작아지게 해서 하려던 뇌혈관질환수술이 더 상황을 크게 만들어버렸다. 또 언제 환자의 상처 부위가 터질 지 모른다며 의사가 수술을 앞당긴다고 했다. 나는 중환자대기실 소파에서 몸을 새우처럼 구부리고 밤을 지새웠다.

마침내 수술하는 아침, 병원복도로 뛰어갔다. 일흔이 넘은 시숙님, 시누이님들도 그를 보려고 초조하게 기다리고 있었다. 수술이 잘 되기만을 기도하면서……. 마침 중환자실 문이 열리고 이동침대에 그가 실려 수술실로 가고 있었다. 나는 이동침대 가까이로 다가가 그의 눈과 마주치며 "여보, 주님께서 지켜주시니 수술이 잘 될 테니 안심하라."며 그의 귀에 대고 "사랑해."라고 속삭였다. 그도 나한테 "사랑해." 하는 말을 해주고 싶은지 내 손을 잡고서 세 번의 간격으로 강함을 표시해 주었다. 그 순간, 무언으로 전해져오던 사랑의 기쁨을 어떻게 표현할까. 감동의 물결이었다. 평생 잊을 수 없는 영원히 지울 수 없는 사랑의 화인火印이 내 가슴에 박혔다. 내 눈은 젖었고, 그의 눈에도 눈물이 맺혔다. 그는 한 손을 힘없이 들어 보이고 중앙수술실로 들어갔다. 따스한 손길로 전해준 "사랑해."라는 소중한 말을 남긴 채…….

오전 7시에 수술실에 들어갔는데 밤 10시 가까이 되어서 겨우

수술이 끝났다. 무려 15시간이 걸리는 대수술이었다.

이 슬픔을 어찌하랴!

뇌수술 후에 그는 잠에서 영영 깨어나지 않았다. 그의 영혼은 고통과 아픔이 없는 평화로운 곳으로 갔다.

내 가슴에 '사랑해.'라는 말을 남겨둔 채……. 꽃들이 만발한 하늘나라로.

– ≪수필과비평≫, 2009년 3/4월호

그대가 옆에 있어도 그대가 그립다

조 윤 수

봄 햇살의 맛은 막 구워낸 슈크림을 먹는 것 같습니다. 창문을 활짝 엽니다. 훈훈한 봄바람에 흙 내음이 실려옵니다. 구석구석 끼어 있는 겨울먼지를 봄바람에 날려 보내렵니다.

뒤창으로 보이는 대나무의 머리칼이 갈색으로 염색되었습니다. 앞뜰의 복숭아나무 가지에 까치가 내려앉아요. 꺅!꺅! 파다닥! 날갯짓이 나를 불러냅니다. 도랑물 흐르는 소리, 새소리들이 봄 노래처럼 울려 퍼집니다. 햇살을 포근하게 받은 땅 밑에서 수런거리는 듯 봄이 열리는 소리에 마음도 수런거립니다. 청소기 돌아가는 소리도 봄바람 타고 창 밖으로 날아갑니다. 봄이 벌써 내 안에 들어와 있음에도 나는 봄이 그립습니다. 봄을 만지고 싶습니다. 봄을 마시고 싶습니다. 마음이 바빠집니다. 손놀림도 분주해집니다. 사랑하는 임과의 약속도 아닌데 그보다 더 설레는 마음입니다.

까치와 풀꽃과 놀려면 까치 같은 옷을 입어야겠지요. 아니 까치는 너무 멋쟁이라서 나는 그런 차림은 자신이 없습니다. 저도 한때는 패션의 거리에 어울리게 멋을 내어본 적도 있었습니다. 그러나 들꽃과 새들은 그런 멋쟁이를 싫어한다는 것을 알았습니다. 풀꽃 같은 옷을 입어야겠지요. 새들을 가까이 보려면 허름한 옷을 입고 화장도 하지 않아야 한다고 조류학자는 말했습니다. 아마도 마른 갈대 옷 같은 낡은 옷이면 가까이 있어도 낯설지 않겠지요. 차라리 머리를 볶아서 새둥지처럼 만들면 그 위에 날아올지도 모르겠지요?

겨우내 가볼 수 없었던 언덕길을 올랐습니다. 언덕 밑의 외딴집, 그 집에는 누가 살고 있을까? "안녕하세요? 저 밑에 있는 빌라 3층에 살아요. 창으로 매일 쳐다보다 오늘 이 언덕에 올라오고 싶었습니다." 과수나무 가지치기를 하던 주인이 반겨주었습니다. "냉이를 캐시면 어때요?" 호미와 바구니까지 챙겨주는 마음이 봄바람 같았습니다.

과수나무 밑의 연둣빛이 매일 짙어지는 것을 보았습니다. 그것은 잎이 작은 풀들이었지요. 냉이를 찾다보니 풀꽃이 잔잔하게 피어 있었습니다. 작은 샛별 같은 하얀 꽃, 보라 꽃들이 퍼져 있었습니다. 풀꽃이 눈 안에 가득 차니 별빛이 들어오는 것 같았습니다. 아마도 이 꽃들은 밤하늘의 별빛을 마시고 살았는지도 모릅니다. 눈보라 이겨낸 남녘의 매화 가지에서 꽃잎 터지는 웅성거림이 귓전을 맴돌았습니다. 그러나 그보다 더 일찍 피어난 꽃이 있었다는 것을 이 풀꽃 잔디밭에 앉아보고야 알았습니다.

새삼스레 풀꽃이 되어도 좋다는 생각이 들었습니다. 이름을 불러주지 않아도, 누가 알아주지 않아도 그 자리에서 예쁘게 그냥 피어 있을 수 있는 풀꽃. 풀꽃들이 속삭입니다. 그래요! 그래요! 밤마다 시린 달빛과 별빛이 친구지요. 낮에는 따뜻한 햇빛이 안아주고요, 목마르면 봄비가 부슬부슬 목을 축여 주지요. 복사꽃 피어나면 꽃향기 먹고 자라요. 아마도 복숭아 열매의 빛깔 속으로 들어가는 것이 우리의 즐거움인지도 몰라요.

앞뒤도 없이 동산은 구릉을 타고 이어져 있습니다. 양지바른 언덕 아래, 마른 쑥대머리들이 널브러져 있었지요. 새 쑥이 수북수북 돋아나 있었어요. 한 자리에 앉아 한 잎 한 잎 뜯었답니다. 마른 쑥대머리들은 뿌리를 지키려고 지치도록 쓰러져 있었던 걸까요?

동산에 올라 사위를 휘 둘러보면 양지바른 쪽 전망이 좋은 곳은 어김없이 무덤들이 자리하고 있네요. 햇볕을 온몸으로 받고 있는 어느 무덤 옆에 살며시 등을 대고 누워 보았어요. 그대로 땅속으로 빠져든다 해도 편안할 것 같았어요. 차마 하늘이 너무 파랗다고 감히 말을 할 수가 없었어요.

흰 구름이 두둥실 떠다니다 어디론가 사라지고 하얀 조각달만 이미 중천에 떠 있어요. 마른 가지가 새 움을 틔우려고 쌕쌕거리는 소리를 새들도 아나 봐요. 새 한 마리가 삐익! 소리를 내며 머리 위 나뭇가지에 앉더니 멀거니 나를 내려다보는 것 같았어요. 또 한 마리가 날아오더니 짝을 지어 이내 파닥거리며 같이 날아갑니다.

내 품을 떠난 아들도 저렇게 짝을 만나 세상으로 나아갑니다. 혼자가 아닌 둘이 날아가는 모습은 참 보기 좋아요. 내 아들과 며느리도 한 쌍의 기러기같이 살아갈 거라 믿습니다. 새들이 날아간 빈 하늘이 어찌나 내 마음의 심연으로 파고들던지요. 허전함만은 아닌 공허감이 밀려들었어요. 더 이상 꼭 잡아야 할 일은 아무것도 없어요. 그러나 비우면 그만큼 언제나 채워지는 공간은 있습니다. 자유롭게 하늘을 나는 새들처럼 넉넉하게 차 오르는 공空의 너비가 느껴지는 것 같았습니다.

알 수 없는 진공의 하늘, 투명함이 얼마나 깊은 층을 만들어 저토록 아름다운 색이 되는지. 어떤 말로도 감당할 수 없는 빛깔은 나를 속속들이 비춰내는 것 같았습니다. 하늘의 뜻에 불충했던 젊은 날들의 상흔조차 부끄러웠습니다. 부끄러움과 아쉬움이 뒤엉켜서 또 다른 그리움을 낳습니다. 이제 이 유한의 세상에는 매달려 있어야만 하는 어떤 일도 없는 걸까요. 자꾸만 하늘바라기가 되는 걸 보면, 끝간데 없는 그 너머가 한없이 그리워서인지도 모르지요.

봄이 열리는 수런거림은 꽃잎 벙그는 사이로 연둣빛 그리움으로 채워질 것입니다. 바구니에도 봄이 가득 담겼습니다. "이것은 냉이가 아니에요. 맡아보세요. 이것은 맵싸하고요, 이것은 향긋합니다." 아주머니는 핀잔을 주었습니다. 그래도 나는 그것이 냉이가 아니라고 내치고 싶지 않았습니다. 모두가 어우러지면 더 짙은 봄맛이 될 거니까요.

– ≪바람의 커튼≫, 수필과비평사, 2008

삶 속에 있는 죽음, 죽음 속에 있는 삶

죽음은 금방 여기 있었는가 하면 벌써 저편에 가 있다. 도처를 분주하게 쏘다니고 있다. 모든 것 중의 위에, 또는 내부에, 그리고 또 위아래로 죽음은 존재한다. 그렇게 생각하는 가운데 나도 죽어간다.

— P. B. 셸리

인간이 산다는 것은 태어나서 죽기까지의 행위이다. 따라서 인간이 창조하는 온갖 문화 행위도 그 기간에 살아간 자기표현의 방식이다. 문화 행위 속의 한 분야가 문학이고, 그 문학 속의 한 장르가 수필이라고 할 수 있다. 삶과 동떨어진 문학이란 있을 수 없듯이 수필 또한 마찬가지다. 특히 수필은 문학 중에 허구가 거의 개입되지 않은 자기표현이기 때문에 쉽게 공감할 수 있는 반면에 전혀 공감의 영역 밖에서 맴돌 수도 있다. 왜냐하면 같은 체험을 한 사람일수록 아, 그래 너의 아픔과 기쁨은 바로 내가 말하고 싶었던 것이야, 하고 말할 수 있는 반면에 남의 얘기처럼 귓등으로 듣고 넘겨버릴 수 있는 것도 수필이기 때문이다. 그래서 21세기의 문학은 수필이 대표할 수 있는 장르라고 주장하는 사람도 있다. 지금까지의 문학 행위는 작가로부터 일방적으로 수신하는 문학행위였다면 작가와 독자가 상호 교통하는 문학의 형태가 될 것으로 기대되기 때문이다.

이번에 추천하는 '다시 읽는 문제작'은 우리 속에 잠재해 있는 '죽음'의 그림자를 감지하고 이에 대해서 여러 가지로 음미하고 있는 주제들을 골라 보았다. 죽음을 깊이 생각하는 것은 삶을 깊이 생각하는 것과 같은 것이다. 죽음과 삶은 항상 연관되어 있기 때문이다. 잘 살았던 삶은 잘 죽었던 죽음과 다른 말이 아니다. 불교에서는 희로애락喜怒哀樂을 초월해야 한다고 설파說破한다. 그러나 그것은 도를 닦는 사람이 지향하는 목표일 뿐이다. 그러나 우리들 속인은 희로애락 속에 살 수밖에 없다. 문학은 그것을 초월하기 위하여 존재하는 것이 아니라, 그것들과 살을 맞대며 애증愛憎을 교환하기 위하여 존재하는 것이다.

김광영의 〈이장〉

할머니의 묘를 옮기면서 할머니와 얽힌 이야기를 쓴 작품이다.

곽 뚜껑을 열자 거미줄같이 삭은 수의가 유해를 휘휘 덮고 있었다. 세상에 태어났다가 모진 외로움만 겪다가 옷 한 벌 입고 가셨다는 표적인 그 수의는 조모께서 시집올 때 입으신 다홍치마 유록 저고리이다. 비만 오면 푸르렀던 신혼의 추억을 건져 올리시는지, 반닫이 농에서 갑사 혼수를 꺼내 하릴없이 만져 보고는 나프탈렌을 바꿔 넣곤 하셨다. 그리곤 혼잣말로 "내 죽음의 옷인데 좀 치까 싶어 살핀다." 하셨다.

동물은 자기가 죽을 때를 알고 있다고 하는데 사람만이 모른다고 한다. 그러나 그 말은 반드시 맞는 말은 아니다. 사고사나 돌연사가 아니면 사람도 자기의 죽음이 가까이 오고 있다는 것을 느끼고 있다. 사람은 본능보다는 이성에 더 의존하기 때문에 그 느낌을 무디게 만들고 있을 뿐이다. 과학이 발달해서 자연 수명을 자꾸 연장해 주기 때문에 그것을 믿고 있다. 아니, 믿고 싶은 것이다. 필자도 젊었던 시절에는 죽음과 연관되어 있는 것과 가까이 있고 싶지 않았다. 그래서 필자의 자친이 당신 묻힐 묘지를 보고 좋아하는 것을 보고 이상하게 생각했던 것이다. 그러나 고희를 넘긴 지금은 자친의 심정을 이해하고도 남는다. 작가의 조모가 죽으면 입고 갈 옷을 소중하게 매만지는 것은 너무나 당연하다.

이 작품은 돌아가신 할머니의 묘를 이장하는 현장에서부터 시작한다. 서술이 특이하다거나 언어 구사가 탁월하다고는 생각되지 않는다. 그러나 바르고 정확한 문장을 쓰고 있어서 독자로 하여금 편안한 기분을 느끼게 한다. 또 정황을 차분하면서도 평이平易하게 서술하고 있어서 뭉클한 감동을 줄 수는 없지만 느낌의 진실성을 인정받을 수 있다.

> 히로시마에 폭탄이 떨어졌을 때 이미 아버지의 전사통지는 면으로 날아왔고, 그 참담한 비보를 전할 수 없었던 면장은 이웃에 소문만 조심조심 흘리셨단다. 온 집안사람이 웅성거리며 할머니의 동태를 보러 대문 앞을 삐끔거리자 눈치 빠른 할머니는 차마 무서운 말을 묻지 못하고 울화가 터져 낭자머리를 삭둑 잘라버렸단다.

죽었다던 아들이 살아 돌아와서 낳은 자식들이 지금 할머니의 이장에 정성을 기울이고 있다. "비록 냄새나는 유골로 드러났지만 찡그리지 않고 닦아드리는 손자들이 있어(아버지가 살아 돌아온) 그날처럼 웃을 것만 같다."라고 작자는 서술하고 있다. 작자는 이렇게 마무리짓고 있다. "할머니는 이제 폭신한 우리 밭에서 정갈하게 몸을 닦고 누워 계신다. 오늘 밤 꿈엔 풀기 빳빳한 광목치마저고리를 입고 머리에 단정하게 비녀를 꽂은 할머니가 보일 것만 같다." 유교는 신의 개념이 없어 영생永生을 믿지 않는다고 하지만 이처럼 마음과 마음이 이어지고 있으면 삶과 죽음을 뛰어넘어 자손들의 마음에 대를 이어 영생하는 것과 같은 것이다. 할머니는 돌아가셨지만 작자의 마음속에는 살아 계신다. 죽음과 삶은 결코 멀리 있는 것이 아니다. 할머니의 죽음 속에서 나의 삶을 보는 것이며, 나의 삶 속에서 할머니의 죽음을 보는 것이다.

김양희의 〈은수저〉

나이를 먹음에 따라 찾아오는 작자 몸의 이상에 관한 이야기다. 우리는 흔히 "죽지 않으려면 열심히 숨만 쉬면 돼."라는 농담을 던지기도 하지만, 숨을 멈추는 것은 자율이 아니라 타율에 의해서다. 죽음이란 건강한 삶의 이상異狀에서 출발한다. 오래전에 읽었던 이야기로 갑자기 죽고 난 뒤에 염라대왕 앞으로 끌려나온 어떤 친구가 도대체 예고도 없이 저승으로 끌고 오는 법이 어디 있느냐고 염라대왕에게 따졌다는 것이다. 염라대왕 하는 말이, "예고도 없이 너를 이리로 끌고 왔다고? 그동안 나는 너에게 수없이 예고를 했는데도 그것을 알아차리지 못했느냐?"고 도리어 호통을 쳤다는 것이다. 가끔 앓아서 눕는 것이 바로 죽음의 예고라는 것이다. 더 결정적인 것은 잠을 자는 것이라고 했다. 〈은수저〉의 서두는 이렇게 시작된다.

> 태산목 같은 어금니가 빠져나가는 날, 간밤 꿈에는 낯선 치과의의 무지막지한 기구가 보이기도 했다. 한편으로는 마음을 다그친다. 그래, 부딪쳐 보는 거다. 입 안에는 그 사람의 인생이 담겨 있다. 쓰러지고 아파하며 살아온 인생이 오롯이 숨어 있다. 두려움

에, 창피함에, 게으름에, 때로는 현실의 벽이 높아 미처 손대지 못 한 채 참아왔던 인생이 입 안 곳곳에서 파노라마처럼 펼쳐진다.

작자는 어금니를 빼게 된 것을 치아의 문제만으로 보고 있지 않다. 죽음에 대한 예고로 보고 있는 것이다. 이어서 "치아 관리의 주범 또한 나이다."라고 말한 것도 그 때문이다. "기별 온 것이 치과가 처음은 아니다. 연초에 제일 먼저 접수된 과목은 정형외과였다. 멀쩡하던 왼쪽 팔이 반기를 들고 나선 것이다. 어깨를 찌르는 통증과 함께 팔이 돌아가지 않아 뒷단추를 잠글 수도, 머리를 감을 수도 없으니 사지四肢의 일부분일 뿐인 팔뚝은 그냥 제기능을 잃고 흔들리고만 있었다."라고 표현하고 있다. 근막통증후군, 속칭 '오십견'이라는 이상이었다. 치료를 받고 어느 정도 정상으로 돌아와서는 "사는 동안 남 하는 이력은 다하고 넘어가는 것, 이것이 인간의 굴레인가. 저 건너편의 기별도 이렇듯 정확하겠거늘, 병고와 장송곡은 그저 남의 일인 양 잊고 살 뿐이다."라고 자기의 삶을 뒤돌아보고 있다.

어떻게 보면 병病이 삶과 죽음의 연결 고리인지 모른다. 병에서 빠져나오면 살게 되는 것이고, 병의 포로가 되면 곧 죽음으로 이어지는 것이다. "세상에 노인이란 종류의 사람은 따로 있는 줄 알았다."라고 술회한 피천득 선생의 말을 작자는 인용하고 있지만 그 말은 나이 들면 모두 되새기는 말이다.

그 즈음 언니가 보내온 '은수저 두 벌'을 이 글의 제목으로 삼았다. "대과大過 없이 건너온 생의 발자국을 기념하자는 뜻"으로 작자는 새기고 고맙게 받은 선물이다. 유족한 집안에서 태어난 사람을 "은수저 물고 태어난 사람"이란 말을 상기하면서 늦게나마 족한 생활을 하고 있다는 자기 확인을 하고 싶다는 뜻도 담겨 있다. 후회 없는 삶을 살겠다는 의지의 표현이기도 하다. 은수저를 물고 태어난 카이사르나 스키피오가 말년에 비명에 간 것을 떠올리면서 "천국의 나날은 바로 지상의 평범한 하루들"이라는 것을 작자는 되새기고 있다. 속된 말로 '쇠똥 밭에 굴러도 이승이 좋다.'는 말과 같다. 삶에 대한 애착의 표현이다. 그래서 빈뇨증으로 내과를 다녀온 이후, "자, 이젠 또 무엇이 올 테냐. 방어 자세로 글러브를 단단히 조이지만 링 위의 선수는 아무래도 세월이라는 장사 앞에 고개를 수그린 태세다."라고 고백한다. 나이가 들면 어쩔 수 없이 죽음의 예고를 자주 받게 마련이다. 그렇지만 "정해년 시월의 바람, 계절도 가을이요 날도 석양이다. 들판에는 익은 과일이 떨어지고 주방에선 밥물이 스르르 지고 있다. 모두가 자연이다."라고 끝맺고 있다. 이순耳順에 이른 작자의 인생관도 이제 세상사를 공자님 말씀대로 순리에 따라야 하는 것을 깨달은 것이다. 자연 현상에 수긍할 수밖에 없다는 심정을 토로하고 있다.

이전에도 지적한 바 있지만, 작자는 탁월한 언어 감각을 지니고 있다. T. S. 엘리엇이 이렇게 말한 적이 있다. "표현하고 싶은 사상이 있어서 쓴다고 말하는 사람은 싹수가 없는 사람이지만, 그 말이 좋아서 쓴다고 말하는 사람은 장래성이 있다." 산문에 있어서도 많은 경우 이 말은 타당하다. 작자가 쓰는 언어는 감칠맛이 돈다. 거듭 음미하고 싶은 표현들이다.

박하의 〈사랑의 기쁨〉

뇌혈관질환으로 수술을 받은 남편이 영영 깨어나지 못하고 저 세상으로 가버린 이야기를 쓴 작품이다. 장폴 마르티니의 저 유명한 가곡 〈사랑의 기쁨〉도 곡명과는 달리, 변함없는 사랑을 맹세한 연인이 자신을 매정하게 버리고 떠난 것을 슬퍼하는 비련의 노래이다. 가곡에서는 애인이 변심해서 떠난 것이지만, 이 작품에서는 사랑하면서도 어쩔 수 없이 헤어질 수밖에 없었다. 변심으로 헤어진 것이 아니라, 죽음이 그들을 갈라놓은 것이다. 이승과 저승 사이에는 다시는 건너올 수 없는 강이 있기 때문이다. '사랑의 기쁨'이 아니라, 차라리 '사랑의 슬픔'이다. 정반대의 의미를 지니고 있는 셈이다. 이러한 기법을 수사학적으로는 역설법이라고 한다.

> 마침내 수술하는 아침, 병원 복도로 뛰어갔다. 일흔이 넘은 시숙님, 시누이님들도 그를 보려고 초조하게 기다리고 있었다. 수술이

> 잘 되기만을 기도하면서……. 마침 중환자실 문이 열리고 이동침대에 그가 실려 수술실로 가고 있었다. 나는 이동침대 가까이 다가가 그의 눈과 마주치며 "여보, 주님께서 지켜주시니 수술이 잘 될 테니 안심하라."며 그의 귀에 대고 "사랑해."라고 속삭였다. 그도 나한테 "사랑해." 하는 말을 해주고 싶은지 내 손을 잡고서 세 번의 간격으로 강함을 표시해 주었다. 그 순간, 무언으로 전해져 오던 사랑의 기쁨을 어떻게 표현할까. 감동의 물결이었다. 평생 잊을 수 없는 영원히 지울 수 없는 사랑의 화인火印이 내 가슴에 박혔다. 내 눈은 젖었고, 그의 눈에도 눈물이 맺혔다. 그는 손을 힘없이 들어 보이고 중앙 수술실로 들어갔다. 따스한 손길로 전해준 "사랑해."라는 소중한 말을 남긴 채…….

그것이 이 세상을 떠나보낸 남편과의 마지막 인사가 되었다. 몸은 비록 지상에서 볼 수도 있지만 영혼이 떠난 그 몸은 이미 이 세상 것이 아니다. "사랑해."라고 작자가 말했을 때 그 말을 듣고 있지만, "나도 사랑해."라고 말로 화답할 수는 없었다. 남편은 손을 쥔 강도로, 그리고 눈짓으로 그 사랑에 화답하고 있었다. 작자는 사랑을 주고받는 그 순간의 기쁨을 영원히 간직하고 싶었을 것이다. 그것을 '사랑의 기쁨'이라고 했다. 순간은 영원에 통한다는 말이 있다. 순간에 교환된 사랑의 기쁨을 작자는 마음속에 영원히 각인하고 싶은 것이다.

이 작품은 작자의 남편이 병의 징후가 시작된 이후 그 치료와 수술 과정을 어떠한 수사적 장치도 없이 매우 담담하게 기술하고 있다. 마치 가까운 사람에게 얘기하듯 적고 있다. 그러나 작자의 말 속에는 말로 다할 수 없는 진정이 담겨 있기 때문에 잔잔한 감동을 준다. 몇 달 전까지 멀쩡하던 사람이 갑자기 이 세상을 등지고 나면 한동안 그 부재의 실감을 느끼지 못할지 모른다. 삶과 죽음은 종이 한 장 차이처럼 아주 가깝지만, 일단 나누어지면 절대로 넘을 수 없는 장벽이 그 사이 가로놓여 있다. 그렇지만 마음속에는 그 사람이 살아 있다. 따라서 삶과 죽음은 분명히 나누어지는 것이기도 하지만 더불어 살면서 공존하는 것이기도 하다.

조윤수의 〈그대가 옆에 있어도 그대가 그립다〉

봄이 오는 길목에 서서 봄을 몸속에서 마음껏 느끼고 싶은 심정을 기술한 것이다. 열대지방으로 여행을 갔을 때 가장 절실히 느낀 것은 사계절이 뚜렷한 한국에 산다는 것이 얼마나 큰 축복인가다. 이것은 한국 사람이면 누구나 느꼈을 것이라고 생각한다. 특히 앙상한 나뭇가지에서 새 잎이 돋고, 메말라 있던 땅에서 파릇파릇 새싹이 돋고 있을 때 자연의 신비한 힘을 느낀다.

뒤창으로 보이는 대나무의 머리칼이 갈색으로 염색되었습니다.

앞뜰의 복숭아 가지에 까치가 내려앉아 깍! 깍! 파다닥! 날갯짓이 나를 불러냅니다. 도랑물 흐르는 소리, 새소리들이 봄노래처럼 울려 퍼집니다. 햇살을 포근하게 받은 땅 밑에서 수런거리는 소리도 봄바람 타고 창밖으로 날아갑니다. 봄이 벌써 내 안에 들어와 있음에도 나는 봄이 그립습니다. 봄을 만지고 싶습니다. 봄을 마시고 싶습니다.

작자는 돌아오는 봄을 몸 전체로 느끼기 위하여 집 근처의 언덕길을 오르면서 돋아나는 냉이도 보고 이름 없는 풀꽃들도 사랑스런 마음으로 본다. "눈보라 이겨낸 남녘의 매화 가지에서 꽃잎 터지는 웅성거림"도 듣는다. 사계절의 변화는 분명히 삶과 죽음이 교체하면서 순환하는 자연을 느끼게 한다. 봄은 죽었던 대지에서 새 생명의 탄생을 노래하는 것이지만, 가을은 조락하는 잎에서 죽음을 느끼게 한다. 따라서 삶과 죽음은 자연에서 볼 때는 생명의 순환이라고 볼 수 있다. 이 이치를 매일매일 느끼고 있지만, 그것을 몸으로 체득하고 수긍하기란 그리 쉽지 않다. 죽음이 싫고 무서운 것도 그 때문일 것이다. 작자는 그것을 체득하기 위하여 양지바른 무덤가에 누워본다.

동산에 올라 사위를 휘 둘러보면 양지바른 쪽 전망이 좋은 곳은 어김없이 무덤들이 자리하고 있네요. 햇볕을 온몸으로 받고 있는 어느 무덤 옆에 살며시 등을 대고 누워 보았어요. 차마 하늘이 너무 파랗다고 감히 말을 할 수가 없었어요.

앞의 작품들은 모두 자기 몸속에서, 혹은 가까운 사람의 죽음에서 삶 속의 죽음을 느낀 것이지만, 이 작품은 낯모르는 주검 옆에서 자연이 베푸는 아름다움 속에서 죽음을 느끼고 있다. 산다는 것은 아름다운 것이다. 그러나 그 삶 속에는 언제나 죽음이 도사리고 있다는 것을 우리는 흔히 간과하고 있다.

작자는 맑고 투명한 하늘을 보고 "하늘의 뜻에 불충했던 젊은 날의 상흔조차 부끄럽다."라고 했는데, 어떤 뜻에서 불충했는지 작자만이 아는 비밀이겠지만, "부끄러움과 아쉬움이 뒤엉켜서 또 다른 그리움을 낳습니다. 이제 유한의 세상에는 매달려 있어야만 하는 어떤 일도 없는 걸까요. 자꾸 하늘바라기가 되는 걸 보면, 끝간데 없는 그 너머가 한없이 그리워서인지 모르지요."라고 말하는 것은 삶의 너머에 있는 그 어떤 것을 동경하기 때문이다. 아름다운 자연을 마음껏 누리면서도 그 너머에 있는 것을 그리워하는 것은 무슨 의미일까. 종교인들이 흔히 동경하는 '천국'이나 '극락'이 되겠지만, 그것은 우리 속에 있는 죽음이 슬며시 얼굴을 내밀고 있기 때문이다.

삶과 죽음은 전혀 다른 얼굴을 지니고 있지만, 이 양자는 한 몸으로 태어난 쌍생아와 같다. "우스워 죽겠다.", "예뻐 죽겠다.", "죽도록 사랑하고 싶다." 등 우리가 예사로 내뱉는 말이 이 쌍생아의 운명을 말해 주고 있는 것이다. 삶 속에 있는 죽음, 죽음 속에 있는 삶. 그 이치를 우리는 이미 이해하고 있지만, 그것을 체득하는 일은 범인으로서는 쉽지 않은 일이다. 산속에 들어가 도를 닦아야 할까. 아니다. 이 세상에 살면서 즐겁고 슬픈 일을 겪으면서 사는 것이 생활이다. 슬픈 일을 겼었다고 해서 내내 슬픈 것만은 아니다. 때로는 즐겁고 재미있는 일이 기다리고 있다. 그때는 웃어야겠지. 그것이 우리가 이 세상을 살아가는 생활이라는 것이다.

소리

김 나 현

시간조차 굼뜬 산골의 점심나절이다. 아버지의 한가한 흥얼거림에 무료하던 공기가 잠시 뒤척인다. 큼지막한 헤드폰을 머리에 쓰고 소리에 몰두하신 아버지를 바라보다 싱긋 웃고 만다.

시조창을 연습하는 날이면 아버지는 일손도 놓은 채 총총히 출타하셨다. 부지깽이도 농사일을 거든다는 바쁜 농사철에 부린 한량함이, 어머니에게 곱게 비쳤을 리야. 아버지가, 그동안 시조창 대회에서 받아놓은 상장을 뒤적이자 벼른 듯 어머니의 타박이 쏟아진다. 상을 받아도 차비는커녕 붓글씨 쓴 종이 한 장 달랑 주는 것이 고작이라며 넋두리시다. 어머니 입장에서야 구구절절 고개가 끄덕여지지만, 나서서 거들지 않는 것은 아버지 편을 은근히 들어

주고 싶기 때문이다.

아버지는 예전에, 마을에 상여가 나갈 때에 선소리를 하셨다. 꽃상여 선두에 올라타 요령을 흔들며 앞소리를 구슬프게 메기면, 상두꾼들이 그 소리를 받아 뒷소리를 했다. 망자의 넋을 달래는 아버지의 애잔한 소리를 따라 상주들의 곡소리도 높아졌다. 궂은 일 좋은 일에 소매 걷어붙이고 나서서 거들던 마을 사람들은, 제 설움을 안고 나와 이웃하여 살던 이의 마지막 이승 길을 배웅하며 이참 저참 눈물을 찍어냈다.

요즘은 사설지름시조를 연습하고 계신다. 평시조로 시작해 사설·방각 시조를 거쳐 엮음·사설지름에 이르기까지, 그 단계가 문학사의 시조 흐름과 상통했다. 특히 종장의 마지막 한 음보는 노래하지 않고 여운으로 남겨두는 것이 시조창의 묘미였다. 마지막 음보까지 싹둑 끝내지 않고, 까치밥마냥 슬쩍 남겨두는 미완의 여유는 분명 풍류의 멋이리. 아버지는 내게 맛보라시며, 능숙하게 단계별 앞 몇 마디씩을 불러주신다. 귀를 기울여 들어보지만 미세한 차이가 날 듯 말 듯 고개가 갸웃거려진다. 아무래도 소리에 귀가 틔지 않은 탓이다.

세태 따라 노래의 템포도 숨 가쁘게 흘러가는 것 같다. 거기에 우리 기성세대는 적응하지 못하고, 특정 세대의 몫이라며 적당히 거리를 둔다. 입장을 바꾸어도 마찬가지 현상이다. 랩과 로큰롤에 익숙한 세대들에게, 느려터진 시조창은 잠이 오지 않으면 다행이다.

그나마 소리를 이어나가는 층이 대부분 연로하여, 그 명맥조차 염려되는 현실이라고 한다. 우리 전통 가락의 맥을 꿋꿋하게 잇고 있는 당신도, 몇 남지 않은 소리의 전수자인 셈이었다.

그런 일에 관심 없는 어머니는 망중한忙中閑의 낮잠에 드셨다. 날아드는 파리처럼 가물가물 잠을 거슬렀을 아버지의 시조창 소리가 멎자, 이제야 잠 좀 자겠다며 잠꼬대처럼 혼잣말을 하신다. 다시 자장가를 불러드려야겠다며, 팔순을 앞둔 아버지와 쉰의 딸은 눈을 맞추며 웃었다.

모처럼 고향집에서 부모님과 함께하는 평화로운 시간이다. 자투리 시간을 수놓으려고 가져온 십자수를 종일 손에 달고 있다. 아버지의 시조창도, 소의 무료한 울음소리도, 마을을 두른 뒷산자락처럼 배경으로 수놓인다. 귓전으로 솔솔 스미는 아버지의 소리에 은근히 신경이 쏠린다. 호흡을 참고 가느다랗게 이어지는 소리가, 마치 외줄 위에서 발재주부리는 광대처럼 아슬아슬하다. 혹 광대의 발이 줄 아래로 헛디딜세라 오감五感이 긴장된다. 쉼표 없는 긴 악보를 같이 따라가다가, 긴 숨을 참지 못하고서 내가 먼저 휴, 숨통을 터뜨린다.

아버지의 시조창엔 삶에 달관한 질편함이 녹아 있다. 개울물처럼 찰랑대거나 목으로 부르는 얕은 소리가 아니라, 낭신 삶의 서사시 같은……. 고된 들일 후 논두렁에 앉아 들이키는 잘 익은 막걸리의 맛일까. 지난至難했던 당신 인생의 애환과 역정을 풀어내기에 그보다 잘 어울리는 게 없을 것 같다. 어쩌면 당신 여생에 축복처럼 불어온 청량한 바람이리.

아담한 울안에 토닥토닥 울려 퍼지던 다듬잇돌 소리가 들리는 듯하다. 어머니는 마루 한쪽에 가구처럼 놓인 다듬잇돌에다, 눅눅

한 이불홑청을 개어 올리고 방망이로 두들겼다. 다듬이 방망이는 어머니의 손에서 리드미컬하게 춤추며 홑청의 주름을 폈다. 두드려 편 것은 홑청의 주름이 아니라, 당신 가슴속 응어리지고 곡진 주름이었는지도 모른다.

여울진 시절을 강물처럼 흘려보낸 어머니는, 흰머리 무성하니 낮잠에 혼곤하시다. 젊은 날로 돌아가 다듬이질을 하시는가. 꿀맛 같은 낮잠 속을 넘나드는 아버지의 녹진한 노랫소리에 비몽사몽간 어물쩍 장단을 맞추고 계신 건가.

나도 소리에 물들었나 보다. 어느새 시조창 곡조를 흥얼거리고 있다. 가락도 모르면서 흉내를 내는 이것이야말로 파한破閑의 소리다. 그 파장까지 높였다 낮추었다 숫제 소리로 장난을 친다. 정중동靜中動의 경지를 모르는 내가 소리라는 것을 넘보기엔 섣부른 일 같다. 삶에 대한 초연함이며 마음을 비운 무던함까지 갖추어야 하겠으니, 소리하기란 그야말로 광대의 줄타기나 다름없으리.

해거름에 들면서 십자수 무늬도 차츰 윤곽이 뚜렷해진다. 천 개도 넘는 자잘한 칸을 한 칸씩 메워가는 일이, 달팽이가 먼 행복의 언덕을 찾아가는 일처럼 더디다. 아버지는 건들건들 시조창을 즐기시고 나는 시시로 몸을 꼰다. 살아온 만큼의 노숙함과 미숙함의 차이다.

어느덧 마당에도 어스름이 내렸다. 꽃밭에 둘러싸인 집 그림의 십자수 서표도 매듭짓는다. 한 땀마다에 고향의 하루가 고스란히 들어앉았다. 씨줄 날줄로 엮여 살아온 당신들 백년해로의 소망도 담뿍 담았다. 시조창이 흘러나올 듯 평화롭다.

- ≪수필과비평≫, 2009년 11/12월호

아버지와 알밤

배 정 순

오래전의 일이다. 우리 부부는 토요일에 주로 등산을 갔다. 수락산 입구에서 오솔길을 따라 정상을 향해 올라가는데 앞에 걸어가던 남편이 "앗! 밤이다." 하고 외치며 반가운 표정으로 발걸음을 멈추었다. 나는 반사적으로 위를 올려다보았다. 가지가 엉성한 밤나무가 몇 개의 밤송이를 매달고 서 있었다.

앞서가던 등산객이 밤송이를 따 놓고 보니 아람이 아니자 그냥 두고 간 것 같았다. 남편은 등산화로 밤송이를 문지르고 있었다. 몇 번을 반복하니 아직 설익은 풋밤이 밤송이 속에서 보였다. 그것을 빼내려고 애쓰고 있는 남편의 뒷모습을 바라보고 있노라니 "너 이놈들, 빨리 나가지 못하냐." 하는 50년 전 친정아버지의 우렁찬 목소리가 어디선가 들려오는 것 같았다. 남편은 도토리만 한 풋밤을 등산복 호주머니에 넣고는 자신이 소년 시절에 돌멩이로 밤송이를 명중해서 밤을 따 먹었다는 경험담을 재미나게 들려주어 나도 지난 이야기에 동참했다.

어린 시절, 우리 동네에서 좀 떨어진 언덕바지에 우리의 밤나무 밭이 있었다. 아버지가 후손들의 먹을거리를 마련하기 위해 젊어서부터 척박한 산지를 개간하여 밤나무를 심은 것이다. 충실한 열매를 거두기 위해 초겨울에는 일꾼들을 시켜서 밤나무 밑에 일일이 구덩이를 파고 인분과 유황을 주고 며칠이 지난 후에 흙으로 덮어주게 했다. 비탈진 곳이라 서서 일하기도 힘들고 밤나무들을 돌보기에 어려움이 많아 보였다. 아침이면 수평선 저 멀리서 붉게 타오르는 태양이 제일 먼저 밤나무 밭을 비추었고, 태풍이 많은 여름철에는 제일 많이 해풍에 시달려야 하는 곳이었다.

밤꽃이 지고 열매가 여무는 가을이 되면 동네 아이들이 채 여물지도 않은 풋밤을 따서 까먹는다. 입 안이 떫지만 그래도 달착지근한 뒷맛이 먹을 만했나 보다. 때로는 밤송이를 많이 따고 싶은 급한 마음에 밤나무 가지를 인정사정없이 꺾어다가 으슥한 곳에 가서 아람을 빼내고 가지는 버리고 간다. 이웃의 노고는 아랑곳하지 않고 눈앞에 보이는 자신의 욕심만 채우려는 아이들의 철없는 짓이 야속할 뿐이었다.

아버지는 여러 해 동안 키워온 밤나무를 아이들이 또 꺾지나 않나 하고 하루에도 여러 차례 동네 뒷골목에서 지켜보셨다. 밤나무 밭에 아이들이 있을 때 나가라고 소리쳐도 반응이 없으면 가쁜 숨을 몰아쉬며 육중한 몸으로 쫓아가셨다. 그러면 아이들은 이미 도망을 가고 아버지는 쓴웃음을 지으며 돌아오시곤 했다. 그렇게 애쓰시는 모습이 안쓰러웠다. 그래서 나는 아버지를 도와드리기 위해 방과후면 밤나무 밭에 가서 나뭇가지에 올라앉아 책을 읽거나 노래를 부르면서 밤 밭을 지켰다.

가을이 깊어감에 따라 밤 가시 속에서도 아람은 햇볕에 무르익어 그 맛을 더해 갔다. 바람이 산을 넘고 바다를 건너 우거진 밤밭을 스칠 때면 여기저기서 알밤은 우두둑 소릴 내면서 풀밭에 떨어져 뒹굴었다. 동네 아이들은 이른 새벽 등불을 들고 가서 밤사이 떨어진 알밤을 주워 가곤 했다.

일 년 동안 공들인 밤을 수확하기 위해 아버지는 청명한 날을 잡는다. 기다란 대나무장대를 준비하고 가마니와 주워담을 바구니를 준비하여 아버지의 지시대로 장대를 휘둘러 밤을 딴다. 밤송이에 맞지 않으려고 머리에 수건이나 바가지를 쓴다. 장대 휘두르는 것을 쳐다보려다 밤송이에 얼굴이라도 맞으면 가시에 찔려서 엉엉 울었던 생각이 지금도 잊히지 않는다. 밤송이는 가마니에 담긴 채 창고에 겨우 내내 그대로 저상을 하면 껍질은 썩고 알밤만 남는데 겨우내 고운 모래 속에 묻어둔다. 이웃집, 친척집, 아들딸 집에 나누어 주고 나머지는 명절 때나 특별한 날에 꺼내 쓴다. 애경사는 물론 입맛이 없는 여름철에 보양식에도 빠지지 않는다. 초등학교에 다닐 때 가을운동회 하던 날 어머니가 찹쌀에 팥과 밤을 넣고 밤밥을 지어서 싸가지고 오시면 친구들의 부러움 속에 나누어 먹기도 했다. 돌아보면 모두가 아름다운 추억이다.

우리는 어린 시절 이야기를 하느라 시간 가는 줄도 몰랐다. 시계를 보니 12시가 넘었다. 편히 앉아 점심 먹을 장소를 찾아서 한참을 걸었다. 넓은 바위 위에 돗자리를 깔고 앉아 간단하게 식사를 끝낸 후 남편은 호주머니에 넣어 두었던 도토리만 한 풋밤 한 개를 나에게 건네주었다. 껍질을 까고 보니 너무나 작아서 먹을 것이 없었으나 작지만 같이 나누어 먹으려는 남편의 마음이 고마웠다.

산 중턱을 힘겹게 올라오다 김삿갓 노점에서 막걸리 한 사발로 목을 적신 남편은 기분이 좋은 듯 얼굴이 상기되어 있었다. 수락산 정상에 앉아 끝없이 펼쳐진 쪽빛 하늘을 바라보며 우리들의 이야기는 무르익었다. 아버지는 항상 자식들에게 "사람은 겉모양보다 내실이 충실해야 된다."라고 말씀하셨다. 따가운 가을햇살에 아람이 여물어 가듯, 토실토실 윤이 나는 단단한 껍데기 속에 달콤한 맛과 영양분을 고루 갖춘 알밤 같은 사람이 되기를 소망했던 것이다.

방학 동안에는 논으로 밭으로 나를 데리고 다니면서 "세상에 경험보다 더 훌륭한 스승은 없다."라고 말씀하셨다. 학교 공부도 중요하지만 무슨 일이든 자기가 직접 해보아야 일하는 사람의 고충을 더 잘 알 수 있고, 일을 부리는 입장에서도 능률적으로 일을 시킬 수 있다며 몸소 체험하도록 당부하셨다. 그러나 나는 '집안에 일할 사람도 많은데 어린 나까지 일을 시키려 한다.'며 철없는 마음에 아버지를 원망하며 때론 반항하기도 했다. 아버지는 몸이 약한 딸의 장래가 무척 걱정되었던 것이다. 경험을 토대로 어떠한 어려움에 직면해도 꿋꿋이 이겨내기를 간절히 바라는 마음에서 아버지는 그렇게 하셨던 같다. 나의 두서없는 말을 듣고 있던 남편은 "우리 장인어른 참 지혜로운 분이셨어." 하며 감회 어린 말대꾸를 해 주었다.

아버지는 술은 못하셨지만 인절미와 감을 즐겨 드셨으며 그 중에서도 구수하고 달콤한 밤을 제일 즐겨 드셨다. 지금은 사시절 어디서나 볼 수 있고 먹을 수 있는 밤을 볼 때면 아버지를 향한 그리움과 어린 시절의 아련한 추억에 잠기곤 한다.

몽고인들은 후손을 위해 목초지를 마련해 준다지만, 아버지는 후손들을 위해 밤나무 밭을 일구셨다. 부모님 세월 따라 저 세상으로 가신 지 오래고 내가 올라앉아 책을 읽었던 울창한 밤나무들은 자취를 감추었다. 밀려갔다 밀려오는 파도 소리는 옛날과 변함없는데 주인을 잃은 밤나무 밭은 잡초만 무성하여 세월의 덧없음을 말해주고 있었다. 나는 후세들을 위해 무엇을 남길 것인가? 그들의 마음속에 오래도록 간직될 멋진 글 한 편을 남기고 싶다.

남편과 나는 한참 동안 나누던 이야기를 멈추고, 집으로 돌아오기 위해 자리에서 일어섰다. 산을 찾을 땐 언제나 새로운 길을 걷기 좋아하는 남편의 뜻에 따라 수락산을 내려왔다.

– ≪수필과비평≫, 2009년 11/12월호

한 알의 소금으로

김 재 희

길게 이어진 길 양쪽으로 전봇대와 소금 창고가 죽 늘어서 있다. 살짝 기울어진 전봇대 하나와 얼키설키 엮인 나뭇조각에 찌든 염기가 희뜩희뜩한 낡은 창고는 천생 인연이다.

그 앞으로 바둑판 같은 널찍한 염전에서는 뽀얀 소금 알갱이들이 탱탱하게 살이 오르고 있다. 햇볕의 정도나 시간에 따라 모양과 염도가 달라진다는 소금이 모아져 창고에 쌓이는 날은 염부들의 얼굴에도 소금에 전 땀방울이 방울방울 맺힌다.

곰소염전을 들러보는 때가 있다. 어느 날은 그저 물만 가득한 날이 있는가 하면 어느 날은 하얀 소금 결정체가 그득한 날도 있다. 바닷물을 끌어들여 소금이 되기까지는 15일에서 20여 일이 걸린다.

염전은 칸칸의 역할이 다르다. 윗부분에선 바닷물을 그대로 가두어 증발시키다가 그 다음 단계로 차례차례 내려 보내지면서 점점 농도가 진해져 간다. 그 과정에 비라도 내리는 날은 통로마다 마련된 저장고에 농축된 염수를 보관했다가 날이 좋아지면 다시 증발지에 끌어내어 증발시킨다. 물을 증발시키는 데는 바람도 함께 불어야만 빨리 증발시킬 수 있다.

잔잔한 염전 바닥에 드리워진 하늘 속 구름이 양 떼처럼 보인다. 거칠 것 없이 활개를 치던 바닷물이 어느덧 순한 양이 되어 가는 모양을 보는 듯하다. 갇힌 굴레에서 어쩔 수 없이 받아들여야만 하는 운명처럼 그렇게 서서히 염부들의 손에 길들여진다. 그러다 돌돌 말려나오는 양털 같다고나 할까. 하얀 소금 무더기가 소복이 쌓이는 날은 염부들의 활기찬 웃음 속에 양 떼들의 울음소리도 함께 들리는 듯하다.

소금 알의 굵기가 천차만별이다. 같은 환경에서 그렇게 차이가 나는 것은 소금 한 알이 형성되어가는 과정 중 어떤 변수일까. 그늘이 드리워지고 아니고 하는 곳도 아니고 바람막이가 되고 안 되는 곳도 아닌데 말이다. 어쩌면 하늘의 구름 그림자나 바람 흐름까지도 영향을 끼치는지 모르겠다. 과일이 맺듯, 어린아이가 자라듯, 소금 한 알도 그렇게 주위의 작은 변화에 조심스럽게 적응하면서 각기 다른 모습으로 만들어질 것이다.

굵기의 차이만큼이나 쓰임 또한 다양하다. 그렇다고 무슨 대단한 위력을 발휘하는 것은 아니지만 우리 일상에서 없어서는 안

되는 소중한 것이다. 그 쓰임에 소금의 비중이 크다고 볼 수 있는 것 중 하나가 젓갈이다. 생선과 소금이 만나 곰삭혀진 젓갈의 맛은 입에 감친다. 온도와 장소, 숙성기간에 따라 독특한 향과 맛으로 우러나 미세한 혀의 감각을 자극하여 섬세한 즐거움을 느끼게 해 준다. 자연의 조건에서 생긴 소금 한 알 한 알이 또 다른 풍미를 일궈내는 것이다.

그 많은 바닷물 중에서 소금 한 줌으로 태어나 또 다른 것을 탄생시키는 보람을 품게 된다는 것도 어찌 보면 축복받은 것인지도 모른다. 비록 자신의 존재는 흔적도 없이 사라지지만 그로 인해 완벽하고 충실한 것들을 만드는 데 밑받침된 것으로 충분하리라.

소금 같은 삶도 그리 나쁘진 않을 듯싶다. 비록 작은 물체에 지나지 않지만 소중하게 쓰이듯 어느 곳에서 어떤 생활을 하든 꼭 필요한 사람으로 살 수 있다면 그것도 좋은 일 아니겠는가. 곁에 있는 사람들의 생활에 윤택함을 더해 주고 그들이 처한 환경에 맞게 살아가게끔 뒷받침을 해주는 역할도 나름대로 보람 있는 생활일 것이다.

그동안 전업주부로만 살아온 내 생을 뒤돌아보니 그다지 화려한 생활이 아닐 뿐더러 젓갈처럼 곰삭혀진 중후한 생활도 못 되었다. 내가 그만한 행운아가 못 된다면 누군가를 위한 소금 역할이라도 제대로 해 주었다면 좋으련만 그렇지도 못한 것 같다. 오히려 가슴 아린 일들만 켜켜이 쌓으며 살았다는 자괴감에 빠진다.

붉은 노을이 염전 바닥을 붉게 물들일 무렵 소금을 긁어 모으는 염부의 얼굴에 마지막 햇살 한 줄기가 겹친다. 지는 해와 주름진 얼굴이 소금 무더기 위에서 삶의 무게를 재고 있다. 드넓은 바다를 그리워하는 소금의 회한과 가장의 책임에 힘겨운 표정, 온 세상에 다 쏟아내고 남은 잉걸불 같은 노을이 내 생의 무게와 저울질하며 어둠에 묻혀 간다.

거센 파도와 풍랑으로 몸부림치던 바닷물이 하얀 빛으로 승화된 결정체, 그 하얀 빛 앞에 서 있으니 울분으로 뒤엉킨 내 삶의 응어리들이 조금씩 빛을 바래 가고 있다. 얼마쯤 더 바래져야 나도 한 알의 소금으로 살았다는 자부심을 가질 수 있을까.

– ≪수필과비평≫, 2009년 11/12월호

올레길에서 만난 노인

오 승 휴

약속한 날이 몹시 기다려졌다. 올레길*을 걷기로 한 삼월이 시작되면서 다른 약속은 일체 뒤로 미루었다. 고교 시절 절친했던 동창부부와의 만남을 기다리는 것 자체가 기쁨이어서 우선순위를 따질 필요도 없는 일이었다. 기다림은 아름다운 상상을 동반하기에 손꼽아 기다렸던 소풍날만큼이나 설렘이 뒤따른다.

그날은 하늘도 맑았다. 올레길에 들어서자 서귀포 앞바다는 온통 옥빛이다. 삼월답지 않은 따끈한 봄 햇살에 눈이 시리고, 장군처럼 늠름한 모습으로 서 있는 기암괴석인 외돌개가 정겹게 다가

* 올레란 '거리에서 집 대문으로 통하는 아주 좁은 골목길'이라는 뜻의 제주 지역어이다. '제주올레길 걷기'는 정부가 선정한 명품 생태관광 프로그램으로 제주 해안의 좁은 길 따라 여러 코스가 개발돼 있다.

온다. 올레길 7코스의 돔베낭골 해안절벽 위의 산책로를 걸으며 황홀한 해안풍경에 빠져든다. 주변의 유채꽃이 봄 정취를 물씬 풍기고, 그윽한 솔향기와 푸른 바다는 가슴을 활짝 열게 한다. 어린 손녀와 손잡고 걷고 싶은 길이다. 시야에서는 앞바다의 범섬도 떠나질 않고 있다.

범섬은 반란자들의 최후를 목격한 역사의 현장이랄까. 고려 말기에 반란을 일으킨 몽고인 목호牧胡들이 마지막 피난처로 이 섬까지 도망쳐 왔었다. 최영 장군이 토벌군을 이끌고 와서 여기 숨은 목호들을 전멸시키고 난亂을 평정하였다고 한다. 태풍에도 범처럼 떡 버텨 서서 이곳의 평온을 지켜주는 섬이다.

해안절벽 올레길 따라 서쪽으로 얼마를 걸으니, 약간 가파른 둔덕 아래로 속골하천이 보인다. 바닷가에 맞닿은 이 작은 하천에는 물이 졸졸 흐르고 있다. 다리 옆으로 징검돌다리도 놓여 있는 하천을 건너면, 야자수 나무들과 해변 산책로가 이국적인 맛을 풍기는 수모루소공원이다. 공원으로 가는 길에 소형 승용차가 뒤따라온다.

"젊은 양반네, 차나 한잔하고 가시라우."

낯선 사람이 차창을 열고 다정하게 우리를 '젊은 양반'이라며 부르고 있다. 젊은이라는 소리가 육십 줄에 들어선 나와는 어쩜 무관한 것처럼 어색했다. 한데 소공원에 들어서자 꼬리치며 달려드는 귀여운 강아지와 어미개가 어린애처럼 어색함을 달래준다. 차에서 내린 사람은 소공원의 주인인 K노인이었다. 공원도 구경하고 차茶 접대도 받게 되다니 뜻밖의 행운이었다.

무엇보다 노인의 나이가 구십이 넘었다는 게 전혀 믿기지 않았다. 하얀 이를 살짝 드러내 웃는 얼굴은 동안童顔이요, 허리는 구부정하여 키가 작아 보여도 목소리는 청년처럼 걸걸하였다. 이 소공원까지는 우편물을 배달해주지 않아 매일 차를 몰고 우편물을 찾으러 가는데, 돌아오는 길에 우릴 만나게 됐단다. 노령임에도 비탈길에 차를 몰며 외딴 이곳에 사는 게 신기하다. 무엇이 이 노인을 이리도 젊음을 지탱해주고 있을까? 노인의 살아온 얘기에 군침이 돌며 호기심이 당겼다.

이곳 서귀포에 수모루소공원을 조성해 거처를 마련한 지 30여 년이나 된다는 K노인은 이북 출신이었다. 열다섯 살 때 어머니가 돌아가시고 새어머니가 오자 그게 싫어 서울로 혼자 내려오게 되었단다. 장사꾼으로 문방구도 해보고 여러 가지 도소매업과 제조업도 해보았다는 거였다. 결혼해서 자식 낳아 기르고 사업하면서 온갖 고생하느라 세월이 어찌 흐르는지도 몰랐었는데 이순耳順이 넘어서야 세상이 보였다고 했다. 가족들의 만류에도 그때 모든 걸 미련 없이 정리하고, 파도 소리 철썩이는 공기 맑고 물 좋은 이곳에 와 산다는 노인의 표정에서 편안함이 느껴졌다. 고향을 그리워하며 따뜻한 남쪽에서 안빈낙도安貧樂道하는 삶을 사는 걸까.

자그만 거처는 겉으로 허름해 보이나 집안 거실은 깔끔하게 잘 정리되어 깨끗하다. 안경도 없이 신문을 본다며 세상소식에도 꽤 밝다. 이곳 올레길을 걷는 나그네와 차를 마시며 덕담을 나누는 게 일거리란다. 처자식들은 서울에 살고 증손자도 여럿인데, 편지나 선물소포도 보내오고 가끔 내려오기도 한다며 그 기다림으로 산다는 것이다. 백세百歲를 바라보는 노인이 혼자 산다는 게 놀랍다.

그는 요즘 뜬금없이 찾아오는 춘곤증에 빠진다고 한다. 바닷가 소공원 야자수 밑 벤치에 앉아 봄볕을 쏘이며 졸음을 즐긴단다. 자연의 품에 안긴 채 눈을 살포시 감으면 달콤한 꿈이 달려드는가 보다. 꿈속에서도 우편물을 뒤적이며 피붙이의 안부를 찾고 있을까. 아니면 만나고 싶어도 만나지 못한 그리운 옛 친구 소식을 기다리는 걸까. 기다림으로 지난날의 추억을 떠올리며 뭔가를 찾아 헤매는데 깨고 나면 어렴풋하다는 노인의 모습이 눈에 환히 그려진다.

사실 그 노인에게 기다림은 기쁨이요, 삶의 원천이라는 느낌이 들었다. 지나는 사람을 불러들여 차를 나누고, 누군가의 소식이 올 것 같은 기다림으로 하루가 바쁘다. 차 한잔을 나누려는 그의 기다림은 눈물 글썽이게 하는 사랑이 아닐까. 날마다 우편물을 찾아 오가는 기다림은 꿈이며 그리움이요, 즐거움일 터이다. 기다린다는 것 또한 많은 시간을 다스리는 일이기에 그의 건강도 지켜주고 있음에 틀림없다.

노인의 밝은 모습에 나를 비춰본다. 노후를 과연 어떻게 보내야 멋진 인생일까. K노인은 철썩이는 파도와 갈매기 소리를 벗을 삼고, 오가는 길손에게서 세상 사는 이야기를 간간이 들으며 즐긴다. 소유를 탐하지도 않고 높이 오르려 자존을 무너뜨리지도 않으며, 세상일 다 접어 오로지 자연과 공존하며 살고 있다. 얼핏 외로워 보이나 자신의 삶을 한껏 즐기고 있는 게 아닌가. K노인이 부럽다.

차를 마시고 밖으로 나서니 파란 하늘에 하얀 조각구름이 흐르고 있다. 갈매기 나는 앞바다에는 범섬이 여전히 우뚝하다. 결코 외롭지만은 않겠구나. 얼굴에 가득 웃음을 머금은 K노인이 길 떠나는 우리에게 손을 흔들며 한 마디를 선물한다.

"즐겁게 살아라. 그러면 가는 세월도 멈춰 선다."

– ≪내 마음을 알 거야≫, 수필과비평사, 2009

발걸음 소리

최 원 현

사람에게 있어서 숨소리 목소리는 살아있음을 나타내는 소리다. 그런데 거기에 발걸음 소리도 포함되어야 할 것 같다는 생각이 든다. 손뼉처럼 의도적으로 내는 소리가 아니라 발걸음 소리는 숨소리와 마찬가지로 살아있는 이라면 내지 않을 수 없는 소리이기 때문이다.

내겐 발걸음 소리에 대한 추억이 있다. 그러니까 중학교 다닐 때였다. 시골 이모님 댁엘 갔었는데 긴 여름 해가 지자 순식간에 어둠이 짙게 몰려왔다. 그런데 저녁 준비를 하시던 이모님이 "네 이모부 오신다!" 하시는 것이었다.

“어디에요?” 내가 묻자 “음, 저기 느티나무께 오는 것 같다.” 하신다. 느티나무께는 집에서 한참이나 떨어진 곳이고 칠흑 같은 시골 마을의 어두운 밤이 아닌가.

하지만 보이는 것도 아니고 그렇다고 발걸음 소리가 들리는 것도 아닐 텐데 이모부가 거기만큼 오고 계시단다.

한데 조금 후에 이모부가 정말 들어오셨다. 하도 신기하여 이모를 쳐다보았더니 빙긋이 웃기만 하신다. 그렇지만 내게는 풀리지 않는 수수께끼로 오래도록 남아 있었다.

그러다 내가 결혼을 하고 아이들을 두게 되자 비로소 이모가 이해되었다. 내게도 늦게 돌아오는 아이들이 엘리베이터에서 내리기도 전에 아이가 오고 있다는 느낌이 먼저 오는 것이었다.

참으로 신기한 일이 아닐 수 없었다. 엘리베이터에서 집까지는 남의 집을 셋이나 거쳐야 되는 데다 발걸음 소리도 들리지 않건만 아이가 집으로 오는 것으로 분명히 감지가 되었다.

특별히 무슨 능력이 있어서가 아니다. 설명할 수 없는 무엇, 어떤 통함과 나만의 느낌이 부모와 자식이라는 혈연의 줄을 타고 전율처럼 와 닿는 것이라고나 해야 할까.

그것은 마을 건너 냇가 빨래터에서도 재워놓고 나온 아기가 깨서 우는 것을 느끼던 우리의 어머니나 아무리 봐도 구별이 안 되는 쌍둥이 아이를 아이 엄마는 아주 자연스럽게 알아보는 것과도 같다고나 할까.

오늘도 딸아이가 늦는다. ‘땡!’ 하고 엘리베이터가 와 멈추는 소리에 이어 감지되는 발걸음 소리, 그것은 분명 집으로 돌아오는 딸아이가 분명하다. 이제 곧 발걸음 소리가 점점 선명하게 들리다 멎을 것이고 이내 벨이 울릴 것이다.

산다는 것이란 이렇게 서로의 발걸음 소리를 사랑으로 확인하는 행위일 것 같다. 그러나 발걸음 소리가 항상 반가운 것만은 아녔다. 발걸음 소리가 너무너무 무섭고 두려웠던 기억도 있다.

내 어렸을 때는 손전등 같은 것은 아주 구하기 힘든 물건이었다. 그래서 밤에 어디에 나갈 때는 등잔을 안에 넣은 네모난 등을 막대기 끝에 매달아 들고 다녔다. 등의 4면은 한지韓紙를 붙이거나 유리를 끼웠다. 그리고 뚜껑에는 구멍을 뚫어 불꽃 끝이 밖으로 향할 수 있게 했다. 그런데 바람이 불거나 비가 내리면 뚫린 그 구멍으로 바람과 비가 들어가 불을 꺼버리곤 했다. 불이 꺼지지 않게 하기 위해 손으로 그 구멍 쪽을 막기도 해 보지만 그게 쉽지는 않았다.

식구들이 미처 돌아오지 않으면 등을 들고 나갔다. 등불을 들고도 무서움에 온몸이 땀에 젖을 지경인데 불까지 꺼지면 아주 깊고 깊은 바다 속에 빠뜨려진 것 같은 공포가 온몸을 감싸버린다. 그럴 때 어디선가 발걸음 소리가 들려온다. 그러나 그것은 반가움이나 구원의 소리이기보다는 공포와 두려움의 소리다. 내가 기다리는 발걸음 소리가 아니기 때문이다.

발걸음 소리가 가까워지면 질수록 무서움이 더욱 커져간다. 급기야 걸음아 나 살려라 왔던 길을 되돌아가곤 했다. 하지만 누구의 발걸음 소리라는 것을 알게 되면 그처럼 든든한 것도 없다. 아무리 낯선 곳이어도, 아무리 어두운 곳에서도 함께 가는 발걸음 소리는

'안심해, 내가 있어!' 하는 든든한 힘이 되어 주기 때문이다.

어른들과 함께 한밤중에 산을 넘던 때 아무런 두려움 없이 유난히 많기만 하던 별을 헤던 것도 그렇다.

등불을 들고 기다리노라면 이윽고 저만치서 발걸음 소리가 들린다. 우리 식구일 거라는 느낌이 온다. 거기다 불빛만 보고도 벌써 나인 걸 알아차리고 저만치서 '원현이냐?' 한 마디 해오면 어둠 속에서도 우린 단번에 서로를 알아본다.

근래 들어 사람 간에 정이 끊겼다고들 말한다. 정이 끊겼다는 것은 마음이 통하지 않는다는 것이요, 눈빛이 통하지 않는다는 것이요, 그것은 서로의 소리를 들을 수 없음을 말한다.

마음만 열면, 닫힌 가슴을 열면, 솔바람 지나는 것처럼 마음과 마음이 통하는 길이 열리지 않을까. 그러면 꼭 가족만의 발걸음 소리가 아니더라도 다가오고 또 멀어져 가는 발걸음 소리로 서로 마음이 통하고 정겨움이 통하지 않을까.

통한다는 것만큼 신나고 아름다운 일이 있을까. 발걸음 소리를 귀가 아닌 가슴으로 한껏 느껴보고 싶다.

그가 내게로 오는 소리는 사랑이다. 내게로 다가오는 발걸음 소리는 사랑의 소리이다. 어린 날 나를 든든하게 해 주던 발걸음 소리, 부부간에 사랑이 넘치던 이모님 네처럼 나도 다른 사람에게 반갑고 힘이 되는 발걸음 소리가 되어주고 싶다.

– ≪행복이 사는 곳≫, 건강과 생명, 2009

텍스트의 축과 실현의 축

1

현상학에 근거한 문학 이론은 작품을 읽을 때 실제의 텍스트뿐 아니라, 같은 정도로 그 텍스트에 반응하는 행위도 고려해야 한다고 강조한다. 로만 잉가르덴(Roman Ingarden)은 "문학 텍스트의 구조는 그것이 실현될 수 있는(konkretsiert) 방법과 직면해야 한다."라고 주장하고, 텍스트는 각기 다른 '체계화된 관점(schematized views)'에 따라 작품의 주제가 드러나는 것이기 때문에 어느 한쪽의 축에서 보는 것은 완전할 수가 없다는 것이다. 작품에서 실제로 실행되는 것을 그는 '구체화되는 행위(action of konkretisiaton)'라고 불렀다. 이 이론에 바탕을 두고 볼프강 이저(Volfgang Iser)는 문학은 두 가지의 축에서 실행된다고 말한다. 그 하나는 예술적 축이고 다른 하나는 미학적 축이다. 예술적 축은 저자에 의하여 창조되는 텍스트를 가리키는 것이고, 미학적 축은 독자에 의하여 실현되는 행위라고 했다. 따라서 작품의 실현은 저자의 텍스트와 완전히 합치되어 일어나는 것도 아니고, 독자의 상상적 실현만으로 일어나는 것도 아니다. 말하자면 그 중간쯤에 놓여 있다는 것이다. 문학 행위는 언제나 텍스트보다 더 많은 것을 가지고 있다고 말한다.

문학은 텍스트가 독자에 의하여 실현될 때만이 생명을 가지게 된다는 것이다. 텍스트 그 자체로서는 종이에 인쇄된 글자에 불과하다고 조르주 뿔레는 말한 바 있다. 더구나 그 실현은 독자의 개성과도 무관할 수 없다. 왜냐하면 문학작품을 읽을 때 그의 개성적 취향에 따라 감동의 깊이도 달라지기 때문이다. A라는 독자는 깊은 감동을 받는 반면에 B는 별로라고 생각하는 경우가 있다. 또 독자가 처해 있는 상황과도 관련을 맺고 있다. 젊은 시절 감동을 받았던 작품이 세월이 한참 지난 뒤 다시 읽을 때는 그렇지 못한 경우가 허다하다. 그 역도 마찬가지다. 텍스트의 리얼리티와 완전히 일치할 수도 없지만 읽는 독자의 개성이나 처해 있는 상황과도 밀접한 연관을 맺고 리얼리티를 가지게 된다고 생각된다. 더구나 독자의 독서 수준 또한 천차만별 아닌가. 말하자면 텍스트와 독자가 하나로 합치(convergence)될 때 작품의 문학 행위가 일어나는 순간이다. 그렇다면 예술의 실현을 어떻게 측정하며, 어떤 실현이 옳다고 할 수 있느냐 하는 문제가 남는다. 다시 말하면 예술적 축과 미학적 축이 만나는 접점을 어떻게 찾아내느냐 하는 문제다.

이저는 제인 오스틴(Jane Austin)을 읽는 버지니아 울프(Virginia Woolf)의 경우를 예로 보여줌으로써 우리들에게 어떤 암시를 던져준다.

> 제인 오스틴은 표면에 나타난 것보다 훨씬 더 깊은 정감을 가진 여주인공이다. 그녀는 우리에게 존재하지도 않는 어떤 것을 공급한다. 그녀가 제공하는 것은 분명히 사소하지만, 그러나 독자의 마음을 확장하는 어떤 것으로 구성되어 있으며, 겉으로는 사소하지만 아주 지속적인 생명의 한 장면의 형태를 제공하는 것이다. 언제나 그 강조는 인물에 놓여 있다. …… 대화의 운용과 비틀음은 서스펜스의 갈고리 역할을 하면서 우리들을 붙들어 매는 것이다. 우리들의 주목은 반은 현재의 순간에, 반은 미래에 놓이게 된다. …… 바로 여기에 완성되지 않은, 잘 되지 못한 주된 스토리에 제인 오스틴의 모든 위대한 요소가 있는 것이다.

이저는 "겉으로 드러나지 않은 사소한, 기술되지 않은 측면, 말의 운용과 비틀음 속에 있는, 말하지 못한 대화, 그것이 독자의 독서 행위를 이끌도록 하며, 또한 주어진 상황에 의해서 암시된 여러 가지 경개를 착색하도록 만든다."라고 말한다. 독자 자신의 리얼리티가 실행되는 것은 바로 이 대목이다.

이저는 영국 작가들의 작품들; 번연의 ≪순례자의 과정≫, 필딩의 ≪조지프 안들류스≫와 ≪톰 존스≫, 월트 스콧트의 ≪왜이버리≫, 댁커리의 ≪허영의 시장≫ 등을 정독하면서 그 실현의 그 가능성을 보여주고 있다.

한편 필립 휘일라이는 리얼리티의 의미(sense of reality)라는 글을 통하여 '있는 것(What is)'의 진실에 도달하는 방법을 설명하고 있다. 이때 '있는 것(What is)'이란 작품의 뜻만을 뜻하는 것이 아니다. 그것은 문학 작품을 읽을 때의 리얼리티로서 작품과 독자가 만나서 이루어내는 어떤 것이다. 휘일라이트는 그 리얼리티를 실현하는 방법으로서 세 가지 점을 제시한다. 리얼리티는 현존적이다(reality is presential), 리얼리티는 융합적이다(reality is coalescent), 리얼리티는 조망을 갖고 있다(reality is perspectival)라는 점 등이다. 이것을 일일이 설명할 수 없지만, 요컨대 독자는 저자의 마음과 함께 하면서 자유로운 상상력을 펼칠 수 있을 때 살아 있는 문학 행위가 된다는 뜻이다. 이와 같은 관점을 염두에 두고 이달에 발표된 작품 중에서 우리들의 주목에 값하는 작품을 살펴보기로 한다.

2

김나현의 〈소리〉는 여름날의 농촌 풍경을 재미있게 보여주고 있는 작품이다. 아버지는 시조창을 즐기고 있다. 어머니는 그 시조창이 아주 싫지는 않지만 돈을 만들어주지 못한다고 볼멘소리를 한다. 옆에서 듣고 있는 딸인 작자는 "아버지 편을 은근히 들어주고 싶기 때문"에 아무 소리도 하지 않고 있지만 아버지의 그 '소리'를 썩 즐기고 있다.

> 아버지의 시조창엔 삶에 달관한 질펀함이 녹아 있다. 개울물처럼 찰랑대거나 목으로 부르는 얕은 소리가 아니라, 당신 삶의 서사시 같은…… 고된 들일 후 논두렁에 앉아 들이키는 잘 익은 막걸리 맛일까. 지난至難했던 당신 인생의 애환과 역정을 풀어내기에 그보다 잘 어울리는 게 없을 것 같다. 어쩌면 당신 여생에 축복처럼 불어온 청량한 바람이리.

시조창을 하는 아버지는 80대, 딸은 50대 가난에 찌든 농촌이 아니라 제법 여유를 즐길 줄 아는 농촌이다. 요즈음 KBS의 농촌 드라마로 인기가 좋은 〈산너머 남촌〉에서 나올 법한 장면과 흡사하다. 농촌의 삶이 어렵다는 것은 누구나 안다. 그러나 연로한 사람들은 여전히 그 농촌을 지키고 있다. 도시에 사는 자녀들이 아무리 모시려고 해도 한사코 사절이다. 오랫동안 몸에 밴 그 농촌을 떠나서 도시 생활을 할 수 없기 때문이다. 설사 자녀의 말에 솔깃해서 떠났던 사람도 후회를 하고 돌아오게 마련이다. 생활은 결코 편리함만이 행복함을 주지 않는다.

작자는 노년 세대와 젊은 세대의 중간쯤에 위치하고 있다. 아버지의 시조창을 따라하지는 못하지만, 어느 정도는 이해하고 즐긴다. 그 대신 "랩과 로큰롤에 익숙한 세대"들을 좋아하면서 같이 즐길 수는 없다. 양 세대를 다 이해하고 즐길 수 있을지 모르지만 또한 양 세대들이 즐기는 그 놀이에 흠뻑 빠질 수는 없는 것이다. 필자 역시 나이로 치면 노년 세대에 속하지만, 대학생들을 가르치면서 젊은 세대와 늘 함께 있어서 그런지 작자와 비슷한 심정이다.

이 작품은 읽는 독자에게 큰 감동을 주거나 오래도록 기억에 남을 작품은 아니다. 극적 장면도 없을 뿐 아니라, 가슴 아픈 사연도 담겨 있지 않기 때문이다. 그러나 소리라는 이미지를 통해 농촌의 풍경이 그가 놓고 있는 십자수만큼 재미있게 표현되고 있다. "어느덧 마당에도 어스름이 내렸다. 꽃밭에 둘러싸인 집 그림의 십자 서표도 매듭짓는다."라는 말은 농촌 정경을 보고 듣고 있는 작자와 '현존現存'을 느끼게 한다. 지금 ≪수필과비평≫을 읽는 대부분의 독자는 모르긴 해도 이런 농촌을 마음의 고향으로 그리고 있을 것으로 생각된다. 사실 그런 고향이 점점 사라져 가고 있는 것이 안타깝다. 이 작품은 농촌에서 자란 사람에게는 작자가 기술한 그 이상으로 우리에게 무언의 언어가 되어 다가온다.

배정순의 〈아버지와 알밤〉은 노년이 된 지금 남편과 등산에 나섰다가 우연히 발길에 차인 아람을 보고 아버지와의 추억을 더듬는 내용으로 되어 있다. 작자 내외는 토요일이면 서울 근교로 등산을 자주 갔던 모양이다. 어느 날 산을 오르다 길가에 떨어진 밤을 보고 남편이 반가운 듯이, "앗 밤이다."라고 외치면서 아직도 설익은 밤송이를 까서 작자와 나누어 먹는다. 그 밤송이를 통해서 작자의 어린 시절 아버지와 가졌던 달콤한 추억을 건져낸다.

> 밤꽃이 지고 열매가 여무는 가을이 되면 동네 아이들이 채 여물지도 않은 풋밤을 따서 까먹는다. 입 안이 떫지만 그래도 달착지근한 뒷맛이 먹을 만했다.
>
> …… 중략 ……
>
> 아버지는 여러 해 동안 키워온 밤나무를 아이들이 꺾지나 않나 하고 하루에도 여러 차례 동네 뒷골목에서 지켜보셨다. 밤나무밭에 아이들이 있을 때 나가라고 소리쳐도 반응이 없으면 가쁜 숨을 몰아쉬며 육중한 몸으로 쫓아가셨다. 그러면 아이들은 이미 도망을 가고 아버지는 쓴웃음을 지으며 돌아오시곤 했다. 그렇게 애쓰시는 모습이 안쓰러웠다. 그래서 나는 아버지를 도와드리기 위해 방과 후면 밤나무밭에 가서 나뭇가지에 올라앉아 책을 읽거나 밤밭을 지켰다.
>
> 가을이 깊어감에 따라 밤 가시 속에서도 아람은 햇볕에 무르익어 그 맛을 더해 갔다. 바람이 산을 넘고 바다를 건너 우거진 밤밭을 스칠 때면 여기저기서 알밤은 우두둑 소리를 내면서 풀밭에 뒹굴었다.

길가에 떨어진 하찮은 밤송이를 남편과 나누어 먹으면서 어린 시절 아버지와 함께 보냈던 그 달콤한 추억을 먹고 있는 것이다. 남편도 비록 밤밭은 아닐지라도 지난날 아버지와 보냈던 그 추억에 잠겨 있었을 것이라는 생각이 든다.

> 산 중턱을 힘겹게 올라오다 김삿갓 노점에서 막걸리 한 사발로 목을 적신 남편은 기분이 좋은 듯 얼굴이 상기되어 있었다. 수락산 정상에 앉아 끝없이 펼쳐진 쪽빛 하늘을 바라보며 우리들의 이야기는 무르익었다.

각기 다른 환경에서 자라 남녀가 만나 한 가정을 이루어 살고 있지만 어린 시절을 얘기할 때는 한 마음이 된다. 어쩌면 그 추억의 끈이 성격이 맞지 않아 다투다가도 화합의 장을 만들어주기도 하는 것 같다. 그 추억 속에 함께 들어갈 때는 현실 속에서의 불협화음은 사라지고 화합을 이루어낸다.

이 작품은 심리적으로 관련이 있는 몇 개의 장면을 급속히 연속시키는 몽타주의 기법을 쓰고 있다. 영화가 들어오면서 그 기법을 문학에서 채용한 것인데, 흔히 소설에서만 자주 운위되지만 수필에서도 이렇게 자연스럽게 그 기법이 이용되고 있다. "쪽빛 하늘"을 바라보면서 남편과 얘기하던 작자는 단락도 바꾸지 않고 아버지가 말씀하던 그때의 장면으로 돌아간다. "지금은 사시절 어디서나 볼 수 있고 먹을 수 있는 밤을 볼 때면 아버지를 향한 그리움과 어린 시절의 아련한 추억에 잠기곤 한다."라고 작자는 기술하고 있다.

현재의 생활이 아무리 풍요로워도 달콤하고 아련한 추억이 없는 사람은 그 절반의 행복을 잃고 있다고 해도 과언이 아니다. 이 글은 어린 시절의 아버지에 대한 아련한 추억이 담뿍 담겨 있다.

김재희의 〈한 알의 소금으로〉는 네 담론(discourse) 중 설명(exposition)이 압도하고 있다. 그러면서도 '설명'이 주는 따분함을 조금도 느끼지 못하도록 문장을 아기자기하게 끌고 간다. 작품의 전 과정은 소금이 어떻게 해서 만들어지는가를 독자에게 설명하고 있다. '설명'은 대개 교과서에 자주 쓰이는 담론이다. 따라서 소금이 어떻게 해서 만들어지고 있는가를 알고자 하는 사람이 아니라면 설명이 지속되는 글은 몇 줄 읽지 않아서 그만두게 된다. 그럼에도 불구하고 이 글이 재미있게 읽힐 수 있는 이유는 소금이 만들어지는 그 과정을 통해서 우리들의 삶을 되돌아보게 하고 그 의미를 다시금 생각해 보도록 하기 때문이다. 그 표현도 생동하는 힘을 가지고 있다.

> 잔잔한 염전 바닥에 드리워진 하늘 속 구름이 양 떼처럼 보인다. 거칠 것 없이 활개를 치던 바닷물이 어느덧 순한 양이 되어 가는 모습을 보는 듯하다. 갇힌 굴레에서 어쩔 수 없이 받아들여야만 하는 운명처럼 그렇게 서서히 염부들의 손에 길들여진다. 그러다 돌돌 말려나오는 양털 같다고나 할까. 하얀 소금 무더기가 소복이 쌓이는 날은 염부들의 활기찬 웃음 속에 양 떼들의 울음소리도 함께 들리는 듯하다.

하늘에 펼쳐진 양 떼 같은 구름을 보고 곧 염전에서 돌돌 말려 올라오는 소금을 연상하는 발상은 참신하다. 이어서 "그 많은 바닷물 중에서 소금 한 줌으로 태어나 또 다른 것을 탄생시키는 보람을 품게 된다는 것도 어찌 보면 축복받은 것인지도 모른다."라는 표현도 소금을 통해 우리의 삶을 뒤돌아보게 한다. 소금이 되기까지의 과정이 빠짐없이 기술되고 있으면서도 '기술적 설명'으로 일관하지 않고 '암시적 설명'이 재치 있게 나타나고 있다.

> 붉은 노을이 염전 바닥을 붉게 물들일 무렵 소금을 긁어모으는 염부의 얼굴에 마지막 햇살이 한 줄기 겹친다. 지는 해와 주름진 얼굴이 소금 무더기 위에서 삶의 무게를 재고 있다. 드넓은 바다를 그리워하는 소금의 회한과 가장의 책임에 힘겨운 표정, 온 세상 다 쏟아내고 남은 잉걸불 같은 노을이 내생의 무게와 저울질하며 묻혀 간다.

바닷물에서 건져 올린 소금과 붉게 물들고 있는 노을, 힘들게 일하고 있는 염부, 염부의 어깨너머로 보이는 가장의 책임, 이 모든 것이 조화를 이루면서 작자가 다 말하지 못한 삶의 무게까지 느끼게 한다. 그리고 비록 "울분으로 뒤엉킨 내 삶"이라고 했지만 자신을 뒤돌아보는 여유를 갖고 있는 작자를 우리는 발견한다.

오승휴의 수필집 〈내 마음을 알 거야〉에 실린 〈올레길에서 만난 노인〉은 제명 그대로 올레길에서 만난 한 노인에 관해서 쓴 글이다. '올레'란 거리에서 집 대문으로 통하는 아주 좁은 골목길이라는 뜻의 제주도 말이라고 작자는 주석을 달고 있다. 친구와 올레길을 걷기로 한 날을 가슴 설레며 기다리고 있다가 떠났다.

> 그날은 하늘도 맑았다. 올레길에 들어서자 서귀포 앞바다는 온통 옥빛이다. 삼월답지 않은 따끈한 봄 햇살에 눈이 시리고, 장군처럼 늠름한 묘습으로 서 있는 기암괴석인 외돌개가 정겹게 다가온다. 올레길 7코스의 돔베낭골 해안절벽 위의 산책로를 걸으며 황홀한 해안풍경에 빠져든다. 주변의 유채꽃이 봄 정취를 물씬 풍기고, 그윽한 솔향기와 푸른 바다는 가슴을 활짝 열게 한다. 어린 손녀와 손잡고 걷고 싶은 심정이다. 시야에서는 앞바다의 범섬도 떠나질 않고 있다.

제주도의 올레길이 눈에 보이듯이 선명하게 들어온다. 육지의 사람에게는 이런 길을 걷고 있다면 마치 꿈을 꾸는 듯할 것이다. 그래서 제주도에서는 범 도민이 나서서 이 길을 체험하도록 하는 문화행사를 하고 있다. 그런데 이 길에서 한 노인을 만난다. 노인은 대뜸 작자에게 "젊은 양반네, 차나 한잔하고 가시라우."라고 말을 건넨다. 예순이 넘은 작자에게 "젊은 양반!"이라고 말을 붙인다면 큰 실례일 수 있다. 그러나 이 노인의 나이가 아흔이 넘은 것을 알게 되었을 때 고개를 끄떡일 만하다. "서귀포에 수모루소공원을 조성해서 거처를 마련한 지 30여 년"이 된 노인이다. 아직도 손수 운전해서 우편물을 받아올 정도로 정정한 노인이다. 육지에 살고 있는 자손들의 편지나 소식을 듣는 것이 유일한 기다림으로 되어 있다. 얼핏 쓸쓸한 노년을 보내고 있는 듯한 느낌을 받을지 모르지만 천만에다. 집을 둘러싸고 있는 자연이 그의 다정한 친구다. 그 때문에 그는 지나는 객이 들려도 반갑게 맞는다. 자손들이 보내오는 소식을 기다리는 것 또한 그의 행복의 조건이 된다. 왜냐하면 기다림은 그의 마음속을 채워주는 보이지 않는 미래와 같은 것이기 때문이다. 아니 꿈과 같은 것인지 모른다.

기다림은 삶의 의미를 아름답게 해 준다. 기다림이 없는 삶은 무의미한 삶이다. 가령 여기 젊은 연인들이 서로 사랑을 나누고 있다고 하자. 그것은 한 폭의 그림처럼 아름답다. 두 사람 모두에게 똑같은 기다림이 있기 때문이다. 보지 못하면 보고 싶은, 안타까운 기다림이 없다면 그것은 아름다운 사랑이 아니다. 기다림은 작자가 말한 것처럼 '달콤한 꿈'인지도 모른다. 기다림이 없는 것은 그저 무료한 시간의 보냄이다. 기다림은 애를 태우며 초조하게 만든다. 그러나 기다림이 있기 때문에 행복한 순간을 맛볼 수 있는 것이다. 바로 삶의 의미가 그곳에 깃들어 있기 때문이다. 그 노인의 기다림은 젊은이들과 같은 열정적인 것이 아니다. 느긋한 마음으로 시간을 즐기며 기다리는 방법을 터득한 사람이다. 기다림은 이 노인에게는 행복의 조건이다. 아니, 행복 그 자체인지도 모른다.

작자는 노인의 밝은 모습에 자신을 비춰보면서 "노후를 어떻게 보내면 멋진 인생일까?" 하고 생각해 본다. 노년에 이르면 누구나 가지는 이 물음, 필자도 노년의 나이에 있기 때문에 이 물음이 절실히 다가온다. 작자와 현존을 공유하고 있다고 볼 수 있다.

최원현의 〈발걸음 소리〉는 그의 수필집 ≪행복이 사는 곳≫에 실려 있는 한 작품이다. 이 작품으로도 독립된 당당한 한 편의 수필이 되지만, 소재와 주제가 다른 여러 작품이 함께 실려 있는 수필집과는 달리 모든 수필이 ≪행복이 사는 곳≫이라는 제명의 주제로 귀일하고 있다. 이런 수필집은 대체로 몇 편을 읽어보지 않아 같은 내용이구나 하면서 더 이상 읽지 않을 수 있다. 그러나 이 수필집에 실린 작품들은 작품마다 강한 흡인력을 발휘한다. 만만치 않은 문장력과 창의적 발상 때문이다. 모든 작품이 결국에는 한 주제로 귀일함에도 불구하고 독자가 재미있게 읽을 수 있는 것도 그 때문이다. 작품들은 하나의 큰 주제를 향하여 귀를 기울이도록 하고 있는 셈이다. 이 점은 주제가 각기 다른 다양한 작품들을 싣고 있는 수필집과는 다른 이점을 갖고 있다. 전체를 읽고 났을 때는 그 큰 주제가 강한 인상으로 남기 때문이다. 마치 독창보다 합창이 더 큰 힘을 발휘하는 것처럼.

〈발걸음 소리〉는 소리를 감별하는 신비한 능력에 대하여 얘기한 작품이다. 우리는 발걸음 임자를 보지 않고도 그 소리만 듣고 누구인지 알아내는 경우가 종종 있다. 특히 복잡하지도 않고 소란스럽지도 않은 시골에서 그런 일은 흔하게 있다. 신발 소리만 듣고도 아무개가 오는 것 같다고 말하곤 한다. 더구나 관심을 쏟고 있는 사람의 발걸음 소리는 직감적으로 알아낸다. 그런데 때로는 그 소리를 직접 귀로 듣지 않고도 누구인가를 알아낸다는 것이다. 그리고 얼마쯤 가까이 왔는가를 정확하게 짐작한다는 것이다. 물론 틀릴 수도 있고, 소리라기보다 시간과 정황에 따라 판단될 수도 있다. 그러나 관심을 쏟고 있는 대상은 단순히 청각적으로 들리는 발걸음 소리만으로 아는 것이 아니다. 일거수일투족이 그의 상상력 속에서 살아나기 때문이다. 그 관심이란 바로 사랑이다. 물론 관심을 가장 많이 가지고 있는 사람은 가장 사랑하는 사람일 것이다. 따라서 사랑하는 사람에 대한 감지는 참으로 신비하다고 할 수 있다.

> 내겐 발걸음 소리에 대한 추억이 있다. 그러니까 중학교 다닐 때였다. 시골 이모님 댁엘 갔는데 긴 여름 해가 지자 순식간에 어둠이 짙게 몰려왔다. 그런데 저녁 준비를 하시던 이모님이 "네 이모부 오신다!" 하시는 것이었다. "어디예요?" 내가 묻자 "음, 저기 느티나무께 오는 것 같다." 하신다. 느티나무께는 집에서 한참이나 떨어진 곳이고 칠흑 같은 시골 마을의 어두운 밤이 아닌가.
>
> 한데 조금 후에 이모부가 정말 들어오셨다. 하도 신기하여 이모

를 쳐다보았더니 빙긋이 웃기만 하셨다. 그렇지만 내게는 풀리지 않는 수수께끼로 오래도록 남아 있었다.

그러나 그 수수께끼는 작자가 결혼을 하고 자녀를 두었을 때 저절로 풀렸다는 것이다. 가시거리도 가청거리도 아니지만 아이들이 저만치 오고 있으면 그 소리를 감지할 수 있다는 것이다. 작자는 이렇게 설명한다. “특별히 무슨 능력이 있어서가 아니다. 설명할 수 없는 무엇, 어떤 통합과 나만의 느낌이 부모 자식이라는 혈연의 줄을 타고 전율처럼 와 닿는 것이라고나 할까.” 그래서 작자는 “산다는 것이란 이렇게 서로의 발걸음 소리를 사랑으로 확인하는 행위일 것 같다.”라고 말한다.

물론 공포의 ‘발걸음’ 소리도 있다. 나를 해칠 수도 있는 발걸음 소리인 것이다. 이런 발걸음 소리에 대한 신비한 감별력은 동물적인 본능에 속할지 모른다. 태풍이 오는 것을 미리 알고 대피하는 동물들처럼 말이다. 사랑도 본래는 이성으로 따지기 전의 본능일 것이다. 따라서 사랑하는 대상에 대해서도 본능에 의하여 감지하는 것인지도 모른다.

본능의 세계가 점점 줄어들고 있다. 그 말은 우리들이 본래 타고난 감각의 세계를 자꾸만 닫고 있다는 의미다. 감각으로 판단하는 것을 전부 기계가 대신해 주기 때문에 감각은 날이 갈수록 후퇴하고 있는 것이 사실이다. 그러나 인간 사이의 정은 기계가 대신할 수 없다. 근래에 와서 이웃과의 오고 가는 정이 거의 끊기다시피 되어 있다. 특히 대도시의 아파트 생활은 이웃과 거의 절연하다시피 하면서 살고 있다. 거리로 치면 몇 미터도 안 되는 거리에 살면서 이웃집과 인사도 하지 않고 몇 년을 보내는 예가 흔하다. 서로에게 정을 끊고 사는 삶이 늘어나고 있는 것을 의미한다. "정이 끊겼다는 것은 마음이 통하지 않는다는 것이요, 눈빛이 통하지 않는다는 것이요, 그것은 서로의 소리를 들을 수 없음을 말한다." "그가 내게로 오는 소리는 사랑이다." 작자는 누구에게나 "반갑고 힘이 되는 발걸음 소리가 되어주고 싶다."라고 토로하고 있다. 이 말은 ≪행복이 사는 곳≫의 주민들이 지켜야 생활철학인지도 모른다. 아니, 이 세상의 모든 사람들과 나누고 싶은 바람이고 염원이라고 해야 할 것이다.

이 작품에 옥의 티 같은 것이 있다면 단락에 좀 더 유의해서 썼으면 좋겠다는 생각이 든다.

3

≪수필과비평≫에서 활동하고 있는 작가들은 대체로 늦게 문학활동을 시작한 사람들이다. 문학에 대한 꿈은 오래전에 간직하고 있었겠지만 이러저러한 사유로 늦은 나이에 등단하고 늦은 나이에

문학 활동을 하는 사람들이다. 그렇지만 문학에 대한 정열을 젊은 사람 못지않게 갖고 있다. 이 분들은 물론 세계적 명작이나 국내 유수한 작가들의 작품을 읽는 것도 즐기지만, 잘 아는 문우의 글을 읽는 것도 그에 못지않게 즐긴다. 비슷한 처지, 비슷한 상황, 비슷한 꿈을 갖고 문학을 통하여 마음을 소통하고 있는 것은, 다른 말로 하면 현존적(presential) 리얼리티를 공유하고 있다는 말이다. 다시 말하면 작가와 독자가 구별되지 않는 상호 소통의 문학 행위라고 할 수 있다. 이야말로 살아 있는 행위의 문학이다. 문학사에 이름을 남기는 문학이 있는가 하면 이렇게 작품을 읽고 작품을 쓰면서 문학을 함께 향유하는 것도 훌륭한 문학 행위가 될 수 있다. ≪수필과비평≫은 그런 점에서 우리 문학에 또 다른 공헌을 하고 있는 셈이다.

달력 속의 얼굴들

변 숙 영

한 해가 저물어갈 무렵이면 비닐 종이에 곱게 싸인 달력이 집으로 배달된다. 제일 먼저 찾아온 달력을 보니 보험회사에서 온 달력이다. 아주 작은 탁상용인데, 예쁜 사진들이 나의 시선을 끌었다. 포도가 주제인 사진달력이다.

캘리포니아 나파벨리 지역의 스프링 마운틴의 눈 덮인 포도 농장의 풍광을 그대로 담고 있다. '떠나간 여인' 이라는 뜻을 가진 도나푸 가타는 이탈리아의 대표적 와인 산지인 시칠리아에 위치해 있다고 한다. 주로 포도농장의 사계를 담은 사진 속에 풍성한 포도송이와 늦가을의 풍경, 해질 무렵의 전경이 더 없이 아름답게 느껴진다. 와인을 담는 사람들의 얼굴이 조그만 달력 속에서 환하게 웃고 있다.

농협이나 조합에서 오는 달력은 글자가 크고 음력이 잘 표시되어 무언가 적어 넣기에 안성맞춤이다. 우선 커다란 달력을 펼쳐놓고 수첩과 볼펜을 준비했다. 일 월부터 한 장 한 장 넘기며 숫자 속에서 얼굴 찾기를 시작한다. 집안의 크고 작은 애경을 찾아 숫자 위에 동그라미를 그리고, 밑에다 이름을 적어 넣는다. 시할아버지 제일, 시할머니 제일, 추석 일주일 전엔 시아버님 제일, 꼼꼼하게 짚고 넘어 가다 보면 어느새 또 한 해가 훌쩍 지나간다. 5년 전 미국에서 암으로 세상을 떠난 언니도 이제 생일 대신 기일로 기념한다.

지난가을 갑자기 교통사고로 곁을 떠난 친정어머니 역시 또 다른 이름으로 숫자 속에 표시되어 있다. 벌써 오래전부터 달력 속에 각인된 아버지가 올 들어 새삼스럽게 보고 싶어진다. 아버지, 어머니, 두 분 모두 이 세상에 안 계시니 올 겨울은 가슴이 더 많이 시릴 것 같다.

세월이 많이 흘러서일까, 달력 속에 동그라미는 점점 늘어난다. 친정집에 새 가족이 늘었기 때문이다. 먼 곳에서 시집온 올케, 새로 태어난 조카 녀석들, 백일이며 돌잔치도 한 부분을 당당히 차지하고 있다.

아들 며느리들을 비롯해서 손자 녀석들 생일을 꼼꼼하게 챙겨 넣었다. 늘 바쁜 생활을 하다 보면 자칫 잊어버리기 쉬운 날들을 나는 달력을 통해 챙기며 하루의 일과를 시작한다. 며칠 전 큰 손자 녀석 12번째 생일이었다. 백설기와 수수팥떡을 하고 미역국을 끓여 한 상 차려주었더니 녀석은 행복한 미소로 화답한다. 내 곁에 올 때 여섯 살 어린아이가 어느새 초등학교 5학년이 되었다. 어미 아비와 함께 살진 않지만 건강하고 씩씩하게 자라주었다.

시월의 햇살은 아직 따갑기만 하다. 텃밭에 서 있는 은행나무에 황혼이 찾아오고 있다. 봄이면 새싹을 틔워 열매를 맺더니 한여름의 푸르름을 마음껏 즐기며, 일주일이면 세상에서 떠날 슬픈 매미들에게 실컷 울도록 넓은 품을 내어주고 있다. 합창소리를 들으며 은행나무 열매는 그렇게 익었을 게다. 이미 떠나버린 것들을 아쉬워하며 이제 조용히 추운 겨울을 받아들일 채비에 그 귀한 열매를 하나씩 내어 주고 있다.

인간이 사는 세상도 다를 것이 없다. 태어나서부터 지금까지 그저 이곳저곳 머물며 서성대는 한갓 나그네일 뿐이다. 결코 짧지 않은 세상이지만 그리 만만치도 않다. 머지않아 귀뚜라미가 찾아와 가을을 알릴 것이다.

귀뚜라미의 구슬픈 노래를 듣노라면 내 인생의 뒤안길을 돌아보게 된다. 내가 지금 서 있는 곳이 어디쯤이란 말인가. 계절로 치면 늦가을에 와 서성이는 것 같다. 나이란 숫자에 불과하다고 하지만 가는 세월을 어찌 막을 수 있으랴. 벌써 시월의 문턱에 들어섰다. 황금 들판에는 추수가 한창이고, 일조량이 좋아 온갖 과일이 풍성하다.

문득 벽에 걸린 달력을 올려다본다. 모두 뜯겨져 나가고 서너 장만이 남아서 초라하게 걸려 있다. 한 해 동안에 그려졌던 동그라미 속 얼굴들을 지우며 몇 개의 동그라미만이 차례를 기다리고 있다. 희미해가는 얼굴들, 나 역시 한 시대의 강을 건너고 나면 어느 숫자 속에 영원히 머물 것이다. 누가 나처럼 숫자 속에 나를 넣어 동그라미를 그리며 기억해줄까, 이런저런 생각을 하며 또 하루해를 보내야 했다.

겨울이 가면 어김없이 봄이 오듯이 세상에 나와 머무는 동안 너무도 아프고 힘든 일들은 하나씩 놓아버리고 싶다. 용서 못하고 집착하던 것들도, 엉킨 실타래를 풀듯 하나하나 풀어나가고 싶다. 생을 다하는 날까지 풍성한 늦가을에 머물며, 하루하루를 아름답게 갈무리하고 싶다.

다가오는 친정 엄마 제일에는 고향으로 달려가 정성을 다해 제상을 차려 올려야겠다. 엄마와 함께 했던 아프고 힘들었던 시간들을 추억하면서…….

– ≪수필과비평≫, 2010년 3/4월호

사색의 창가에서

김 재 훈

12월의 강변이 을씨년스럽다. 얼마 전까지만 해도 나들이 차량들로 붐볐을 곳이건만 계절이 바뀌니 분위기도 금세 달라졌다. 주변의 산은 음영만을 드리운 채 온통 회색 일색이고 사람의 발길도 뜸하다. 오색물감을 흩뿌려 놓은 것처럼 현란했던 산이며 강변의 모습이 이제는 기억 속의 풍경일 뿐이다. 지난가을의 정취를 생각하며 달려온 북한강 어느 전망 좋은 카페에서 차 한 잔을 앞에 놓고 망연히 창 너머를 바라본다.

지난 시간은 얼마나 아름다웠던가. 봄, 여름, 가을, 철 따라 꽃이며 녹음이며 단풍이 온 누리에 가득하여 그때마다 잔치를 벌여 많은 사람을 불러들였다. 그러는 사이에도 시간은 한시도 쉬지 않고 흘렀다. 지금 흐르는 저 강물처럼…….

자연은 시간의 흐름 속에 그때마다 빈손이 아니었다. 그들의 삶의 과정이 언제나 그 속에 오롯이 담겨 있었다. 꽃을 피우고 잎을 무성하게 가꾼 것도 가을에 결실을 얻기 위한 과정이었다. 지난가을, 나무마다 실한 열매를 맺고 얼마나 아름답게 풍요를 노래했던가. 자연에 있어 가을은 자신을 있게 해준 하늘과 대지의 은혜에 감사하며 그동안 공들여 만든 결과를 내보이는 작품 전시회 같다. 단풍은 그들의 산고인 듯하다.

지금은 할 일을 다 마친 시간, 자연은 자신이 지녔던 것, 꾸몄던 것, 다 놓아버리고 비워버린 모습이다. 홀가분하면서 어쩌면 처연해 보이기도 한다. 삶의 목적을 달성한 자들의 초연함일까. 역할을 마친 잎사귀들은 제 할 일을 끝냈으니 이제는 순명하며 온 곳으로 돌아갈 뿐이라고 말하는 듯하다.

어디선가 모터보트가 물살을 가르며 '쓔웅' 하고 나타나더니 순식간에 사라진다. 잔잔하던 강물 위에 하얀 파문이 인다. 그러나 강은 곧 아무 일도 없었다는 듯 다시 원래의 모습으로 돌아와 유유히 흐른다. 내 삶도 저러하리라.

계절은 돌고 돈다. 그 무한의 시간 속에 살아 있는 모든 것의 삶과 죽음도 순환을 계속한다. 그것은 우주의 영원한 생명의 가동일 뿐 생성과 소멸이 아니다. 나무에 싹이 자라 낙엽이 되고 다시 새싹이 나듯 나도 그 순환의 고리 속에 잠시 나타난 한 현상이리라. 어디에서 온 것일까. 나의 몸은 부모로부터 왔다고 하지만 영혼은 어딘가에 영혼의 바다라도 있어 한 줄기 빗물로 잠시 나를 적시고 있는 것일까.

자연의 모습이 그러한 것처럼 지금의 내 삶도 나를 세상으로 보낸 목적에 합당하게 살아지고 있는 것일까. 나뭇잎이 단풍이 들 때면 나무마다 저다운 빛깔을 내는데 인생의 가을에 나는 어떤 열매를 맺고 무슨 빛깔로 나를 물들이고 있는 것일까.

강변의 키 큰 미루나무 하나가 하늘을 향하여 앙상한 가지를 벌리고 서 있다. 저 수많은 가지를 지니고 있는 나무에서 마치 우주의 생명나무라도 보는 듯하다. 그 중에 인간의 가지를 타고 태어난 몸, 비록 잠시 왔다 가는 몸이지만 내 잎도 기왕이면 고운 빛깔로 물들어갔으면 좋겠다. 그러고 나서 어느 날 낙엽으로 떨어질 때 '그 빛깔 괜찮았어.' 하고 누군가의 기억 속에 잠시라도 남을 수 있다면 좋겠다.

오후의 햇살이 강물 위에 하얗게 내려앉는다. 오리 대여섯 마리가 추위에도 아랑곳하지 않고 아까부터 연신 자맥질을 한다.

강물이 흐른다. 계절이 흐른다. 나도 흐른다.

– ≪수필과비평≫, 2010년 3/4월호

쉼표

김 양 희

숲 가까이 산다는 일은 나날이 새소리를 가슴에 품고 산다는 일이다. 술을 빚어 놓고 그리운 누군가를 기다리는 일이다. 아침에 창을 열고는 장끼가 우는 소리를 기다린다. 까마득한 옹벽 위 잡목과 잡목 사이, 녀석은 새벽을 알리듯 매일 그 자리에서 쉰 목소리로 국구~국구~하며 자신의 존재를 알다. 그가 나를 알지 못해도 나는 그의 목소리와 퍼덕이는 날갯짓을 기억하고 있다. 새들이 잠을 자는 곳은 어디일까.

한나절이 기우는 시각에 능선을 오르게 됐다. 그리 높지 않은 백양산 중턱에는 솔바람 소리가 청정한 기운을 내뿜는다. 혼자서 오르는 산은 혼자 마시는 커피 맛이다. 찻잔 사이로 피어오르는 김처럼 오후의 숲길에 가득한 운무에 휩싸인다. 뒷목에 흐르는 땀을 쓸어내리며 바람이 쉬어가는 자리, 청풍정清風亭에 앉아 사람 사는 동네를 내려다본다.

인생도 십 년 주기로 쉼의 자리가 찾아들었다. 그것은 고난의 다른 이름이었다. 승승장구만 한다면 고개 숙이는 일을 모를까 봐 주기적으로 신의 망치가 톡톡 이마를 치고는 달아났다. 맞을 때는 그것이 천애 낭떠러지인 줄 알았는데 돌아서면 또 다른 길이 보이곤 했다. 마침표는 끝을 내는 일이지만 쉼표는 또 다른 것과의 연결을 위해 잠시 숨을 고르는 일이었다.

대화의 중간에도 적당히 쉬는 일은 생각의 깊이를 더해준다. 혼자서 말하기만 한다면, 또 말없이 듣기만 한다면 무슨 의사소통이 될 것인가. 내가 말할 때, 상대방이 말할 때를 지혜롭게 가린다는 것은 쉬운 듯하지만 어려운 일이다. 많이 말한다고 해서 많이 아는 것은 아닌데도 착각하고 사는 이가 얼마나 많던가. 대화 중에 불쑥 끼어드는 일보다는 충분히 들은 후 여유를 갖고 하는 말은 언중의 깊이를 더해줄 뿐만 아니라 인품마저 돋보이게 할 것이다.

문장과 문장 사이, 적절한 쉼표의 사용은 전체 지문을 돋보이게 한다. 숨 쉴 겨를도 없이 지루하게 이어지는 만연체의 문장이나, 습관처럼 중복되는 점찍기의 나열은 읽는 이를 곤혹스럽게 할 뿐이다. 어떤 잡지를 편집하다 보면 아쉬울 때가 있다. 그분의 글은 참 아름다운 내용이었음에도 부적절한 쉼표의 과용으로 문장을 흐리고 말았다. 그래서 우리말에는 여러 가지 문장부호가 있는지도 모른다.

문학의 행위도 그러하지만 모든 예술의 자체란 삶 속에 있으면서도 동시에 삶을 넘어선 도달할 수 없는 '그 무엇'이다. 무형의 그 무엇을 행해야 하는 예술가들이기에 창작의 고통을 수반한다. 백지 위에 문자를 채워 넣는 그 아득한 목마름의 고뇌를 체험하지 않은 문학가가 어디에 있으랴.

우리들의 사랑을 위해서는 이별이 있어야 한다. 맑은 하늘만 지속된다면 소나기의 소중함을 모르듯이 헤어짐의 애틋함이 없다면야 만남의 환희를 어찌 다 터득할 수 있을 것인가. 먼 정거장 손 흔드는 작별의 아픔은 새로운 만남을 잉태한다. 가슴 시린 별리의 감정도 지친 사랑이 쉬어가는 빈 의자이다.

바람이 가라앉아도 잎은 여전히 떨어진다. 앙상한 나뭇가지 밑에서도 뿌리는 숨을 쉬고 있듯이 식물에게도 쉼표가 필요한 것이다. 오랜 호흡이 잠시 숨 고르는 사이, 그것이 탄소동화작용이요 낙엽의 근원이다. 사철 푸르기만 하고 지지 않는 잎이라면, 죽지 않고 계속 태어나기만 하는 인간의 모습과도 같을 것이다. 무엇이든 살아 있는 것은 죽어야 한다.

잠의 미학처럼 완벽한 쉼의 이름 또한 없을 것이다. 밤이 있어 잠이 있을까. 잠이 있어 밤이 있을까. 일상의 고된 노정에는 잠과 꿈이 있기에 삶이 영위되고 존속한다. 목숨 하나 믿고 사는 인생에 일만 있고 잠이 없다면 무슨 수로 살아갈 것인가. 수없는 불면의 밤을 뒤채인 사람만이 잠의 고마움을 안다.

밤늦은 시각, 티비를 보다 스르르 눈이 감긴다. 나는 그때마다 마음으로 뇌이곤 한다. "오, 복된 잠이여." 하고.

밥과 잠은 생명의 연장수단이지만 쉬어가는 뜻의 동의어同義語이기도 하다. 밥솥에서 밥물이 푸르르 끓는다고 해서 금방 밥이 되는 것이 아니라 뜸 들이는 시간이 필요하듯, 잠이라는 징검다리를 건너야 하루가 지나간다. 한 그릇의 밥을 위해서도, 하루라는 시간의 잣대를 건너기에도 뜸은 필요하고 뜸은 바로 쉼의 의미를 갖는다. 그래서 쉬어가는 자리는 인생의 전체 의미를 내포하기도 한다.

시간의 길 위에서 더러는 느긋한 여행을 꿈꾼다. 여행이야말로 삶이 한 박자 쉬어가는 자리. 나를 드러내며 남을 보기도 하는 그 속에서 미처 몰랐던 자아의 현주소를 찾기도 하기에 누구나 여행을 추구하는지도 모른다. 쉼표가 새겨지는 삶의 자리, 마음은 언제나 어디서든 떠나고 싶어한다.

- ≪수필과비평≫, 2010년 3/4월호

뿔난 감자

심 선 경

어두운 창고에 둔 나무상자에서 감자를 꺼낸다. 불을 켜지 않아도 나무상자가 어디쯤 있다는 걸 알기에 어림짐작으로 손을 더듬어 감자 몇 알을 쥔다. 하지만 곧바로 손에 잡힌 것을 놓고 만다. 내가 기억하던 그 감각이 아니다. 감자 한 상자를 사서 창고에 넣어둔 게 언제였나. 한없이 못생기고 어수룩하게만 보였던 감자의 몸 곳곳에는 성난 뿔이 불쑥불쑥 돋아 있다.

생각해보니 감자를 통째로 들여놓고 창고 문을 연 적이 별로 없는 것 같다. 처음 얼마간은 씨알이 굵은 감자를 여남은 개 가량 골라내어 솥에 쪄 먹기도 했는데 언제부턴가 창고에 감자를 넣어두었다는 사실을 까맣게 잊고 있다 이제야 그 생각을 한 것이다.

기도문처럼 긴 신음소리를 내며 제 몸에 푸른 독을 품어온 감자가 마침내 스스로 얽은 눈을 틔워 초록색 싹을 낼 때까지 나는 여전히 감자의 뭉툭한 몸과 허연 속살만을 기억하고 있었다. 어둠이 켜켜이 쌓인 창고에 갇힌 감자는 몇 번쯤은 목청 높여 비명을 질러도 보았을 것이다. 무심하게 흘러버린 그 숱한 시간의 더께를 뒤집어쓴 채 웅크리고 앉은 감자는 절망하고 또 절망하였으리라. 기다림의 마음도 너무 오래되면 맥이 풀리고 결국 시름시름 앓게 되지 않던가.

지난겨울은 너무도 춥고 길어 더디 오는 봄을 원망하였다. 이 차갑고 답답한 공간 속에서 속히 벗어나고 싶다고, 이제 그만 나를 놓아달라고 감자들처럼 소리를 지를 수조차 없었던 나는 그저 구석에 웅크려 앉아 언젠가는 오고야 말 따뜻한 봄을 마냥 기다릴 수밖에. 그나마 기다림이 있어 앓기도 했었고 아프다는 사실만으로 살아 있음을 확인하기도 했다.

썩어가는 감자의 몸에서 새로 싹이 돋아나는 이치를 설명할 수 없는 것처럼 삶은 내게 얼마나 부조리하고 난해한 공식을 던져주었던가. 인생은 단 한 번도 나를 속이지 않았지만 언제부턴가 나는 인생을 믿지 않게 되었다. 창고 속 감자처럼 너무도 막막한 어둠에 갇혀 날 수 없는 날개를 겨드랑이에 품는 일이 과연 옳은 것인가에 대해 수없이 물음표를 던져보기도 했었다.

어쩌면 창고 속 감자는 똬리를 틀고 동면에 들어갈 준비를 하는 갈색 뱀처럼 어둠의 발등을 힘겹게 넘으며 또 다른 수태를 꿈꾸었는지 모른다. 안으로 삭이지 못해 번뜩였을 저 서슬 푸른 독기는 급기야 감자의 온몸을 녹슬게 하였으리라.

새가 알을 품듯이 감자도 제 스스로를 다독이고 품으며 그 긴 시간을 견뎌갔을 것이다. 하지만 오랜 기다림의 눈물 끝에 짓무른 눈언저리가 보라색 멍이 들고 마침내 성난 뿔이 돋아날 즈음 그 몸인들 온전하였을까. 가장 얽은 눈에서부터 싹이 자라난 감자는 절망의 늪에서 빠져나가려는 희망의 어깨살처럼 속으로 품어온 독과 상한 마음을 이렇듯 단호하게 바깥으로 드러내 놓은 것이다.

저렇게 순하고 어질게만 보였던 감자에게도 이처럼 독한 구석이 있었다는 게 그저 신기할 뿐이었다. 독이 때로는 약이 되기도 한다. 사람이나 다른 동물들에게는 독이 해롭지만 감자의 입장에서 본다면 몸속의 독성은 종자를 번식시키기 위한 유일한 보호책이 되었으리라. 만약 감자가 창고 속에 갇히지 않고 겨울 벌판에 묻혀 있었다면 아마도 야생 조류의 좋은 먹잇감이 되었을 것이다. 싹을 제때 틔우지 못한 녀석은 다른 동물의 먹이가 되고 눈치껏 빨리 틔운 녀석은 갓 자란 싹의 독성으로 생태계의 먹잇감이 되는 화를 면하게 되는 것이다. 보잘 것 없는 감자 한 알도 다음 세대를 잇기 위해 저토록 아픈 부활을 꿈꾸건만 나는 왜 아직도 몸을 사리고만 있는 것인가.

감자의 몸에도 뼈가 있다면 그건 아마 투명한 슬픔일 것이다. 서서히 죽어가는 몸과 동시에 자라나는 열망 사이의 여백이 겨울 바람처럼 마음을 아리게 하였을 게다. 저렇듯 투명한 슬픔조차도 엑스레이는 선명하게 촬영해낼 수 있을까.

나무상자 속에는 다른 감자에 짓눌리거나 창고의 습기로 인해 벌써 반쯤이나 썩어버린 불운한 감자도 있다. 빨리 골라내지 않으면 멀쩡한 감자까지 죄다 못쓰게 될 성싶다. 바구니 두 개를 놓고 감자 살생부殺生簿를 만든다. 제 앞가림도 못하는 주제에 염라대왕이라도 된 듯 의기양양하여 먹을 감자와 버릴 감자를 골라낸다. 아직 싹을 틔우지 않아 표면이 매끈하고 둥글둥글한 감자는 가까운 바구니에 살짝 놓고 뿔이 나서 못생긴 감자와 썩은 감자는 멀리 있는 감자 바구니에 마구 던져 넣는다. 가까운 벗이 보았다면, 허물 덩어리인 제 모습은 볼 줄 모르고 못난 감자는 잘도 골라낸다며 은근슬쩍 나를 비웃지 않았을까.

언젠가 소설가 이문열 선생의 글 속에서 발견한 구절처럼 나는 지금 내 자서전의 가장 힘든 부분을 쓰고 있는 것인지도 모른다. 이렇게 살 수도 없고 저렇게 죽을 수도 없을 때 서른이 가고, 마흔이 오더니 이제 머지않아 쉰을 바라보는 나이가 되었다. 뿔이 나온 못생긴 감자를 골라 멀리 던져버린 내가 만약 감자로 태어났다면 지금 어떤 모양을 하고 있을까. 제대로 뜻 한 번 펴지도 못한 채 오늘이 가면 매번 어김없이 내일이 당도해 있을 것을 철저히 믿는 나는, 결국 푸른 독도 품지 못하고 성난 뿔 하나도 내어놓지 못해 썩어버리고 마는 불량감자가 되지 않을까 설핏 두려워지는 저녁을 품는다.

– ≪수필과비평≫, 2010년 3/4월호

로꾸거 로꾸거

이 은 희

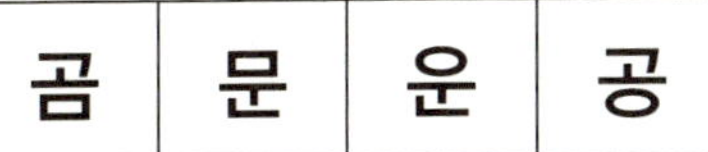

연말연초면 으레 '올해의 사자성이'를 발표하여 그해 신조처럼 삼는다. 나 역시 마음에 새기는 문자가 있다. 곰[熊], 문門, 운運, 공空 네 개의 글자가 그것이다. 요즘 세태를 반영한 현대인들이 나아갈 바를 암시하는 글자인 듯싶다.

기축년己畜年을 맞이하고도 방향을 잡지 못하는 나라 경제는 변함이 없다. 그래선지 사람들은 '힘겹다, 어렵다.'라는 단어를 입에 달고 산다. 풋낯인 사람을 만나 이런 얘기로 서두를 꺼내도 금세 동화

되어 말문을 여니 말이다. 그래도 이런 사람은 그나마 다행이다 싶다. 단군신화 주인공 **곰(웅녀)**처럼 고난을 이겨내지 못하고, 끝내는 죽음으로 세상을 마감하는 사람이 속속 있어 우울하기 그지없다.

한 치 앞도 모르는 것이 인간사다. 자신의 발등에 떨어진 불을 끄지 못해 삶을 송두리째 수렁 속에 집어넣는 사람들을 본다. 세상살이 시들해지면 현실을 그대로 받아들이지 말고, 자신의 삶을 한 번쯤 위로 아래로 옆으로 뒤집어 비틀어보자. 그러다 보면 세상을 바라보는 마음도 달라지겠지.

요즘 낯설게 하기가 유행이다. 예술의 장르 파괴는 흔한 일이 되었으며, 문학에선 사물을 전통적 방법으로 의미화시키기를 주저하는 이들도 있다. 형식을 파괴한 글이 발표되고, 옷을 거꾸로 뒤집어 입은 스타들의 패션이 시선을 끌고 있다. 오죽하면 이런 노래가 유행하겠는가? "로꾸거 로꾸거 로꾸거 말해말 …… 다시 합창합시다 …… 자꾸만 꿈만 꾸자 …… 어제도 거꾸로 오늘도 거꾸로 모두가 거꾸로 돌아가고 있어 내일이 와야 해 행복의 시계가 돌아가겠지……."

홀로 고뇌에 빠진 사람들아, 모르는 사이나 풋낯인 경우라도, 상대의 소매를 붙잡고 말문을 열자. 그러면 내 뜻대로 펼쳐지지 않는 세상일을 누군가에게 하소연이라도 한다면, 답답한 마음 조금은 누그러지지 않을까. 거기서 살아갈 힘을 얻어 다시 세상으로 돌아갈 수 있으면 좋으련만.

거꾸로 강을 거슬러 오르는 연어들처럼, 거꾸로 역사를 거슬러 올라가 보자. 거기서 단군신화 주인공이자 인내의 달인인 웅녀를 만나자. 말과 문자를 깨우친 사람이라면, 곰(웅녀)과 얽힌 신화를 모르는 이가 없을 정도니 그 의미를 깨우치는 데 어려움도 없으리. 곰은 아주 미련하게 우직스레 일하는 사람을 비유할 때 쓰인다. 나도 한때는 '곰보단 여우가 낫다.'라는 말에 고개를 주억거린 적 있다. 그러나 나이가 들수록 약삭빠른 여우보단 묵묵히 자신의 일을 챙기는 '곰' 같은 사람에게 은근히 정이 간다.

'곰'이란 글자를 입안에서 굴리다. "로꾸거 로꾸거 로꾸거 말해 말……." 노래하니 기회의 '문' 앞에 당도해 있다.

'**곰**'이 '**문**'이란 글자를 낳는 건 아마도 이런 속뜻이 담겨 있지 않나 싶다. 주위 여건에 흔들리지 않고 역경을 극복하며, 한 우물을 파는 곰에게 기회를 준다는 얘기는 아닐까? 한 직장에서 나 자신조차 놀랍게 많은 세월이 흘렀다. 24년 전을 돌이켜보면, 흔들리는 갈대처럼 중도 포기하고 싶은 마음이 든 게 여러 번이었다. 일 같지 않은 일을 반복하여 시키며, 학력이 모자란다고 승진에서 밀렸을 때, 성차별이 확연히 느껴질 때 그리고 선임에게 눈도장 찍으려고 아픈 아이를 떼어 놓고 눈물 삼키며 출근한 날……. 어쨌거나 곰처럼 버텼으니 지금의 자리까지 올 수 있었다.

내 손으로 열고 들어온 문은 아마도 오기의 문이겠지. 어떤 문이든 '문'은 스스로 열어야 한다. '문'을 열어주지 않는다고 남 탓을 해도 소용없다. 내가 그들 속에 자연스레 녹아들지 못하던 시절, 무시로 훨훨 나는 새를 갈구했다. 직장을 창살 없는 감옥 같다고 농하던 나의 모습, 지금 바라보면 얼마나 배부른 소리겠는가. 그때마다 내 주위에는 기회의 '문'이 무수히 많았고 열려 있었다.

우리는 단군의 자손이다. 내게도 그 혈이 흐르고 있으니 능히 이겨낼 수 있는 저력이 있다. **곰(웅녀)**이 인간이 되기를 꿈꾸며 희망을 버리지 않았듯, 고초를 참아냈기에 웅녀에게 '인간'이라는 **문**이 열렸고, 꿈을 이뤘다. 나와 후인들은 불굴의 의지와 인내를 타고났음을 잊지 말아야 한다.

로꾸거 놀이에 점점 재미가 붙는다. 평소 받고 싶은 선물인 행 '운'이란 글자도 '곰'처럼 묘한 기운이 뻗친다. '운運'을 손안에 굴리고 굴리니, 공空! 내 무르팍을 탁 친다.

경제가 어려워지니 요행수를 바라는 사람들이 많아졌다. 요즘 어른이나 애들이나 자신의 대운을 알아보려고 주술사를 찾는다고 한다. 운수를 보아 미래에 대한 막연한 불안이 사라진다면 얼마나 좋으랴. 생각해보면 그 불안이 우리가 말하는 고통의 대부분이 아닐까. 스스로 생을 포기한 사람도, 자신이 만든 불안의 무게에 짓눌려 헤어나지 못하여 무정하게 이승을 떠났을 것 같다.

요즘 텔레비전 뉴스나 신문기사 보기가 두렵다. 연일 탐탁지 않은 기사가 내 가슴을 섬뜩하게 한다. 희망이 담긴 이야기를 자주 뉴스거리로 발표하면 좋으련만. 노숙자가 하루 품팔이하여 목돈을 만들었다는 이야기나, 평생 김밥을 팔아 모은 재산을 흔쾌히 장학금으로 내놓았다는 김밥 할머니의 삶을 말이다. 익명의 독지가를 칭찬하는 기사와 직원들 스스로 감봉하여 회사를 살리고 어려운 시기를 넘기자는 훈훈한 이야기를 듣고 싶다.

어차피 인생은 '공수래공수거'. 할머니도 그랬고 내 어머니도 그랬다. 과욕을 부리지 말고, 비우며 살라는 소리겠지. 황금에 눈이 먼 자가 어찌 '**운**'이 '**공**'이 되는 진리를 알겠느뇨. 행운 또한 '곰'처럼 열심히 사는 사람에게 따르는 법. 아무 일도 하지 않으면서 거저 얻으려는 건 고약한 심보니, 신이 있다면 그에게 행운을 줄 리 없다. 차라리 감나무 밑에 누워 홍시가 떨어지길 바라는 게 빠르리.

글자를 "로꾸거 로꾸거 로꾸거 말해말……." 하니 숨은 진리가 튀어나온다. 한글은 역시 과학적이고 우수한 문자며 우리의 자랑이야. 미련스럽게 보이는 **곰**이지만, 이면에 기회의 **문**이 기다리고 있었지. 열심히 일한 사람에게 **운**도 닿고, 결국 인생은 **공**으로 돌아간다는 걸 알고 달려가니 두려울 게 없나.

재미로 풀어놓은 네 개의 단순한 글자가 지식인이 선정한 사자성어만 못함을 안다. 간혹 난 이렇게 세상보기를 새로운 시선으로 보아 흐트러진 마음을 추스르고 내공을 다진다. 지금 자신이 불행하다고 여기는 이는, 나와 함께 로꾸거를 부르자. 자꾸만 꿈만 꾸자, 멈추었던 행복의 시계도 째깍거리겠지.

– ≪버선코≫, 수필과비평사, 2009

삶과 수필

1

문학에 관한 정의는 헤아릴 수 없이 많다. 그러나 "삶을 언어로 그리는 것"이라는 말로 요약될 수 있다. '기술하는 것'이라는 말이 보다 정확하겠지만 '그리는 것'이라고 한 것은 보다 실감나게 표현하기 위하여 그렇게 말한 것이다. 이성보다는 감성에 호소하고, 추상적인 형태보다는 구체적인 형태로 호소하는 것이 더 바람직하기 때문이다.

필립 휘일라이트는 "인간이란 깨어 있는 한 '존재하는 것(What is)'에 대한 지속적인 관심을 가지고 있다."고 말한다. 마음도 언어도 대상, 즉 타자성(Otherness)과 전적으로 분리되어 존재할 수 없다는 것이다. 그 타자성은 마음이 은연중에 추구하고 언어가 문제투성이로 의미하고 있기 때문이다. 역으로 말한다면 '존재하는 것(What is)'의 한 양상인 대상(object)은 그에 반응하는 마음과 연관되어야 하고, 반드시 언어를 통해서만 그 존재를 주장할 수 있기 때문이다.

문학뿐이 아니다. 모든 예술은 '삶'을 소재로 해서 창작되는 것이다. 그보다 삶을 표현하는 여러 가지 방법이라는 말이 옳다. 단지 표현하는 매체가 달라 다른 이름을 가지고 있을 뿐이다. 그 중에서 문학은 반드시 언어를 통해서 표현된다는 특징을 가지고 있다. 수필 또한 문학의 한 장르인 이상 그 예에서 벗어날 수 없다. 어떤 다른 장르의 문학보다 수필은 작자의 삶과 밀접하게 연관되어 있다. 작자의 직접 체험이 가장 중요한 요소가 되어 있기 때문이다. 그런데 누구나 말을 가지고 있고, 일상으로 사용하고 있다. 그 말을 어떻게 사용하느냐에 따라 수필을 쓸 수 있는 사람과 쓸 수 없는 사람으로 나누어지는 것이다.

내가 뭉뚱그려서 삶이라고 말했지만 그 속에는 생활이 있고, 욕망이 있고, 꿈이 있고, 절망이 있다. 그것을 좀 더 체계적으로 표현한다면 인생관이 되고, 철학이 될 수 있을 것이다. 삶의 구체적인 형태는 생활이다. 사람들은 각기 나름대로 생활을 꾸려가면서 자기의 욕망을 성취하려고 노력한다. 정치가는 정치가대로, 사업가는 사업대로, 예술가는 예술가대로 그의 내적 욕망을 실현하려고 노력한다. 그렇게 떡 벌어지게 내어 걸 수 없는 평범한 사람들도 다 그들 나름대로의 소박한 꿈을 펼쳐 보려고 노력한다. 그러나 우리의 삶은 유한하다. 아무리 뛰어난 사람도 이 한계를 뛰어넘을 수는 없다. 그래서 종교가 태어났을 것이다. 유한한 이 지상의 삶을 극복할 수 있도록 가르쳐 주는 것이 종교이기 때문이다. 신실한 독자는 본말을 전도시킨 것이라고 나를 비난할지 모른다. 창조주의 섭리를 자기 마음대로 해석한다고 말이다. 그러나 이 지상의 논리에서 추측한다면 그렇다고밖에 말할 수 없다. 종교만큼은 아니지만 문학이 존재하는 이유도 그 언저리에 있다. 문학은 자기의 삶을 그리면서 자기를 남기는 일이다. 일종의 유한한 삶을 극복하는 한 방편이라고 할 수 있다.

특히 수필은 삶을 직접적으로 체험하고, 가장 가까운 거리에서 표현하는 형태의 문학이라고 할 수 있다. 삶을 에둘러서 그리는 다른 문학과는 달리 삶 자체를 정면으로 보고, 진솔하게 표현하고 있기 때문이다. 그런 의미에서 문학적 의장意匠을 가장 적게 쓰면서도 독자의 감정과 이성에 호소할 수 있는 문학 형태인 것이다. 그 때문에 수필을 붓 가는 대로 쓰는 문학이니, 무형식의 문학이라고 말하기도 한다. 여인에 비유하여 말한다면 짙게 화장한 얼굴보다 화장을 한 듯 만 듯한 얼굴에 더 매력을 느낄 수 있다. 수필의 매력은 후자에 있다. 또 하나 수필의 특징이 있다면, 가까운 사람과의 공감대다. 작자의 삶을 알기 때문에 그의 작품을 더 읽고 싶어지는 것이다. 작자가 그리는 상상의 세계에서 누렸던 재미와는 달리 그의 인간과 생활을 알고 있으면서 같은 공감대에서 향유하는 재미는 다른 문학에서 누릴 수 없는 수필만의 재미라고 할 수 있다.

이번 호의 ≪수필과비평≫에서 읽은 작품들을 삶의 관점에서 보았을 때 좋은 작품들이 많아서 선별하기가 쉽지 않았다. 여기 뽑은 작품들은 필자의 관점에서 삶을 진솔하게 표현한 작품들이고 필자와의 공감대가 같기 때문에 흥미롭게 보았다고 말할 수 있을 것이다. 그 표현하는 언어도 별로 흠 잡을 데 없이 좋았다. 지면 관계로 보다 많은 작품들에 대하여 언급하지 못하는 것이 안타까울 뿐이다.

2

변숙영의 〈달력 속의 얼굴들〉은 달력을 통해서 자칫 잊고 지낼 일이나 사람들을 더듬어 보는 작품이다. 살면서 꼭 기억해야 할 일을 잊지 않기 위하여 달력 속에 우리는 그 일을 메모해 둔다. 필자도 언제부터인가 달력을 메모장으로 매우 유용하게 쓰고 있다. 가끔은 그 메모를 보지 않아서 낭패를 보는 수가 있지만 하루도 달력을 보지 않고는 안개 속을 걷는 것처럼 삶이 불안하다. 작자는 연말에 거래하는 기관으로부터 받은 여러 가지 형태의 달력을 활용하면서 삶을 되짚어 보고 있다. 깜빡 잊고 지내서는 안 될 일, 반드시 그날에 해야 할 일을 메모해 두는 습관을 가지고 있다.

> 지난가을 갑자기 교통사고로 내 곁을 떠난 친정어머니 역시 또 다른 이름으로 숫자 속에 표시되어 있다. 벌써 오래전부터 달력 속에 각인된 아버지가 올 들어 새삼스럽게 보고 싶어진다. 아버지, 어머니, 두 분 모두 이 세상에 안 계시니 올 겨울은 가슴이 더 많이 시릴 것 같다.
>
> 세월이 많이 흘러서일까, 달력 속에 동그라미는 점점 늘어난다. 친정집에 새 가족이 늘었기 때문이다. 먼 곳에서 시집 온 올케, 새로 태어난 조카 녀석들, 백일이며 돌잔치도 한 부분을 당당히 차지하고 있다.
>
> 아들 며느리들을 비롯해서 손자 녀석들 생일을 꼼꼼하게 챙겨 넣었다. 늘 바쁜 생활을 하다 보면 자칫 잊어버리기 쉬운 날들을 나는 달력을 통해서 챙기며 하루의 일과를 시작한다.

달력을 보면서 작자는 지나온 삶을 되새기고, 앞으로 챙겨야 할 일을 생각한다. 사실 삶은 휘일라이트의 말처럼 깨어 있지 않으면 무감각하게 보내 버리고 만다. 사르뜨르는 대자체(pour soi)와 즉자체(en soi)를 구분한다. 의식과 사물이 분리되어 있는 것과 분리되어 있지 않는 것으로 말이다. 자신이 자기를 볼 수 있는 것은 대자체지만, 의식과 사물이 일체가 되어 있는 것은 즉자체인 것이다. 인간이 사물과 다른 것은 자기를 바라볼 수 있는 능력이 있기 때문이다. 인간이 생활에 얽매여 순전히 타율적으로 움직이고 있다면 즉 자체에 가깝다. 자기를 되돌아 볼 수 있는 그 능력이 바로 인간답게 해 주는 것이다.

> 시월의 햇살은 아직도 따갑기만 하다. 텃밭에 서 있는 은행나무에 노란 황혼이 찾아오고 있다. 봄이면 새싹을 틔워 열매를 맺더니 한여름의 푸르름을 마음껏 즐기며, 일주일이면 세상에서 떠날 슬픈 매미들에게 실컷 울도록 넓은 품을 내어 주고 있다. 합창소리를 들으며 은행나무 열매는 그렇게 익었을 게다. 이미 떠나버린 것을 아쉬워하며 이제 조용히 추운 겨울을 받아들일 채비에 그 귀한 열매를 하나씩 내어 주고 있다.
>
> 인간이 사는 세상도 다를 것이 없다. 태어나서부터 지금까지 그저 이곳저곳 머물며 서성대는 한갓 나그네일 뿐이다. 결코 짧지 않은 세상이지만 그리 만만치는 않다. 머지않아 귀뚜라미가 찾아와 가을을 알릴 것이다.
>
> 귀뚜라미의 구슬픈 노래를 듣노라면 내 인생의 뒤안길을 돌아보게 한다. 내가 지금 서 있는 곳이 이디쯤이란 말인가.

달력에 메모해 둔 그 일들만으로 서술을 끝냈다면 작품으로서의 가치도 훨씬 줄어들었을 것이다. 그러나 작자는 그 메모를 통해서 자신을 뒤돌아보고 있다. 표현하는 언어도 만만치 않다. 사물을 관찰하는 눈과 그것을 어떻게 표현할 것인가를 늘 생각하고 있는 자세가 엿보인다.

김재훈의 〈사색의 창가에서〉는 "북한강 어느 전망 좋은 카페에서 차 한 잔을 앞에 놓고 망연히 창 너머를 바라"보면서 삶을 되새김질하는 글이다. "자연은 시간의 흐름 속에 그때마다 빈손이 아니었다. 그들의 삶의 과정이 언제나 그 속에 오롯이 담겨 있었다. 꽃을 피우고 잎을 무성하게 가꾼 것도 가을의 결실을 얻기 위한 과정이었다."라고 음미하고 있다.

> 어디선가 모터보트가 물살을 가르며 '쓔웅' 하고 나타나더니 순식간에 사라진다. 잔잔하던 강물 위에 하얀 파문이 인다. 그러나 강은 곧 아무 일도 없었다는 듯 다시 원래의 모습으로 돌아와 유유히 흐른다. 내 삶도 저러하리라.
>
> 계절은 돌고 돈다. 그 무한한 시간 속에 살아 있는 모든 것의 삶과 죽음도 순환을 계속한다. 그것은 우주의 영원한 생명의 가동일 뿐 생성과 소멸이 아니다. 나무에 싹이 자라 낙엽이 되고 다시 새싹이 나듯 나도 그 순환의 고리 속에 잠시 나타난 한 현상이리라. 어디에서 온 것일까. 나의 몸은 부모로부터 왔다고 하지만 영혼은 어딘가 영혼의 바다라도 있어 한 줄기 빗물로 잠시 나를 적시고 있는 것일까.
>
> 자연의 모습이 그러한 것처럼 지금의 내 삶도 나를 세상으로 보낸 목적에 합당하게 살아지고 있는 것일까. 나뭇잎이 단풍이 들 때면 나무마다 저다운 빛깔을 내는데 인생의 가을에 나는 어떤 열매를 맺고 무슨 빛깔로 나를 물들이고 있는 것일까.

자연을 보면서 자신을 뒤돌아보고 있는 글이다. 내가 아는 한 작자는 착하고 성실한 삶을 살아왔다. 대기업에 들어가 이루어낸 일도 많지만, 그가 한 일은 모두 우리들이 사는 사회를 위하여 공헌을 한 것이다. 그러나 그때는 하는 일에 바빠 자기를 돌아볼 여유가 없었을 것이다. 이제 기업 일선에서 물러나 수필을 쓰기 시작하면서 비로소 자신을 뒤돌아볼 여유를 찾게 된 것이다. 이 글도 그런 관점에서 보면 하는 일에 매여 즉자체나 다름없는 삶을 살아온 그가 강변의 카페에 앉아 차 한 잔을 앞에 놓고 지나온 삶과 앞으로 다가올 삶을 음미하면서 사색에 잠겨 있다. 그의 모습이 눈에 보이듯이 그려져 있다.

김양희의 〈쉼표〉는 자연과 삶에 있어서 '쉼표'가 갖는 의미를 음미하고 있다. 문장에 있어서도 쉼표를 주의 깊게 관찰하고 있는 글이다. 우리의 고대 소설을 읽으면 쉼표도 없고 마침표도 없다. 그러니까 쉼표는 서구 문화가 들어오면서 우리의 글에도 비로소 활용하게 되었다. 영어에 분절分節(articulate)한다는 말이 있다. 분절되어 있지 않으면 문장의 뜻이 명확하게 들어오지 않는다. 문장뿐 아니라, 문단도 분절의 일종이다. 한문에는 쉼표나 마침표가 없다. 그 영향을 받아서인지 우리말 글쓰기 전통도 쉼표나 마침표가 없었다. 지금도 문단 개념이 확실치 못한 사람들을 많이 본다. 문장을 분절해서 읽는 이가 쉽게 이해하도록 하는 것이 쉼표다. 그러나

이 쉼표는 영어나 서구어만큼 아직도 우리말에는 확실하게 정립되어 있지 않다. 일반적인 기준보다 글 쓰는 이의 기분에 따라 쉼표를 찍는 수가 더 많다. 물론 소학교 교과서에는 그 규칙을 가르치고 있지만 실제로는 준칙으로 활용될 뿐이다.

작자는 이 글에서 문장에서 뿐 아니라, 자연과 삶에서도 그 의미를 음미하고 있다.

> 인생도 십 년 주기로 쉼의 자리가 찾아들었다. 그것은 고난의 다른 이름이었다. 승승장구만 한다면 고개 숙이는 일을 모를까 봐 주기적으로 신의 망치가 톡톡 이마를 치고 달아났다. 맞을 때는 그것이 천애 낭떠러지인 줄 알았는데 돌아서면 또 다른 길이 보이곤 했다. 마침표는 끝을 내는 일이지만 쉼표는 또 다른 것과의 연결을 위해서 잠시 숨을 고르는 일이었다.

작자는 "우리들의 사랑을 위해서는 이별이 있어야 한다."고 기술하고 있다. 한용운 시인의 말을 연상시키지만, "가슴 시린 별리의 감정도 지친 사랑이 쉬어가는 빈 의자"라는 것이다. "잠의 미학처럼 완벽한 쉼의 이름 또한 없을 것이다."라고 말한다. 묘비명에 아무 아무개 여기 잠들다는 말을 쓰지만 죽음도 한 쉼표에 지나지 않는다는 함의가 숨어 있다. 대자연의 품속에 잠시 안기는 것은 영속하는 자연의 시간 속의 한 개의 쉼표라고 말하고 싶은 것인지도 모른다.

심선경의 〈뿔난 감자〉는 창고 속에 잊어버리고 방치해 둔 감자가 초록색 싹을 틔운 것을 보고 '뿔난 감자'라고 표현하고 있다.

> 썩어나는 감자의 몸에서 새로 싹이 돋아나는 이치를 설명할 수 없는 것처럼 삶은 내게 얼마나 부조리하고 난해한 공식을 던져 주었던가. 인생은 단 한 번도 나를 속이지 않았지만 언제부터인가 나는 인생을 믿지 않게 되었다. 창고 속 감자처럼 너무도 막막한 어둠에 갇혀 날 수 없는 날개를 겨드랑이에 품는 일이 과연 옳은 것인가 대해 수없이 물음표를 던져 보기도 했었다.
>
> …… 중략 ……
>
> 새가 알을 품듯이 감자도 제 스스로를 다독이고 품으며 그 긴 시간을 견뎠을 것이다. 하지만 오랜 기다림의 눈물 끝에 짓무른 눈언저리가 보라색 멍이 들고 마침내 성난 뿔이 돋아날 즈음 그 몸인들 온전하였을까. 가장 얽은 눈에서부터 싹이 자라난 감자는 절망의 늪에서 빠져나가려는 희망의 어깨살처럼 속으로 품어온 독과 상한 마음을 이렇듯 단호하게 바깥으로 드러내 놓은 것이다.

뿔난 감자를 보면서 실상은 자신의 삶을 돌아보고 있는 것이다. 자연은 연연세세年年歲歲 같은 현상을 되풀이하는지는 모르지만, 아무리 합리화하고 종교적 구원에 의존한다고 치더라도 인간 세상은 단 한 번뿐인 삶이라는 것을 부인할 수 없다. 이 작품은 수필로서는 꽤 에두르는 기법을 사용하고 있다. 감자를 은유와 상징으로 사용하기 때문이다. 그 은유와 상징이 우리들의 삶과 밀접한 연관을 맺고 있기 때문에 이 작품이 돋보인다.

이은희의 〈로꾸거 로꾸거〉는 자신의 삶을 사자성어를 통해 다짐한 것을 재치 있게 표현한 작품이다. '로꾸거'는 '거꾸로'를 뒤집어 한 말이다. 유행하는 노랫말에서 힌트를 얻어 쓴 말이지만 삶이 고된 사람에게 꼭 일러주고 싶은 말이라고 한다.

> 홀로 고뇌에 빠진 사람들아, 모르는 풋낯인 경우라도, 상대의 소매를 붙잡고 말문을 열자. 그러면 내 뜻대로 펼쳐지지 않는 세상일을 누군가에게 하소연이라도 한다면, 답답한 마음 조금은 누그러지지 않을까. 거기서 살아갈 힘을 얻어 다시 세상으로 돌아갈 수 있으면 좋으련만.
>
> 거꾸로 강을 거슬러 오르는 연어처럼, 거꾸로 역사를 거슬러 올라가 보자. 거기서 단군신화 주인공이자 인내의 달인인 웅녀를 만나자.

세상사가 뜻대로 되지 않는다고 절망하는 사람, 심지어는 자살하는 사람들에게 이르는 말로 되어 있지만, 사실은 자신에게 다짐하는 말이다. 영어에 흔히 쓰는 용법이지만 세상 사람들이 그렇게 해야 할 일, 사실은 내가 해야 할 일을 'you'라는 말을 내세워 하는 어법과 같다.

수필은 대체로 다른 문학 형식에 비하여 단조롭다. 이 단조로움을 탈피하기 위하여 최근에는 종래에 잘 쓰지 않던 기법을 활용하고 있다. 우선 소제목으로 채택하고 있는 '곰문운공'은 쉽게 이해하기 어려운 말이다. 신년벽두에 자신의 삶을 다짐하는 사자성어라고 하는데, '곰'은 우리 민족의 시조인 단군왕검을 탄생시킨 "인내의 달인" 웅녀熊女를 가리키는 말이다. 두 번째의 소제목 '곰▶문'은 "주위에 흔들리지 않고 역경을 극복하며, 한 우물을 파는 곰에게 기회를 준다."는 뜻을 담고 있다. '운▶공'은 "평소 받고 싶은 선물인 '행운'이란 글자도 '곰'처럼 묘한 기운"이 뻗칠 수 있다는 것이다. "운運을 손안에 굴리니, 공空! 내 무르팍을 탁 친다." 비었으니 무엇이든지 채워 넣을 수도 있다는 뜻이 된다. 공은 둥근 것이니 구르고 굴러서 행운으로 굴러 올 수 있다는 뜻도 된다.

> 글자를 "로꾸거 로꾸거 로꾸거 말해말……" 하니 숨은 진리가 튀어나온다. 한글은 역시 과학적이고 우수한 문자며 우리의 자랑이야. 미련스럽게 보이는 곰이지만, 이면에 기회의 문이 기다리고 있었지. 열심히 일한 사람에게 운도 닿고, 결국 인생은 공으로 돌아간다는 걸 알고 달려가니 두려울 게 없다.

삶을 어떻게 살아야 한다는 자신의 다짐인 동시에 남에게도 일러주고 싶은 말이다. 경쾌한 문체로 써 나가는 글에 유머 감각이 살아 있다.

3

삶은 우리의 영원한 소재다. 어떻게 바라보고, 어떻게 느끼며, 생각할 것인가가 글 쓰는 사람에게 있어서 풀어야 할 화두話頭라고 생각된다. 인문학도는 인문학도대로, 자연과학도는 자연과학도 대로 연구하고 추구한다. 주로 이성에 의해서 할 것인가, 감성에 의해서 할 것인가에 따라 학문과 문학이 나뉘어진다고 생각된다. 하기야 '학문'을 뒤집어 놓으면, '문학'이 되듯이 엄밀하게 구분할 수는 없을지 모른다. 인간이 없어도 자연은 영원히 존재한다고 생각하는 사람이 있을지 모르지만, 우리들의 삶이 없는 한 자연이 무슨 의미가 있겠는가. 자연도 삶과 관련을 맺고 있을 때 비로소 의미를 갖는다. 비록 문학에 전혀 뜻이 없는 사람, 수필을 한 줄도 읽지 않는 사람도 자기대로의 삶은 다 갖고 있다. 다만 기록된 삶, 형상화된 삶을 보지 않는다는 말일 뿐이다.

김상태 평설집

모래알 속의 사금砂金처럼

인 쇄 / 2010년 7월 15일
발 행 / 2010년 7월 20일

저 자 / 김 상 태
발행인 / 서 정 환
발행처 / 수필과비평사

출판등록 / 1984년 8월 17일 제28호
주 소 / 서울시 종로구 익선동 30-6
운현신화타워 빌딩 2층 208호
전 화 / (02) 3675-5633, (063) 275-4000
팩 스 / (063) 274-3131
E-mail / essay321@hanmail.net

값 15,000원

ISBN 978-89-5925-721-8 03810